U0748623

Shopee
跨境电商运营实战

徐鹏飞 王金歌 著

电子工业出版社.
Publishing House of Electronics Industry
北京·BEIJING

内 容 简 介

跨境电商行业一直是国家大力支持的行业。随着阿里系、腾讯系对东南亚和中国台湾电商市场的投资，在未来，东南亚和中国台湾的电商市场会快速发展。目前，Shopee 是东南亚和中国台湾电商市场综合排名处于前列的平台之一，可以说是跨境电商卖家进入东南亚和中国台湾电商市场绝对不能错过的平台。

本书的内容包括 Shopee 平台规则、注册流程、选品、产品详情优化、上架、物流、广告、收款平台等，从基础运营到高级运营，帮助卖家熟悉 Shopee 平台的玩法，助力卖家大卖！

本书适合跨境电商"小白"、资金不充足的创业者、想要转型的国内电商卖家阅读参考。

图书在版编目（CIP）数据

Shopee 跨境电商运营实战 / 徐鹏飞，王金歌著. —北京：电子工业出版社，2020.4

ISBN 978-7-121-38729-6

Ⅰ. ①S⋯　Ⅱ. ①徐⋯　②王⋯　Ⅲ. ①电子商务－商业经营　Ⅳ. ①F713.365.2

中国版本图书馆 CIP 数据核字（2020）第 041178 号

责任编辑：石　悦

印　　刷：三河市双峰印刷装订有限公司

装　　订：三河市双峰印刷装订有限公司

出版发行：电子工业出版社

　　　　　北京市海淀区万寿路 173 信箱　　　　　　邮编：100036

开　　本：720×1000　1/16　印张：16　　　　字数：260 千字

版　　次：2020 年 4 月第 1 版

印　　次：2025 年 3 月第 17 次印刷

定　　价：69.00 元

凡所购买电子工业出版社图书有缺损问题，请向购买书店调换。若书店售缺，请与本社发行部联系，联系及邮购电话：（010）88254888，88258888。

质量投诉请发邮件至 zlts@phei.com.cn，盗版侵权举报请发邮件至 dbqq@phei.com.cn。

本书咨询联系方式：（010）51260888-819，faq@phei.com.cn。

前　　言

随着越来越多的中小卖家、品牌厂商入驻淘宝和天猫等电商平台，国内电商市场的竞争越来越激烈，已经成为一片"红海"，现在不再是上架几件商品、稍微懂点运营知识就可以赚得盆满钵满的时代。当市场竞争越来越激烈时，我们就需要发现新的"蓝海"，而跨境电商便是好的选择。

当听到跨境电商时，我们可能首先想到速卖通、亚马逊、欧洲市场、北美市场等词，但是有一个市场正在快速兴起，并成为增长较快、较有潜力的电商市场之一，那就是东南亚和中国台湾市场。目前，在这些地区发展较快的电商平台便是 Shopee。你可能对这个平台比较陌生，它是一个年轻、充满活力并且发展迅速的平台。说它年轻，是因为它成立于 2015 年 11 月。说它充满活力、发展迅速，是因为 2018 年 Shopee 平台的成交总额（Gross Merchandise Volume，GMV）达到了 103 亿元，同比增长 149.9%。

在本书的写作过程中，我们不仅对东南亚和中国台湾市场进行了调研，还对选品、开店、运营、发货等操作过程进行了详细的梳理，并与 Shopee 平台的官方人员进行了频繁的沟通。

如果你是厌倦了每天朝九晚五定时上下班想自主创业的上班族，如果你是在家看孩子想赚一份工资的宝妈，如果你是实体店销售额下降想突破瓶颈的店主，如果你是想寻找新"蓝海"的淘宝和天猫卖家，那么 Shopee 平台可能非常适合你。在入驻 Shopee 平台的时候，我们可能遇到哪些问题呢？Shopee 平台有什么规则？我们应该怎样操作呢？在运营 Shopee 平台店铺的过程中，我们需要注意哪些事项呢？在 Shopee 平台上运营，我们应该怎么发货呢？Shopee 平台的物流发货和其他平台有什么不同呢？相信这些问题都是急于开拓新市场的你所关心的。但是目前，市场上没有相关的书籍对这些内容进行介绍，有的只是一些零散的知识点。因此，我们结合自身的操作经验编写了本书。在写书的过程中，我们不断总结自身和一些资深卖家的经验，力求以简单的方式呈现实用的内容。

本书图文并茂，全方位地讲解了开店、选品、商品定价、关键字广告实操、活动营销等基本内容，并结合当下电商的发展趋势，加入了直播、站外引流等内容，内容贴近实战，具有很强的实操性。希望本书能为想要入驻 Shopee 平台和刚入驻 Shopee 平台的个人、公司提供一些切实可用的操作指导。

读者服务

微信扫码回复：38729

· 获取博文视点学院 20 元付费内容抵扣券

· 获取免费增值资源

· 加入读者交流群，与更多读者互动

· 获取精选书单推荐

目　　录

第 1 章

不可错过的市场——东南亚和中国台湾

1.1 东南亚和中国台湾电商的概况

东南亚和中国台湾是电商的"蓝海"市场，人口体量大，购物需求旺盛，网购市场增长迅猛，发展空间巨大。

东南亚的移动用户数量占比大概为 68.5%，发展电商具有很好的基础。随着移动流量费用的降低以及网络的改进，东南亚的移动用户数量逐年大幅度增长。

1.1.1 开店首选站点——马来西亚站和中国台湾站

马来西亚是相对开放的新兴工业化经济体，市场活跃，人口众多，与中国关系良好。

在马来西亚电商市场中，时尚服饰、美妆、玩具等品类非常畅销，并且增长率居高不下，这些品类也是马来西亚站上销售得最好的品类。马来西亚为多宗教国家，伊斯兰教为国教，因此伊斯兰教的传统服饰及相关配饰是值得选择的销售类目。猫、猫头鹰、Hello Kitty 的图案是马来西亚人比较喜欢的图案，相关的商品受众广泛，而猪、狗图案的商品相对不好销售。

2018 年，Shopee App 在中国台湾的下载量超过 1600 万次，是中国台湾最受欢迎的移动购物平台。中国台湾的物流渠道比较发达，Shopee 平台在中国台湾市场支持店配和宅配模式，还支持货到付款（Cash on Delivery），全方位满足了买家的配送和支付需求。

中国台湾买家以 20～39 岁为主，女性网购的商品以女装、母婴用品、家居用品等品类居多，上班族男性网购的商品则以户外运动、休闲娱乐、3C 电子、箱包等商品为主，这些也是 Shopee 平台的中国台湾站销售得最火的品类。

目前，Shopee 平台在中国台湾站推出了 SIP 项目（Shopee International Platform），该项目的主要目标为帮助中国台湾站的卖家把商品销往东南亚。只要卖家在中国台湾站的已完成订单量大于 3 笔，就会收到邀请。关于这点，将会在后边的章节中详细介绍。

1.1.2 最具潜力的站点——印度尼西亚站

印度尼西亚是世界第四人口大国，同时也是东南亚人口最多的国家，人口总数超过了 2.6 亿人，仅次于中国、印度和美国。印度尼西亚人偏年轻化，具有强大的消费潜力。印度尼西亚市场目前正处于人口红利阶段。

雅加达、望加锡、苏腊巴亚是印度尼西亚主要的网购城市，美妆商品、女裤、家居用品消费较多；棉兰是印度尼西亚的主要华人城市；爪哇岛网购发达，电子商品采购较多。印度尼西亚的出生率高，且女性互联网用户数量超过男性互联网用户数量，因此母婴用品、时尚饰品、家居用品、服装更受欢迎。印度尼西亚人比较喜欢日韩风格的可爱型商品，对价格相对敏感。

1.1.3 购买力最强的站点——新加坡站

新加坡的工业和经济发达，是东南亚重要的金融中心和国际贸易中转站，互联网和智能手机覆盖率高，是东南亚成熟的电商市场之一。

新加坡的人口数量较少，人均 GDP（Gross Domestic Product，国内生产总值）较高。据统计，2018 年新加坡的人均年收入位居全球第六。新加坡人具有很高的消费能力，但是本地供应有限，再加上宽松的进口政策，因此新加坡人倾向于购买非本国产的商品，60%的电商交易都是跨境交易，高于中、日、韩等国。到 2025 年，新加坡的电商市场规模预计达到 220 亿美元。

新加坡的汽车价格昂贵，因此汽摩配件、汽车美容商品较有市场。新加坡人喜欢环保商品，奶茶袋、折叠杯子等商品深受欢迎。新加坡人的消费习惯和欧美人较类似，对商品图片、商品详情页的内容质量要求较高。

1.1.4 其他站点

在泰国，最受欢迎的品类是服装，当地人非常喜爱夏威夷风格的服饰、复古印花。另外，个人装饰（例如，太阳镜、项链、耳环和手镯等）、护理商品、化妆品在电商市场中占比也较高。

越南有近 1 亿人，消费习惯与中国很接近，主要消费人群的年龄为 18～34 岁，平均每天在社交媒体上花 2.5 小时。2018 年，越南电子商务市场的收入将近 30 亿美元，预计到 2025 年将达到 150 亿美元。越南市场的热销品为韩版女装、时尚饰品、童装、美妆商品等。热销的主要电子商品及配件为苹果手机壳、屏幕保护膜、数据线、充电器、电风扇、耳机。

菲律宾为东南亚第二人口大国，人均 GDP 为 3430 美元左右，相当于 2008 年的中国人均 GDP 水平，主要消费人群的年龄为 18～25 岁。菲律宾是被很多卖家忽视的市场，经济相对较弱，但是有较大的发展空间，互联网经济的 GMV 只占 GDP 的 1.6%，远低于东南亚其他国家。东南亚整体、印度尼西亚、马来西亚、菲律宾、新加坡、泰国、越南互联网经济的 GMV 与 GDP 的比值分别如图 1-1 所示。

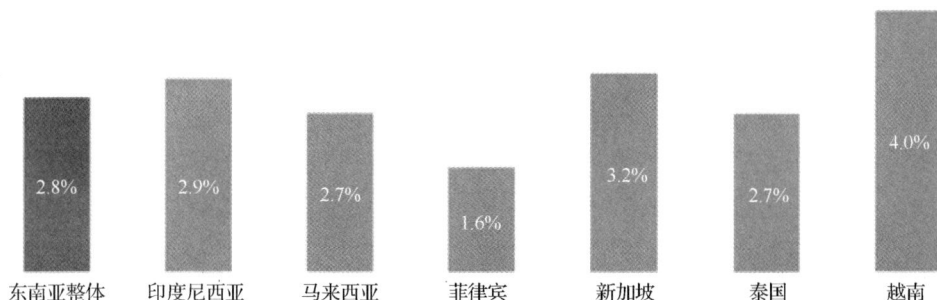

图 1-1

菲律宾买家比较喜欢欧美风格的商品，眼镜、手表、服饰等都有较大的市场。

1.2 认识Shopee平台

Shopee 平台于 2015 年 11 月成立于新加坡，依托母公司雄厚的资金、技术以及成功的营销策略，发展迅猛。在越南、泰国、菲律宾等东南亚国家和地区，Shopee App 的下载量位于 iOS 系统购物 App 的榜首，如图 1-2～图 1-4 所示。

图 1-2

图 1-3

图 1-4

1.2.1　为跨境电商卖家提供一站式服务

（1）Shopee 平台可以对接国内主流 ERP 平台，让卖家高效地管理商品及订单。Shopee 平台已对接的第三方 ERP 平台见表 1-1。

表 1-1

店小秘	芒果店长	马帮（2.0/3.0）	普源
超级店长	赛盒	通途	易仓
ECPP	速脉	HPI	Trade-Plug
iBay365	E 店宝	万里牛	聚水潭
Viewider	一起做网店（17zwd）	网店管家	小老板
网商园（WSY）	甩手网	越城网	富润（胜途）
管易	速猫	蜂鸟	旺店通

卖家可以从这些 ERP 平台中选择适合自己的，与自身店铺进行绑定操作。大部分 ERP 平台都有免费版和收费版两种版本。在开店初期卖家只有一个店铺时，免费版的功能已经足够使用了。

（2）Shopee 平台提供了批量上传商品、订单追踪、销售统计等功能，助力卖家进行数据分析。Shopee 平台的卖家中心如图 1-5 所示。

（3）Shopee 平台针对小语种地区，提供客服服务，为卖家解决语言难题。因为马来西亚站、新加坡站、中国台湾站、菲律宾站的通用语言为英语或者汉语，所以卖家可以自己与买家沟通，而泰国站、印度尼西亚站、越南站的通用语言分别是泰语、印度尼西亚语和越南语，为小语种语言。为了提高转化率，Shopee 平台为这三个站点的卖家配备了客服团队，帮助卖家为买家提供服务。目前，这项服务是收费的，购买期限最少为 6 个月，因此在客户数量没有达到一定规模的情况下，小卖家可以自己解决客服问题，以节省成本。

图 1-5

（4）Shopee 平台与连连支付（LianLian Pay）、Payoneer、PingPong 等收款平台合作，收款、付款安全便捷，如图 1-6 所示。每个收款平台都会有相应的提现手续费，为提现金额的 1%左右。

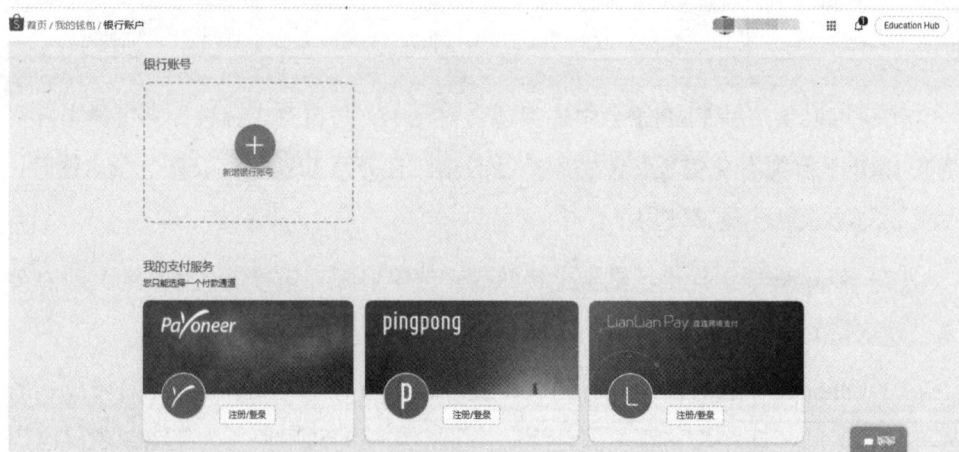

图 1-6

（5）Shopee 平台建立了 Shopee 物流服务（Shopee Logistic Service，SLS），并与圆通速递、中国邮政、Logistics Worldwide Express（全球物流快递，LWE）合作，解决了跨境物流问题，在义乌、泉州、深圳、上海设有 SLS 仓库。

（6）Shopee 平台每周会给卖家发送各个市场的周报，包括近期搜索量较多的关键字、热门标签、近期活动，帮助卖家了解买家的需求。

目前，Shopee 平台在中国境内设立了深圳、上海、香港办公室。

1.2.2　Shopee 平台与亚马逊平台、Lazada 平台的区别

1. 沟通方式不同

Shopee 平台的买家较注重价格，可以通过"聊聊"与卖家进行在线实时沟通，通过单击"Make Offer"（开价、议价）按钮与卖家讨价还价，如图 1-7 所示。Lazada 平台也有在线沟通工具。亚马逊平台的买家和卖家则通过邮件沟通。

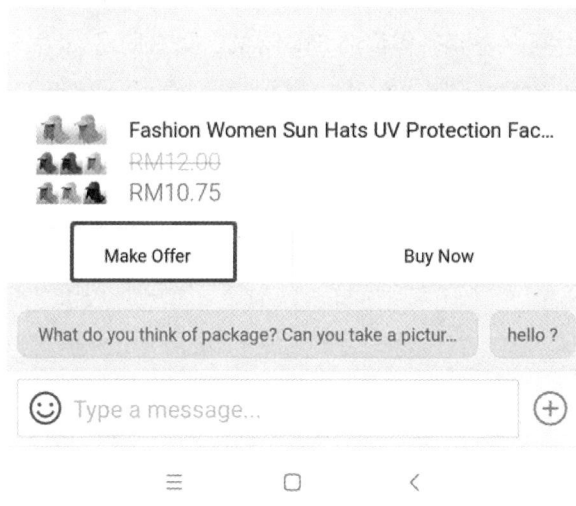

图 1-7

2. 关于商品

亚马逊平台的客单价较高，买家更注重商品的品质和服务，很少议价，因此与其他两个平台相比，整体利润较高。Shopee 平台和 Lazada 平台的买家对性价比高的商品更青睐。

3. 关于物流

在这三个平台中，亚马逊平台的物流方式相对较复杂，亚马逊平台在中国未设立仓库，所有商品均需卖家自行发货给买家或者发送至国外的 FBA 仓库，由亚马逊平台进行配送。Shopee 平台和 Lazada 平台均在国内设立了仓库，卖家只需把货物发送至仓库，由仓库统一转运、配送。

4. 关于开店成本

亚马逊平台的开店成本最高，所开通的站点不同，店铺的租金不同，美国站的租金为 39.9 美元/月，欧洲站的租金为 25 英镑/月。Shopee 平台与 Lazada 平台没有租金。

5. 关于交易成本

亚马逊平台的佣金根据品类有所不同，为商品售价的 3%～25%。另外，欧洲各国会额外收取增值税。Shopee 平台的交易费用包括佣金和交易服务费，佣金根据商品售价有所不同，为商品售价的 5%～6%，交易服务费为买家支付的订单总金额（包括商品售价与运费）的 2%。2019 年，Shopee 平台各个站点的佣金费率见表 1-2。Lazada 平台的交易费用除了佣金和交易服务费，还会有增值税。

表 1-2

佣金费率	等级	上个月已完成的订单总金额（不含订单运费）	站点						
			中国台湾站	印度尼西亚站	马来西亚站	新加坡站	泰国站	越南站	菲律宾站
	1 级	≥100 万美元	5%						
	2 级	≥50 万美元	5.50%						
	3 级	<50 万美元	6%						

注：（1）上个月已完成的订单总金额（不包含订单运费）为佣金收取基数；
　　（2）收取佣金的费率适用于下一个月 16 号开始后的一个月

1.2.3 Shopee 平台的学习资源

1. Shopee大学

我们可以登录 Shopee 平台的官网查找 Shopee 大学，如图 1-8 所示。

图 1-8

2. 微吼

Shopee 平台官方的直播目前全部在微吼举办，如图 1-9 所示。我们可以通过在线直播和回放视频学习 Shopee 平台的操作。

图 1-9

3. 腾讯课堂

有些与 Shopee 平台合作的培训机构会在腾讯课堂上讲授公开课。腾讯课堂中的 Shopee 课程如图 1-10 所示。

跨境电商营销体验课

更多 >

从小白到老司机，总有一款适合你

课程方向　　不限　　新手入门　　搜索优化

Shopee官方小二线上招商，一站开　亚马逊培训Amazon全球开店选品　亚马逊3大引爆流量技巧,不懂英语　电商精品栏目--跨境大讲堂　东南亚Shopee虾皮跨境电商运营课
启打通东南亚与台湾7站流量！　　互动答疑直播课　　　　　　　　也能爆单【齐论跨境】　　　　　　　　　　　　　　　　　　程

图 1-10

第 2 章

Shopee 平台详解

2.1 注册平台账号

我们可以以个体工商户或有限公司的身份注册 Shopee 平台的账号，其中个体工商户在 Shopee 平台开设第一个店铺仅可以选择中国台湾站，而以有限公司身份注册则可以选择马来西亚站、中国台湾站或菲律宾站。

2.1.1 注册公司

在入驻 Shopee 平台之前，我们需要先注册一个公司，营业执照的经营范围要有销售类目和进出口业务的内容。如果我们以后还计划在亚马逊平台上销售，那么建议注册个人独资公司，以降低无法通过亚马逊平台开店审核的风险。

我们在注册公司时可以选择自行注册或者委托代理注册机构注册。如果我们的公司没有懂得财务的人员，那么建议选择代理注册和代理记账一并办理。

在注册公司时，我们通常需要提供至少 5 个公司名称（用于核名）、公司经营范围，以及法人、股东、监事的身份证正反面照片。在办理税务登记时，我们还需要一名财务人员，该财务人员不能是法人、股东、监事。其他事项可由代理注册机构办妥，建议自己留存一份公司章程，公司章程在其他平台注册审核时可能会用到。公司未来的经营范围可根据要销售的商品来定，如果我们没有货源，还不确定销售哪些商品，那么可以把所有的商品都列入其中。

可参考的销售范围如下：针纺织品、服装服饰、鞋帽、工艺品、珠宝首饰、玩具、日用百货、文化用品、办公用品、五金交电、电子商品、化妆品、陶瓷制品、皮革制品、橡塑制品、健身器材、仪器仪表、电线电缆、机电设备及零配件、建筑材料、户外用品、金属制品、纸制品、化工商品（易燃、易爆及危险化学品除外）；如果从事大宗商品进出口贸易，那么建议在经营范围中加上"从事货物和技术的进出口业务"，并办理进出口企业备案。

我们只要有公司的营业执照就可以申请 Shopee 平台的账号，但是从公司长期经营的角度考虑，可以把公章、法人章、财务章、税章、合同章、对公账户等全部办妥。

另外，需要注意的是，Shopee 和亚马逊等平台不允许多账号运营，特别是亚马逊平台不允许超过 20% 股份的股东再开设账号，否则账号会因为关联而被关闭，因此如果以后要用公司开展多平台经营，那么开店所需注册的公司最好只有一个股东，且法人和股东是同一个人，这样不仅能够以有限的人员注册多个公司，而且申请其他平台账号所需提交的资料也比较简单，不容易产生关联。

2.1.2 物料准备

Shopee 平台的入驻要求见表 2-1。

表 2-1

跨境卖家招商政策	内贸卖家招商政策
主营亚马逊、eBay、Wish、Lazada 或速卖通等跨境电商平台的卖家，要符合以下资质要求： 1. 拥有中国内地或香港的合法企业营业执照。 2. 商品符合当地出口和进口要求。 3. 有一定跨境电商经验、商品数量要达到 100 款以上	主营淘宝、天猫、拼多多、京东等国内电商平台的卖家，要符合以下资质要求： 1. 拥有中国内地或香港的合法企业营业执照或个体工商户营业执照。 2. 商品符合当地出口和进口要求。 3. 有一定内贸电商经验、商品数量要达到 50 款以上

对于第 2 个要求，我们可以参照各个站点的禁售商品指南，具体将在后边讲到。

对于第 3 个要求，我们可以提供电商平台 3 个月的流水和店铺链接。如果我们申请入驻的站点是中国台湾站，就需要提供国内电商平台的流水；如果我们申请入驻的站点是马来西亚站或菲律宾站，就需要提供国外电商平台的流水。

2.1.3　注册渠道

目前，Shopee 平台的注册渠道分为官方渠道和招商经理渠道，其中招商经理渠道较多，非官网的绿色通道几乎都是招商经理对接的渠道。无论我们通过哪个渠道注册，在入驻前都需要准备好相关的注册资料。

1. 官方渠道

通过 Shopee 官网注册。Shopee 官网如图 2-1 所示。

图 2-1

如果通过 Shopee 官网渠道注册，那么等待时间一般较长，且一旦在这个渠道提交申请，入驻事宜便只能由 Shopee 平台处理，招商经理无法跟进。

2. 招商经理渠道

（1）我们可以在 QQ 中搜索与 Shopee 相关的卖家群（如图 2-2 所示），并加入这些群，寻找招商经理进行申请，招商经理通常都会通过 QQ 群进行孵化期指导。

（2）通过 Shopee 官方认证的培训合作机构注册，认证机构一般可以提供入驻、培训、运营咨询等服务。每个合作机构通常都会有对应的招商经理帮助卖家快速通过申请。我们可以通过图 2-3 所示的公众号的绿色通道进行申请。

图 2-2

图 2-3

2.1.4　审核过程

Shopee 平台的客服一般会在我们提交相关申请资料后 7 个工作日内联系我们，联系的方式包括邮件或电话，其中电话通常来自上海或深圳。因此，我们在填写申请资料后，需要留意电话和邮件，而在邮件中往往还会留下 Shopee 平台工作人员的企业 QQ 让我们联系。2019 年年底，Shopee 平台的招商经理开始使用企业微信与用户沟通。

Shopee 平台的客服在联系我们时，通常会询问以下问题：你是否在 Shopee 平台上经营过？公司的法人姓名、公司的名称分别是什么？你是否要入驻 Shopee 平台？你们的公司目前有多少人？你之前在哪些平台上经营过，经营了多久？你们的公司销售什么商品？你们的店铺有多少 SKU（Stock Keeping Unit，库存量单位）？SKU 的平均售价是多少？你们的店铺的平均日单量是多少？商品的来源有哪些？

如果 Shopee 平台的客服没有给我们打电话询问上述问题，那么我们一般会收到招商经理要求进一步提供相关证明资料的邮件。资料包括公司的营业执照照片（要求：彩色、清晰、完整）、法人的身份证正反面彩色照片、法人手持营业执照和身份证的照片或视频、主营跨境电商平台店铺的链接（已经成熟的跨境电商平台的店铺链接）、跨境电商平台店铺三个月内的订单流水截图、公司的办公地址（基本资料主要是这些，随着 Shopee 平台规则的变化，会有细微的变化）。

Shopee 平台的客服在与我们初次联系后，还会提供在线提交资料的通道，并根据我们所提交的资料为我们开通对应站点的账号。

在资料审核通过（审核时间一般为 2～3 工作日）后，Shopee 平台会发送主题为"Welcome onboard!"（欢迎加入）的邮件（我们要注意邮件是否在垃圾箱中），如图 2-4 所示。我们需要按照邮件的要求填写相关资料，进行邮箱验证，如图 2-5 所示，在验证成功后，就开通了相关站点的账号。2020 年，Shopee 平台已全面启用子账户平台，在开店申请审核过程结束后会要求开通母账户，卖家需要在母账户里添加商店，以便后续操作。

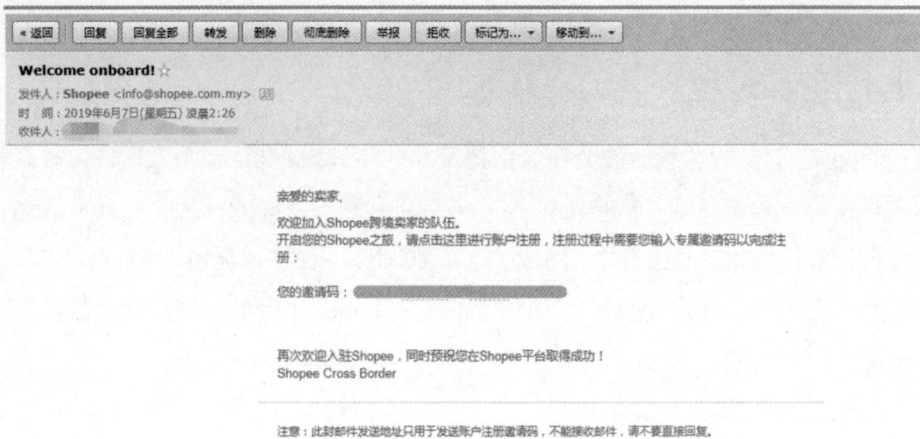

图 2-4

图 2-5

2.1.5　注意事项

（1）Shopee 平台禁止多店铺运营，一旦 Shopee 平台认为卖家在操作多店铺，即判定卖家店铺关联，因此如果我们之前已经有了 Shopee 平台的店铺，那么 Shopee 平台将禁止我们再次开设店铺。

（2）我们如果使用已经提交过的公司名称、法人名字、身份证号、邮箱、电话注册账号，就会被 Shopee 平台判断为店铺关联，Shopee 平台禁止同一个用户操作同站点的多个账户，并且禁止再使用被关联的信息申请店铺。

（3）我们不能使用已经提交过的店铺流水截图和店铺链接注册账号。如果无法提供店铺流水和链接，那么建议通过绿色通道入驻。

（4）我们在收到邀请开店的邮件后要尽快注册，注册后根据邮件提示完成相应的任务。

（5）Shopee 平台的入驻政策一直在更新，因此我们需要留意新政策。

2.2　卖家的自我定位

在上传商品之前，我们要根据自身情况进行自我定位。卖家的经营模式一般分为三种：一是铺货模式，采用一件代发的形式发货；二是垂直经营模式，仅销售自己的商品；三是混合模式，即部分稳定货源+部分无货源。

2.2.1　铺货模式

铺货模式又称为无货源模式，本质上是一种套利的模式，赚取差价。铺货模式是通过软件采集其他平台的商品，大量进货，通过数量获取流量和订单的模式，具备不占用库存、资金投入少、经营风险小、容易调整经营方向等特点，因此适合资金有限、无电商运营经验的"小白"卖家。自营的商品上架数量通常高达上万件，如图 2-6 所示。

图 2-6

与此同时，铺货模式也存在一些问题：

（1）商品单价稍高，与大批量进货相比，无法获得更有优势的商品价格。

（2）货源不稳定，容易出现断货、无法找到货源等情况。

（3）运费成本高，与大批量进货相比，每一单皆需承担运费。

（4）没有实际接触商品，无法保证商品品质，容易造成买家差评。

2.2.2 垂直经营模式

有稳定货源的品牌商或厂家往往具备较强的资金实力，一般采用垂直经营模式，能够承担库存风险。与铺货模式相比，采用垂直经营模式的品牌商或厂家不仅拥有强大的供应链和价格优势，还能够针对自身商品进行精细化运营，更容易根据客户群的反馈对商品进行升级换代，打造品牌影响力，增加品牌的附加值。

垂直经营模式有利于控制上下游渠道，强大的资金实力也有助于卖家进行市场推广。如果目标用户准确，那么在短时间内即可获得高效的广告传播效率，打造垂直领域的品牌。

垂直经营模式的最大风险在于资金和库存占用，如果商品无法形成规模化销售，就很容易形成巨额亏损。

2.2.3 混合模式

多品牌经销商、代理商，或者不完全确定经营方向的有实力卖家，可以采用此模式，即以自身拥有的稳定货源商品为主，再加入采集的畅销商品或者代理商品的周边商品，来拓展市场和测试商品，既能拥有一定的价格优势，又能吸引更多的客户群体。

卖家利用铺货模式在发展到一定阶段后，有了稳定的客户群，就可以考虑与供应商接触，批量采购商品，以降低商品单价，节省运输费用，获得更高利润。

混合模式往往是经营模式选择期或者转型期采取的模式，具备铺货模式和垂直经营模式的双重特点。卖家通常具备一小部分稳定的商品，然后通过铺货逐步丰富品类，逐渐形成稳定的供应链体系。

卖家采用混合模式达到一定规模后，在具备资金实力的条件下，一般会以代工、设计加工或者自建厂的形式打造自身品牌，进行垂直化运营。

2.3　相关政策

2.3.1　各个站点禁售的物品指南

在申请店铺后，我们首先要注意店铺所销售的商品。我们除了需要遵守国家邮政局、公安部、安全部发布的《禁止寄递物品管理规定》，还需要注意 Shopee 平台针对各个站点发布的禁售通知。由于 Shopee 平台是一个正在快速发展的平台，平台禁售的物品会根据情况进行调整，我们要随时关注对应的客户经理及 Shopee 官网发布的信息。表 2-2 为禁售商品，表 2-3 为 Shopee 平台各个站点的违禁品。

表 2-2

序号	类别	具体物品名称
1	枪支（含仿制品、主要零部件）、弹药、爆炸器材等	枪支（含仿制品、主要零部件）：如手枪、步枪、冲锋枪、防暴枪、气枪、猎枪、运动枪、麻醉注射枪、钢珠枪、催泪枪等。 弹药（含仿制品）：如子弹、炸弹、手榴弹、火箭弹、照明弹、燃烧弹、烟幕（雾）弹、信号弹、催泪弹、毒气弹、地雷、手雷、炮弹、火药等。 爆破器材：如炸药、雷管、导火索、导爆索、爆破剂等。 烟花爆竹：如烟花、鞭炮、摔炮、拉炮、砸炮、彩药弹等烟花爆竹及黑火药、烟火药、发令纸、引火线等。 其他：如推进剂、发射药、硝化棉、点火头、打火机等
2	管制器具	管制刀具：如匕首、三棱刮刀、带有自锁装置的弹簧刀（跳刀），其他类似的单刃、双刃、三棱尖刀等。 其他：如弩、催泪器、电击器等
3	压缩和液化气体及其容器	易燃气体：如氢气、甲烷、乙烷、丁烷、天然气、液化石油气、乙烯、丙烯、乙炔等。 有毒气体：如一氧化碳、一氧化氮、氯气等。 易爆或者窒息、助燃气体：如压缩氧气、氮气、氦气、氖气、气雾剂等
4	易燃液体、易燃固体、自燃物质、遇水易燃物质	易燃液体：如汽油、柴油、煤油、桐油、丙酮、乙醚、油漆、生漆、苯、酒精、松香油等。 易燃固体：如红磷、硫黄、铝粉、闪光粉、固体酒精、火柴、活性炭等。 自燃物质：如黄磷、白磷、硝化纤维（含胶片）、钛粉等。 遇水易燃物质：如金属钠、钾、锂、锌粉、镁粉、碳化钙（电石）、氰化钠、氰化钾等

序号	类别	具体物品名称
5	氧化剂和过氧化物	如高锰酸盐、高氯酸盐、氧化氢、过氧化钠、过氧化钾、过氧化铅、氯酸盐、溴酸盐、硝酸盐、过氧化氢等
6	毒性物质、放射性物质、腐蚀性物质	毒性物质：如砷、砒霜、汞化物、铊化物、氰化物、硒粉、苯酚、汞、剧毒农药等。 放射性物质：如铀、钴、镭、钚等。 腐蚀性物质：如硫酸、硝酸、盐酸、蓄电池、氢氧化钠、氢氧化钾等
7	生化制品、传染性物质、感染性物质	如病菌、炭疽、寄生虫、排泄物、医疗废弃物、尸骨、动物器官、肢体、未经硝制的兽皮、未经药制的兽骨等
8	毒品及吸毒工具、非正当用途的麻醉药品和精神药品、非正当用途的易制毒化学品	毒品、非正当用途的麻醉药品和精神药品：如鸦片（包括罂粟壳、花、苞、叶）、吗啡、海洛因、可卡因、大麻、甲基苯丙胺（冰毒）、氯胺酮、甲卡西酮、苯丙胺、安钠咖等。 易制毒化学品：如胡椒醛、黄樟素、黄樟油、麻黄素、伪麻黄素、羟亚胺、邻酮、苯乙酸、溴代苯丙酮、醋酸酐、甲苯、丙酮等。 吸毒工具：如冰壶等
9	非法出版物、印刷品、音像制品等宣传品	如含有以下内容的图书、刊物、图片、照片、音像制品等：反动、煽动民族仇恨、破坏国家统一、破坏社会稳定、宣扬邪教、宗教极端思想、淫秽等
10	间谍专用器材	如暗藏式窃听器材、窃照器材、突发式收发报机、一次性密码本、密写工具、用于获取情报的电子监听和截收器材等
11	非法伪造物品	如伪造或者变造的货币、证件、公章等
12	侵犯知识产权和假冒伪劣物品	侵犯知识产权：如侵犯专利权、商标权、著作权的图书和音像制品等。 假冒伪劣物品：如假冒伪劣的食品、药品、儿童用品、电子商品、化妆品、纺织品等
13	濒危野生动物及其制品	如象牙、虎骨、犀牛角及其制品等
14	禁止进出境物品	如有碍人畜健康的、来自疫区的以及其他能传播疾病的食品和药品或者其他物品；内容涉及国家秘密的文件、资料及其他物品
15	其他物品	《危险化学品目录》《民用爆炸物品品名表》《易制爆危险化学品名录》《易制毒化学品的分类和品种目录》《中华人民共和国禁止进出境物品表》载明的物品和《人间传染的病原微生物名录》载明的第一、二类病原微生物等，以及法律、行政法规、国务院和国务院有关部门规定禁止寄递的其他物品

表 2-3

站点	个别站点违禁品	全站点违禁品
印度尼西亚	赌具、情趣用品、充电宝、香水和精油（容量超过50mL）	箭（箭头），强力磁铁，纯电池，蜡烛，枪形、刀具、剑模型（饰品），球类（充气），油漆，点烟器、电子烟及配件，粉末状物品，大于200mL的液体，喷雾剂，胶水，药膏贴，电动平衡车，保健品，颜料，视频，香薰类物品，竹炭类物品，润滑油，机油，干燥剂，香料，运输中易发光、发热、发出声响的带电商品
马来西亚	赌具、情趣用品、指甲油、卸甲油、香水、精油、充电宝	
菲律宾	指甲油、卸甲油、无人机、香水、精油、充电宝	
泰国	赌具、情趣用品、指甲油、卸甲油、电子秤、牙刷、电视机顶盒、无人机、香水、精油	
新加坡	赌具、情趣用品、充电宝	
中国台湾	指甲油、卸甲油、除虫用品、容量大于100mL的液体、手机、平板电脑、笔记本电脑、蓝牙商品、智能穿戴设备、无线通信商品（如收音机、遥控器、机顶盒、路由器等）、儿童座椅、汽车安全椅、手推车、香水、精油、充电宝	
越南	香水、精油	

2.3.2　卖家的发货考核政策

我们都知道，商品到买家手中的时间会影响买家的体验。因此，Shopee 平台对未完成订单率、迟发货率有一定的考核标准，如果卖家未达到相应的标准，就会被扣掉相应的分数。中国台湾站、菲律宾站、越南站、印度尼西亚站、马来西亚站、新加坡站、泰国站卖家的发货指标分别如表 2-4～表 2-10 所示。

迟发货订单为备货时长（Day to Ship，DTS）+2 个自然日未到仓扫描的订单。

迟发货率（Late Ship Rate，LSR）为前 7 天迟发货的订单量/前 7 天发货的总订单量。

未完成订单=卖家主动取消的订单+买家成功发起的退货/退款订单+因卖家责任造成的自动取消订单+买家因"卖家责任"取消的订单。

未完成订单率=未完成订单/（未完成订单+净订单）。

Shopee 平台的发货考核标准会随平台的发展有所变化，我们要及时关注 Shopee 大学中卖家公告栏的各项信息。

表 2-4

记分项目	标准 1	记分（分）	标准 2	记分（分）
未完成订单率	≥10%	1	≥10%且未完成订单量≥15 笔	2
迟发货率	≥10%	1	≥10%且延迟出货订单量≥30 笔	2

表 2-5

记分项目	标准 1	记分（分）	标准 2	记分（分）
未完成订单率	≥15%	1	≥15%未完成订单量≥50 笔	2
迟发货率	≥15%	1	≥15%且延迟出货订单量≥60 笔	2

表 2-6

记分项目	标准 1	记分（分）	标准 2	记分（分）
未完成订单率	≥10%	1	≥10%且未完成订单量≥30 笔	2
迟发货率	≥10%	1	≥10%且延迟出货订单量≥30 笔	2

表 2-7

记分项目	标准 1	记分（分）	标准 2	记分（分）
未完成订单率	≥10%	1	≥10%且未完成订单量≥30 笔	2
迟发货率	≥10%	1	≥10%且延迟出货订单量≥30 笔	2

表 2-8

记分项目	标准 1	记分（分）	标准 2	记分（分）
未完成订单率	≥10%	1	≥10%且未完成订单量≥30 笔	2
迟发货率	≥15%	1	≥15%且延迟出货订单量≥50 笔	2

表 2-9

记分项目	标准 1	记分（分）	标准 2	记分（分）
未完成订单率	≥10%	1	≥10%且未完成订单量≥30 笔	2
迟发货率	≥10%	1	≥10%且延迟出货订单量≥50 笔	2

表 2-10

记分项目	标准 1	记分（分）	标准 2	记分（分）
未完成订单率	≥10%	1	≥10%且未完成订单量≥30 笔	2
迟发货率	≥10%	1	≥10%且延迟出货订单量≥50 笔	2

2.3.3　上架商品的相关规定

Shopee 平台的店铺分为成长店铺、有潜力店铺、有经验店铺、优选店铺、商城店铺。不同类型的店铺上架商品的数量不同。在印度尼西亚站，普通跨境电商卖家、优选卖家的商品上架数量限制为 10 000 个，商城卖家的商品上架数量限制为 50 000 个。除了印度尼西亚站，其他站点店铺的上架商品数量规定见表 2-11。

表 2-11

店铺类型	标准	上架商品的数量上限/个
成长店铺	开店时间<30 天或累计完成不同买家的订单量<5 笔的店铺	1000
有潜力店铺	开店时间≥30 天并且累计完成不同买家的订单量≥5 笔的店铺	3000
有经验店铺	开店时间≥30 天并且累计完成不同买家的订单量≥100 笔的店铺	5000
优选店铺	获得优选卖家资质的店铺	10000
商城店铺	获得商城卖家资质的店铺	20000

2.3.4　Shopee 平台的惩罚记分机制

除了未完成订单率和迟发货率会造成店铺被扣分，一些其他错误操作也会造成相应的扣分，如表 2-12 所示，卖家在一个季度内被扣分数达到 3、6、9、12、15 分之后，将会获得表 2-13 所示对应的惩罚，惩罚延续 28 天。惩罚记分在下个季度的第一周周一清零。优选卖家在惩罚记分达到 3 分之后，会被取消优选卖家标识。Shopee 平台的各项制度在不断完善，但是肯定会向越来越严格、越来越规范的方向发展。

表 2-12

情况	细分类目	详细情况	惩罚记分机制
违反上架规则	劣质刊登	商品品类设置错误	当第一次被平台发现时,商品将被下架,若第二次上传时仍然设置错误,则店铺被扣 1 分;若第三次修改后仍错误,商品则被删除并且店铺再被扣 1 分
		重复刊登商品	商品将被直接删除并且店铺被扣 1 分
		误导性定价	
		关键字/品牌、属性滥用	在第一次被通知时商品将被下架;若第二次上传仍然不合格,则商品被删除并且店铺被扣 1 分。重复的违规行为可能会导致卖家的账户被冻结
		图片质量不佳(商品占图片面积<70%)	店铺被扣 1 分
	禁止刊登	销售禁止上架销售的商品	商品将被直接删除并产生相应的惩罚记分,一般为 1 分
		刊登广告或销售无实物商品	
		在同一商品 ID 下更换不同商品	
		虚假折扣	
		商品图片带有导外内容	
	侵犯知识产权或假冒商品	若卖家首次被投诉侵权,Shopee 平台则将相应侵权商品下架。若卖家再次被投诉侵权,Shopee 平台则将被投诉的卖家账号暂时冻结 7 天;在账号解冻后若再次被投诉侵权,则账号继续被冻结 7 天;依此类推。对于严重违规或累计侵权次数过多的卖家,Shopee 平台可能直接关闭被投诉卖家的账号	
	举报盗用商品信息行为	被投诉盗图、盗商品信息的卖家及其店铺	非中国台湾站首次被举报的卖家需在 7 个自然日内进行整改,逾期未整改的店铺或第二次被举报的店铺将被冻结 15/30 天,甚至永久被冻结
上架商品数量	预售商品个数、预售商品占比高于一定标准	店铺可上架的商品数量将会有一定限制,并会得到 1 分惩罚记分	
运输禁运及运输违禁	卖家运输违禁商品行为	不符合《禁止寄递物品管理规定》和 Shopee 平台的禁售规定	一旦发现卖家寄运禁售商品,每个订单将会得到 3 分惩罚记分
	卖家运输空包裹或与订单不符的商品行为	在初次时店铺将会被警告,若情况严重,店铺则会被冻结 28 天或者被关店	

续表

情况	细分类目	详细情况	惩罚记分机制
卖家发货情况	参考表 2-4~表 2-10	各站点对迟发货率和订单未完成率有不同的标准	若未达到相应的站点标准则会得到 1~2 分的惩罚记分
客户服务	与买家沟通中言语及行为不当	请买家取消订单、在商品评论或对话中使用辱骂性话语回复买家，聊聊回应率≤20%	将会得到 1~2 分惩罚记分
	卖家引导买家至其他平台的行为	被警告或被关店	

表 2-13

累计惩罚分数（分）	3	6	9	12	15
惩罚级别	1 级	2 级	3 级	4 级	5 级
禁止参加 Shopee 平台的主题活动（28 天）	√	√	√	√	√
无法享有 Shopee 平台的运费或者活动补助（28 天）		√	√	√	√
商品将不会出现在浏览页面中（28 天）		√	√	√	√
商品将不会出现在搜索结果中（28 天）			√	√	√
不允许创建/修改商品（更改库存除外）（28 天）				√	√
冻结账户（28 天）					√

2.3.5　孵化期的考核标准

Shopee 平台的孵化期为 3 个月，店铺的订单量和店铺的表现情况将会决定我们后续和哪类客户经理对接、能否获得一对一的专门指导、能否获得更多的活动资源。对于具体标准，我们可以询问对接的客户经理。这个标准会根据平台的政策而变动。

目前，优秀毕业卖家的标准如下：

（1）所有店铺考核月的订单量总和达到 31 笔及以上。

（2）其中一个店铺考核月完成的订单量为 22 笔及以上。

（3）在店铺考核月中所有店铺由于卖家原因而取消的订单率＜5.11%。

（4）在孵化期内，所有店铺未完成订单的扣分总和＜4 分，参照表 2-4~表 2-10。

（5）在孵化期内，违反平台规则的扣分总和（除了未完成订单扣分）＜4 分。

在 3 个月的孵化期内没有出单的卖家，在孵化期后对接的客户经理转为客服团队。月出单量大于 1 笔并且店铺基础不错的卖家，在孵化期后对接中小卖家客服团队。优秀毕业卖家在孵化期后对接高阶客户经理。每天的订单量为 30 笔以上的卖家，在孵化期后可对接大客户经理。

在孵化期内，Shopee 平台不收取佣金（商品售价的 5%～6%），仅收取买家支付的订单总金额（包括商品售价和运费）2%的交易服务费。

为了达到更好的销售成绩，卖家需要熟悉后台操作，知道如何积累粉丝、如何设置店内活动、如何出单发货、如何与买家沟通、如何在经营中不断优化选品和创造爆款、如何运用 Paid Ads（付费广告）推广商品，这些知识将会在后续的章节中一一介绍。

2.3.6　什么是优选卖家

如果店铺的头像和店铺的所有商品均有"Preferred"标识（如图 2-7 所示），这个卖家就是优选卖家。

只有各项指标都达到一定的标准，店铺才能拥有"Preferred"标识。这些标准包括订单量、客户数、订单未完成率、迟发货率、聊聊回复率等。这也就意味着，这家店铺的商品品质更值得信赖、服务更好。

如果拥有"Preferred"标识，那么商品图片比其他店铺的商品图片更有辨识度，更容易第一时间吸引买家，有利于提高商品的转化率；而且在优选卖家的店铺中，买家可以使用积累的 Shopee 币（如图 2-8 所示）抵扣购物金额。Shopee 币相当于淘宝中的淘金币，买家可以通过每日签到、完成订单、营销奖励活动、达到一定标准的商品评价获得。

什么样的店铺才可以拥有"Preferred"标识呢？每个站点的标准都不一样，评选标准见表 2-14。

图 2-7

图 2-8

表 2-14

要求	站点						
	泰国站	中国台湾站	新加坡站	马来西亚站	印度尼西亚站	越南站	菲律宾站
过去日历月最少净订单量（笔）	100	50	30	75	100	100	50
贡献订单量的最少买家数（个）	15	25	10	35	25	50	30
最高订单未完成率	10%	9.99%	4.99%	—	—	8%	14.99%
最高迟发货率	10%	9.99%	4.99%	—	—	8%	14.99%
最低聊聊回复率	75%	80%	70%	80%	80%	75%	75%
最低店铺评分（实时）（分）	4.5	4.75	4.6	4.6	4.5	4.0	4.5
预售商品最高占比	20%	10%	30%	5%	20%	30%	20%
最高卖家惩罚记分（分）	0	0	0	0	0	0	0
最低净成交总额	—	3000 新台币	—	—	100 000 000 印尼卢比	—	—

3 第 3 章

Shopee 平台的基础操作

3.1 Shopee后台的各个功能详解

通过前两章的学习，我们对 Shopee 平台有了初步的认识。本章着重介绍 Shopee 后台的各个功能板块。各个站点后台显示的内容相同，主要有 6 大板块，因翻译原因，板块的标题可能不同，下面以马来西亚站翻译后显示的标题内容为主进行讲解。

3.1.1 卖家中心首页

输入站点的卖家登录网址（每个站点的卖家登录网址不同），输入账户名和密码，在登录之后会进入 Shopee 平台的卖家中心首页，如图 3-1 所示。

左边一列为 6 大板块，我们可以通过这些板块进行账户的详细操作，在后边将会对这 6 大板块进行详细介绍。

中间一列显示了 6 个部分，是左边各个板块内容的精简版，依次显示如下。

（1）待办清单。"待办清单"板块显示的是卖家需要处理的事情，包括"未付款""待处理出货""已处理出货""待退货/退款""待取消""已禁止商品""已售出商品"。这部分内容与 3.1.2 节介绍的"订单"板块相对应。

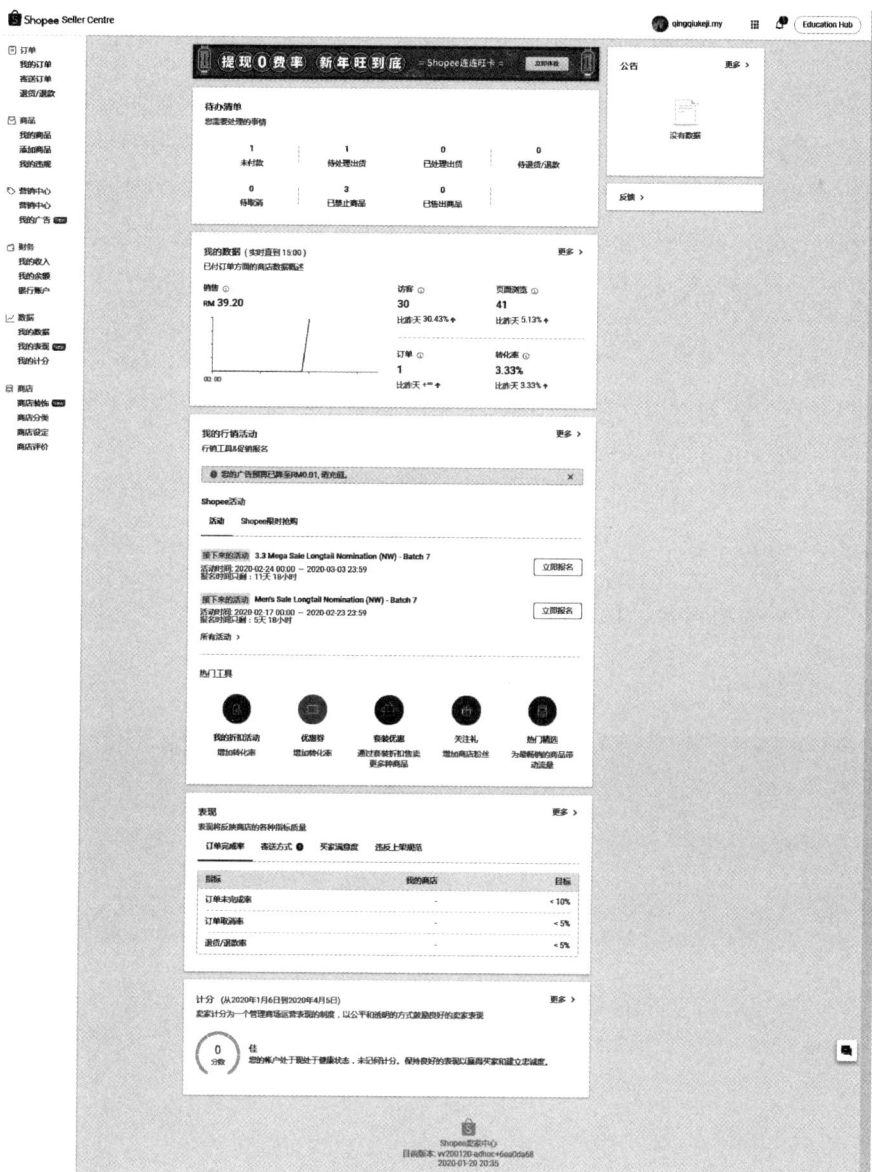

图 3-1　卖家中心首页

（2）我的数据。在"我的数据"板块中，我们可以看到几个核心数据，包括实时销售额、访客数、页面浏览数、订单量、订单转化率。通过这几个数据，我们可以对当天的店铺访客、订单情况有直观的印象。

（3）我的行销活动。在"我的行销活动"板块中，我们可以看到关键字广告剩余预算，它提醒我们及时充值广告费用；我们还可以看到 Shopee 活动，它显示了近期可参加的活动。

（4）热门工具。"热门工具"板块包括"我的折扣活动""优惠券""套装优惠""关注礼""热门精选"。这部分内容与"营销中心"板块的部分内容相对应。

（5）表现。"表现"板块反映了商店①的各种指标质量，包括"订单完成率""寄送方式""买家满意度""违反上架规范"4 个项目的表现数据。

（6）记分②。"记分"板块显示的是对店铺综合表现的打分。

最右边一列为公告和反馈，用于显示 Shopee 平台的各项通知和卖家向 Shopee 平台提交的反馈意见。

3.1.2　订单

"订单"板块包含"我的订单""寄送订单""退货/退款"3 个选项。

1. 我的订单

单击"我的订单"选项，出现如图 3-2 所示的页面。

图 3-2

（1）全部。单击"全部"选项，我们可以看到所有订单及每个订单的买家应付金额、状态、选择的物流商等。订单类型包括尚未付款、待出货、运送中、已完成、取消、退款/退货。

---

① 在电商行业中，更常用的是店铺一词。

② 页面中"计分"的正确写法应为"记分"。

（2）尚未付款。单击"尚未付款"选项，我们可以看到买家已经加入购物车，但尚未结账的订单。当遇见这种情况时，我们可以主动与买家沟通，促使交易达成。

（3）待出货。单击"待出货"选项，我们可以看到买家已经购买了商品，等待我们发货的订单。如图 3-3 所示，订单状态为待出货且处理中，单击"申请出货编号"链接，订单状态会变为待出货和已处理，如图 3-4 所示。

图 3-3

图 3-4

（4）运送中。单击"运送中"选项，我们可以看到买家所购买的商品已经进入了 Shopee 平台的仓库，被扫描入库，订单状态为"已出货"的订单。

（5）已完成。单击"已完成"选项，我们可以看到快递公司完成了商品投递，买家已经收到了商品的订单。

（6）取消。单击"取消"选项，我们可以看到被买家取消、被卖家取消、被系统自动取消的订单。

（7）退款/退货。单击"退款/退货"选项，我们可以看到买家已经收到了商品，但是对商品不满意，要求退款/退货的订单。

另外，在"搜寻订单"框中输入订单编号可以查询相对应的订单，如图3-5所示。

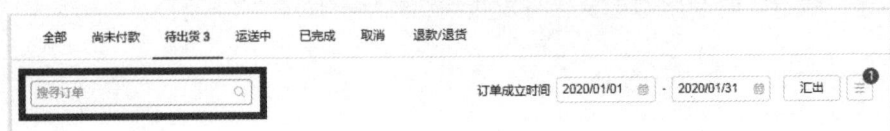

图 3-5

每一个卖家都可以在"订单成立时间"中选择时间段，以表格形式"汇出"相应的订单详情。例如，全部订单、尚未付款订单的详情等。表格中显示的内容包括订单编号、订单状态、退货/退款状态、跟踪号运输选项、发货方式、预计发货日期、运送时间、订单创建日期、订单支付时间、父 SKU 参考号、商品名称、SKU 参考号、变体名称、原价、成交价、数量商品小计、订单总重量、优惠券代码、客户地址等关于订单的各种信息。

2. 寄送订单

单击"寄送订单"选项，我们可以在打开的页面中批量处理订单，批量下载运送标签、发货挑拣表、装箱单等，如图3-6所示。

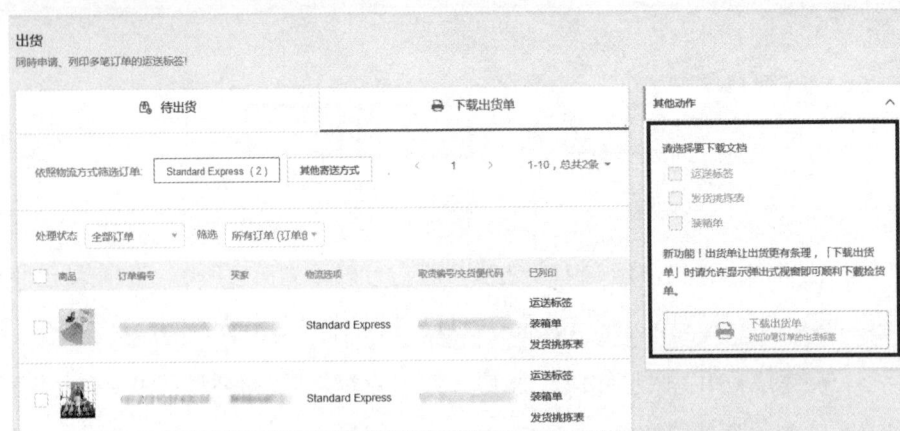

图 3-6

3. 退货/退款

与"我的订单"选项中的"退款/退货"页面显示的内容一样。

3.1.3 商品

"商品"板块包含"我的商品""添加商品""我的违规"3 个选项。

1. 我的商品

单击"我的商品"选项，出现如图 3-7 所示的页面。

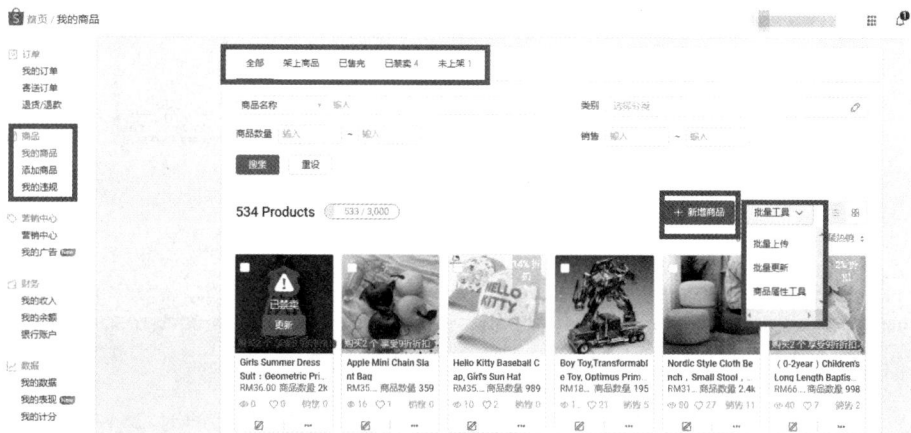

图 3-7

（1）全部。单击"全部"选项，我们可以看到全部商品，包括处于已售完、已禁卖状态的商品。

（2）架上商品。单击"架上商品"选项，我们可以看到已经上传并且通过平台审核，买家可以在前台看到的商品。

（3）已售完。单击"已售完"选项，我们可以看到店铺中库存为零的商品。

（4）已禁卖。单击"已禁卖"选项，我们可以看到因为各种原因被禁止出售的商品，可以查看被禁止出售的原因，如图 3-8 所示。常见的原因为在上传商品时选择的销售类目错误、标题含有不相关的关键字。

（5）未上架。单击"未上架"选项，我们可以看到已经上传，但是只在后台显示，只有我们自己可以看到，买家却无法看到的商品。

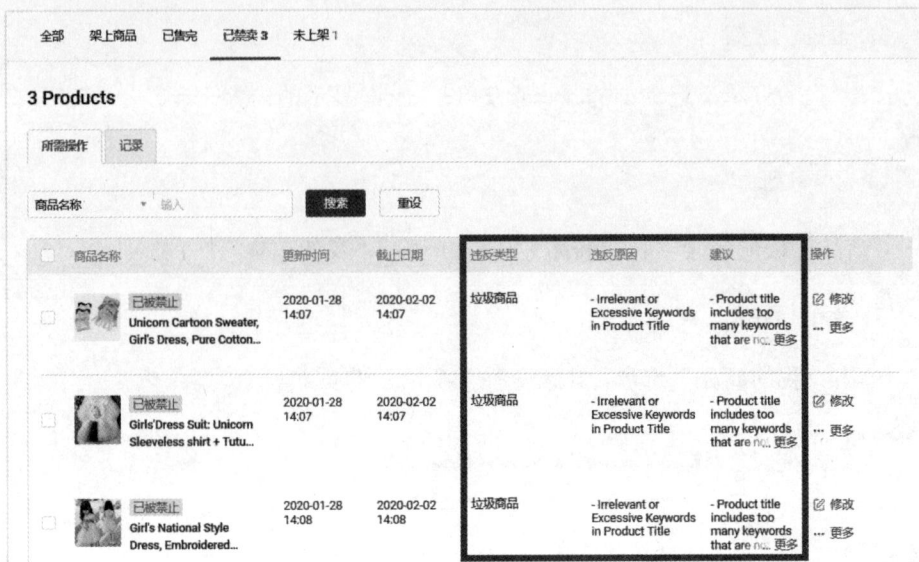

图 3-8

2. 添加商品

单击"添加商品"选项或者"+新增商品"按钮，会打开如图 3-9 所示的页面，可以进行单个商品的上传。

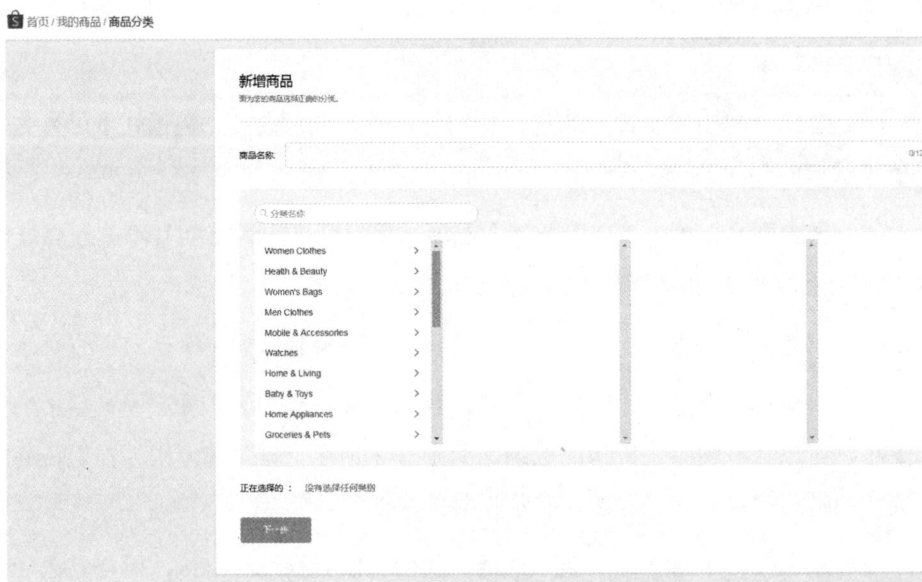

图 3-9

批量工具：用于商品的批量上传、批量更新、批量修改。单击"批量工具"下拉菜单的"批量上传"选项，会打开如图 3-10 所示的页面。我们需要先下载"上传范本"，根据范本要求填写商品相关内容再上传。具体如何批量上传将在后边的章节讲到。单击"批量更新"选项，可以对商品的基本资料（包括商品 ID、父级 SKU 号、商品名称、类别 ID、重量、价格、库存等）进行批量修改，如图 3-11 所示。单击"商品属性工具"选项，会打开如图 3-12 所示的页面，可在线对商品品牌（Brand）、推荐年龄（Recommended Age）、材料（Material）、推荐性别（Recommended Gender）等进行修改。

图 3-10

图 3-11

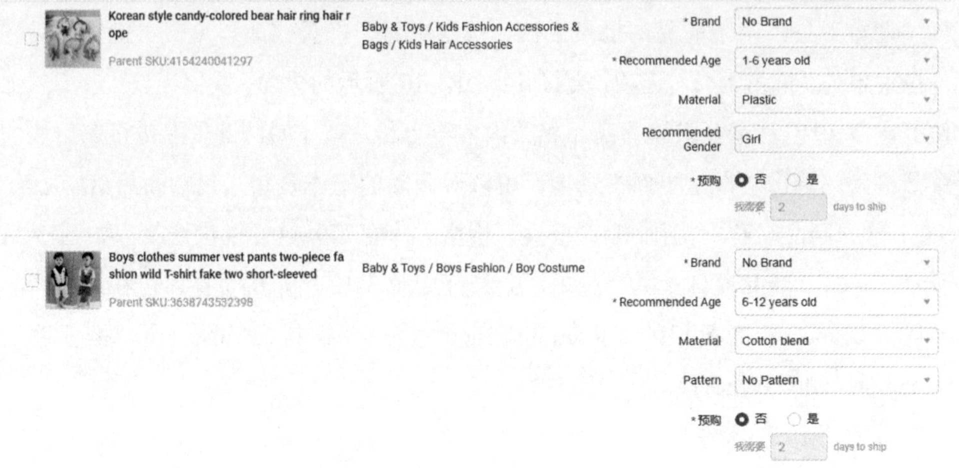

图 3-12

3. 我的违规

"我的违规"选项与"已禁卖"选项显示的内容相同,如图 3-13 所示,我们可以根据违反原因、建议有针对性地修改。

图 3-13

3.1.4　营销中心

在"营销中心"板块中,我们可以申请参加 Shopee 平台的官方活动、购买关键字的广告服务、设置关于商品的各种优惠活动。"营销中心"板块如图 3-14 所示。

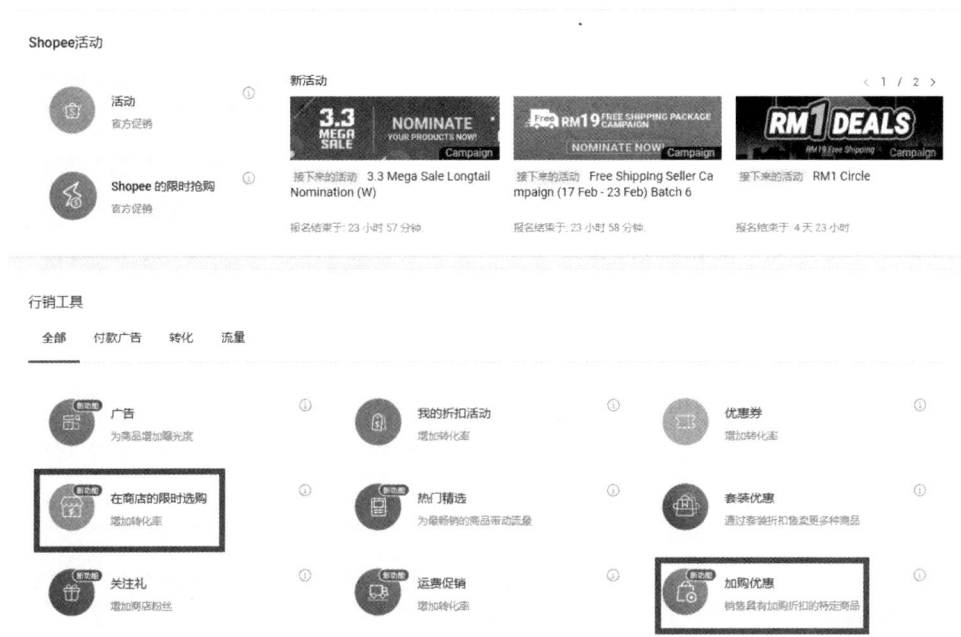

图 3-14

1. Shopee活动

每到当地有重大节日或者 Shopee 平台的大型促销活动（例如，双十一、双十二）时，平台会显示各种活动信息。单击如图 3-14 所示的"Shopee 活动"中的任何一项内容，便会显示具体的活动信息。我们可以根据自身商品的情况选择合适的商品报名参加活动，以吸引更多买家流量。图 3-15 所示为卖家已报名 Shopee 平台的双十二活动，所报名的商品在等待审核中。

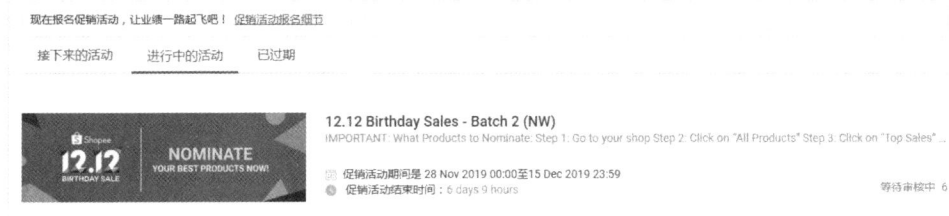

图 3-15

2. 行销工具

1）广告

我们可以通过购买"广告"服务，在 Shopee 平台上投放广告，以提高商品关键字的排名，增加商品信息的曝光量，具体操作技巧将在 5.1 节中讲到，广告页面如图 3-16 所示。我们可以单击"功能介绍""教学手册"链接学习操作方式。

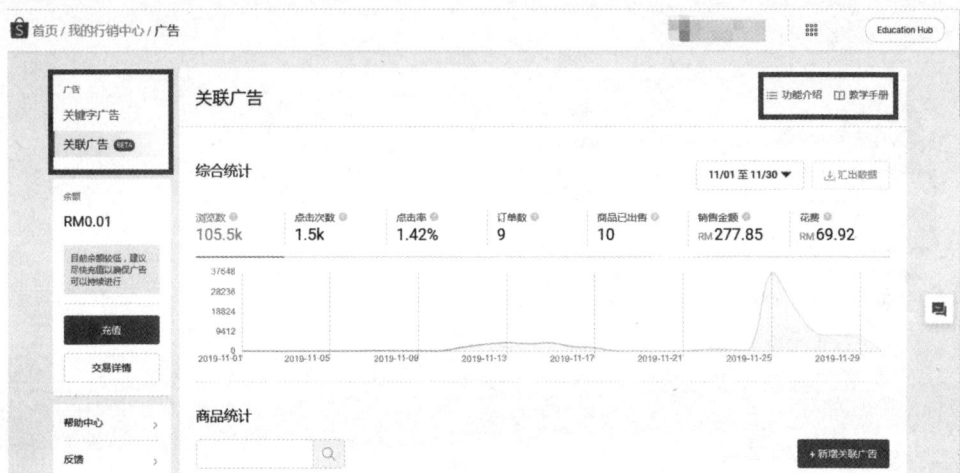

图 3-16

2）我的折扣活动

我们可以在"我的折扣活动"页面（如图 3-17 所示）中为商店中任何上架的单个商品在选定的时间段内设置相应的折扣，并设置每位买家的限购数量，以价格优势吸引买家，提高转化率。例如，把某顶帽子的折扣设为 5%，每位买家限购 100 顶。我们可以单击"+新的折扣活动"按钮添加折扣活动，通过"接下来的活动""进行中的活动""已过期"选项分别查看即将开始的活动、正在进行的活动和已经结束的折扣活动。在"数据仪表盘"页面中，我们可以查看设定的折扣活动带来的效果，如图 3-18 所示。具体的设定技巧将会在 5.2.1 节中详细介绍。

3）优惠券

优惠券可以被设定为适用于商店里的所有商品或只适用于商店中的特定商品。我们可以设定优惠券的使用期限，也可以设定买家可以领取的优惠券总数，如图 3-19 所示。我们可以单击"+新增促销代码"按钮增加新的优惠券促销活动。单击"全部"下拉菜单，可以查看"全部""已预定""进行中""已结束"的优惠券活动。单击右上角"使用说明"链接，可以查看 Shopee 平台的官方教程。单击"优惠券仪表板"选项，可以查看设定的优惠券带来的效果，如图 3-20 所示。

图 3-17

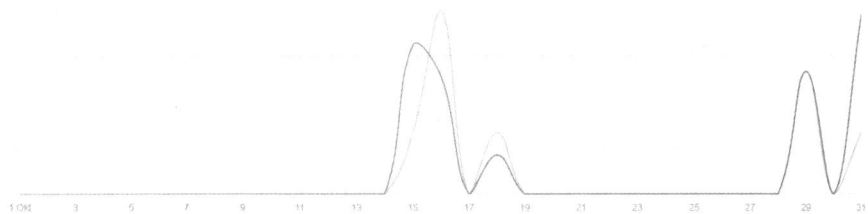

图 3-18

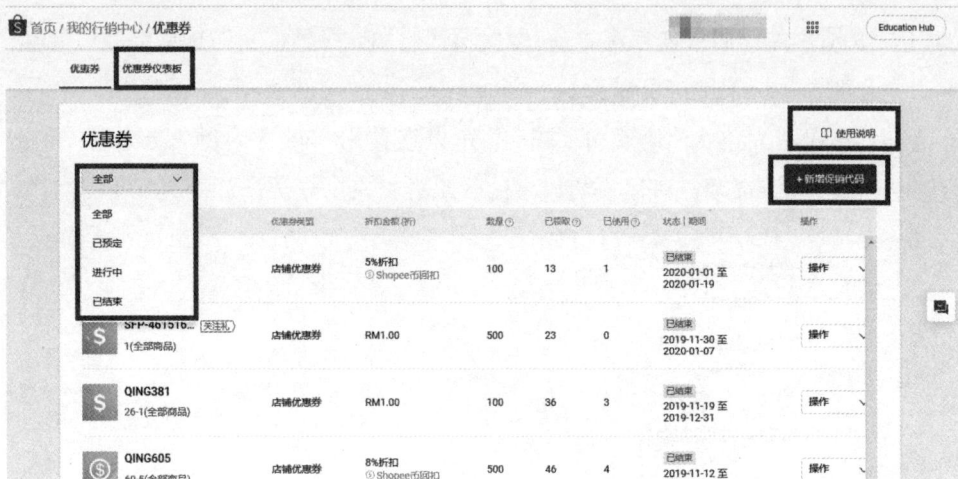

图 3-19

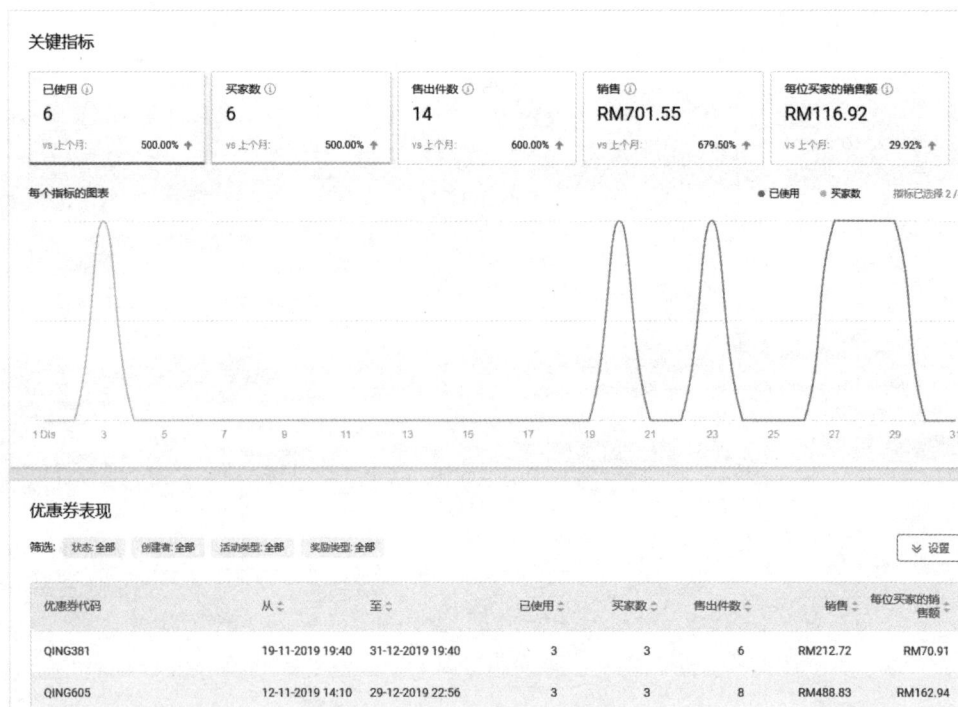

图 3-20

4）热门精选

在"热门精选"页面中，我们最多可以选择 8 个商品进行展示，如图 3-21 所示。我们最多可以设定 10 个精选产品集合，但只能开启其中一个进行展示。当按钮显示为绿色时，这个产品集合被开启，会显示在店铺中被买家看到。我们可以单击垃圾箱按钮删除此产品集合，可以配合店铺活动开启合适的产品集合。所选择的商品在 PC 端将显示在每个商品详情页的右边（如图 3-22 所示），在移动端则显示在每个商品详情页的上方（如图 3-23 所示）。

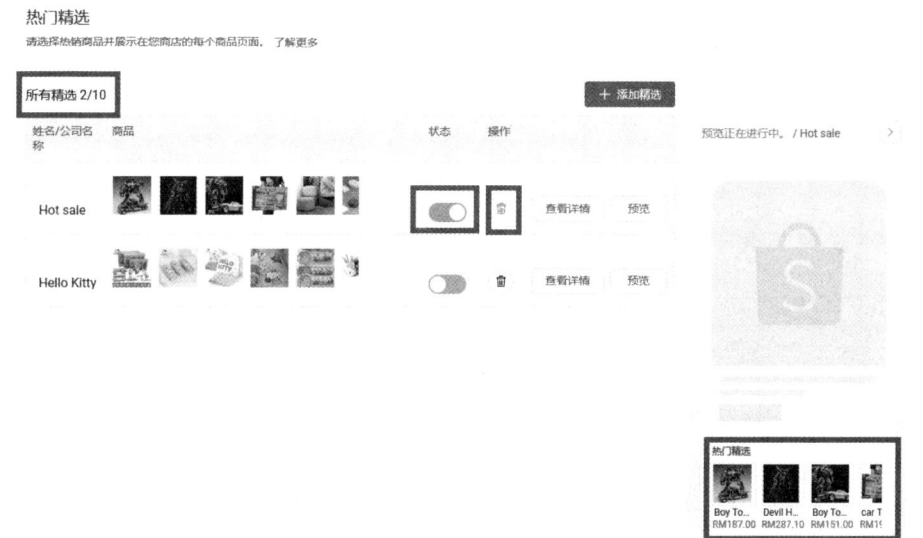

图 3-21

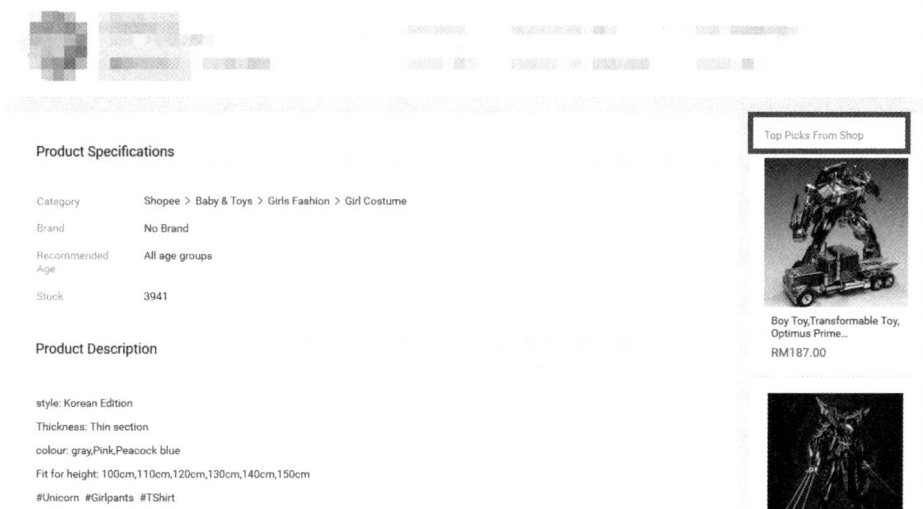

图 3-22

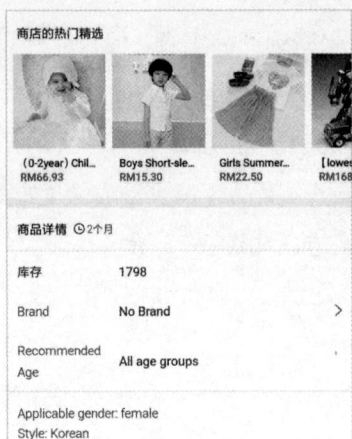

图 3-23

5）套装优惠

我们可以对某个商品、某类商品或者有关联的商品设置捆绑销售优惠，如图 3-24 所示。设定套装优惠有利于促使买家进行优惠凑单，从而提升客单价，增加店铺的销售额。套装优惠有 3 种优惠方式：折扣比率、折扣金额、套装特价。我们可以在"套装优惠仪表盘"页面中查看每个套装优惠计划带来的销售额、订单量、购买件数、买家数等数据，如图 3-25 所示。

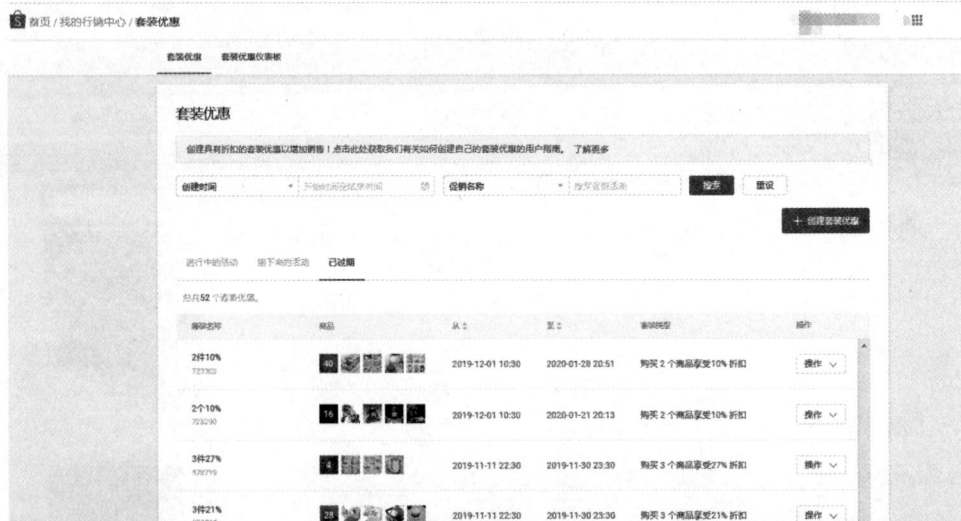

图 3-24

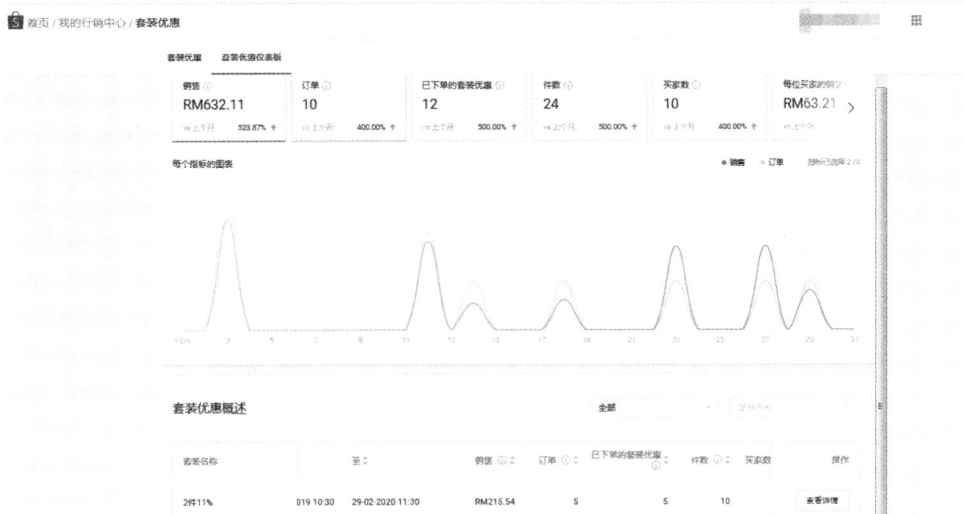

图 3-25

6）关注礼

买家关注店铺，成为店铺的粉丝后，在购买商品时可以享受相应的优惠，如图 3-26 所示。单击"创建关注礼"按钮，买家在关注店铺后，就可以获得关注优惠券。优惠券的优惠形式由卖家设定，可以是固定的优惠金额或百分比折扣，也可以是 Shopee 币回扣。优惠券在手机端的显示效果如图 3-27 所示。单击"关注奖品仪表板"选项（如图 3-28 所示），可以查看新增粉丝数、观看关注礼弹出视窗超过 1 秒的访客数、在购买过程中使用关注礼优惠券的买家数量等数据。

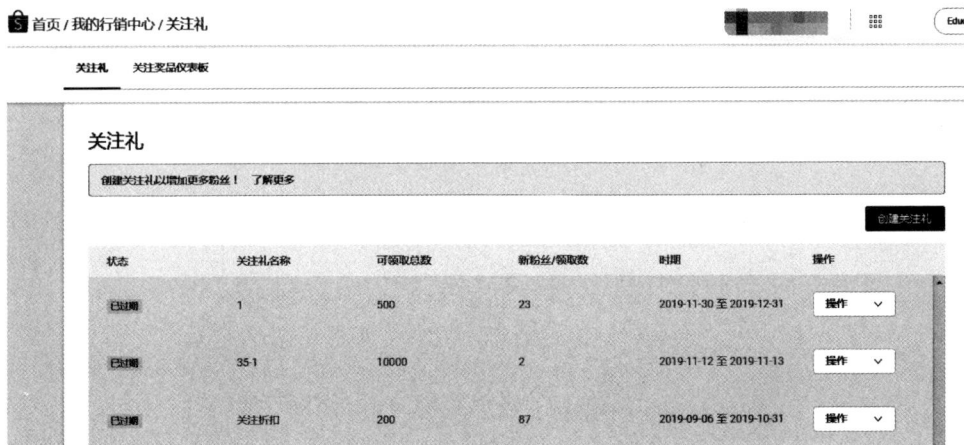

图 3-26

图 3-27

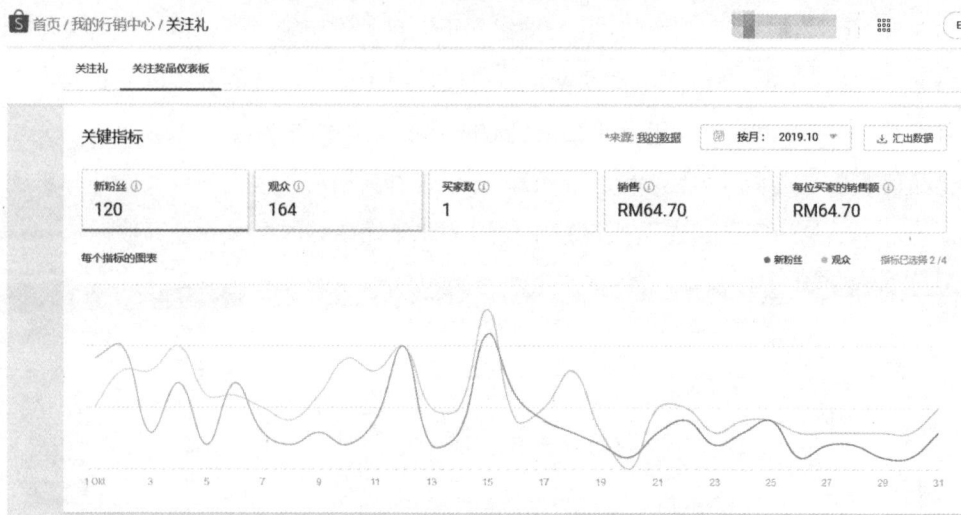

图 3-28

7）运费促销

我们可以为不同的物流运输渠道设定运费促销，但是在同一个时间只能为同一个物流运输渠道设定一个促销活动。运费促销有运费补贴和免运费两种形式。

通过设定运费促销，我们可以吸引更多买家。运费促销页面如图 3-29 所示。

图 3-29

8）其他

如图 3-14 所示，有些店铺还会有"在商店的限时选购""加购优惠"功能，这些功能并不对所有卖家开放，具体使用规则会在第 5 章中进行讲解。

3.1.5　财务

"财务"板块包含"我的收入""我的余额""银行账户"3 个选项。为了保护账号安全，我们要想查看"财务"板块的内容需要重新输入账号和密码，如图 3-30 所示。

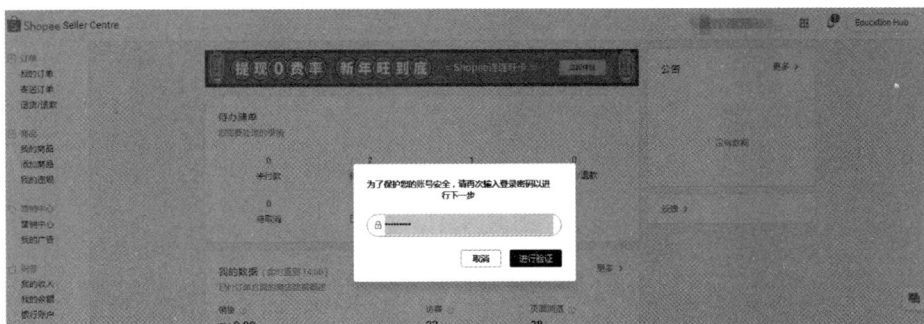

图 3-30

1. 我的收入

在"我的收入"页面中，我们可以看到整体收入情况，包括即将拨款、已完成拨款、本月收入、店铺自开始经营以来的所有收入。单击"进账报表"，可以下载 PDF 格式的包含过去 12 个月销售情况的进账报表，如图 3-31 所示。

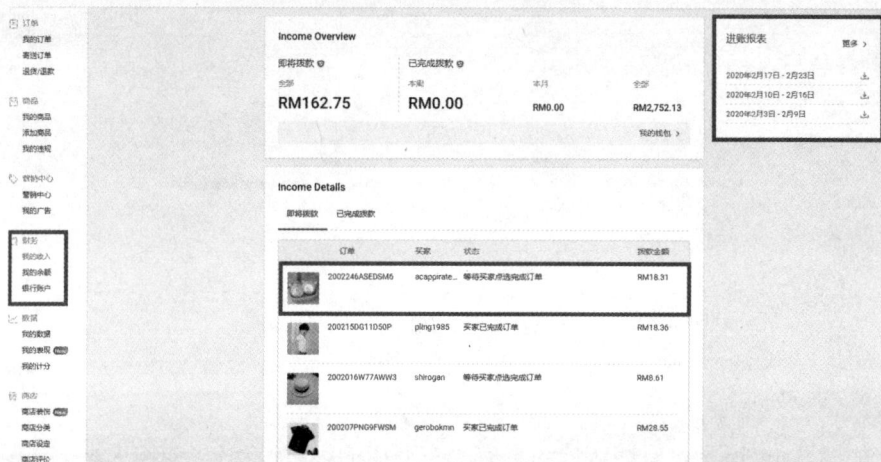

图 3-31

单击订单，我们可以看到这笔订单的收款详情，包括商品金额、运费总额、费用与收费，如图 3-32 所示。

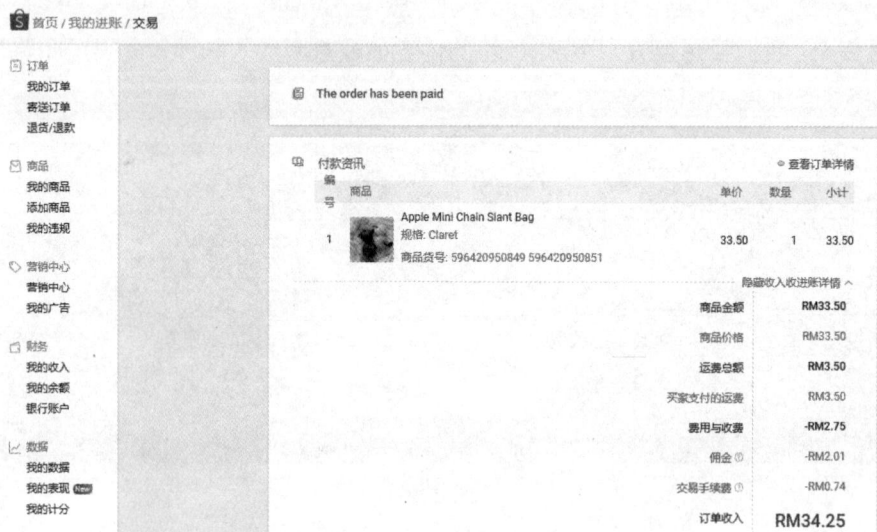

图 3-32

2. 我的余额

"我的余额"页面显示的内容与"银行账户"页面显示的内容相同。

3. 银行账户

我们如果能够提供所经营站点的当地银行卡，那么可以单击"新增银行账号"[①]按钮进行收款和付款操作，否则就需要通过第三方平台进行收款、付款。目前，Shopee 平台只与 Payoneer、PingPong、连连支付 3 家跨境支付平台合作，如图 3-33 所示。3 家跨境支付平台的介绍及如何绑定将在 3.6 节中详细介绍。

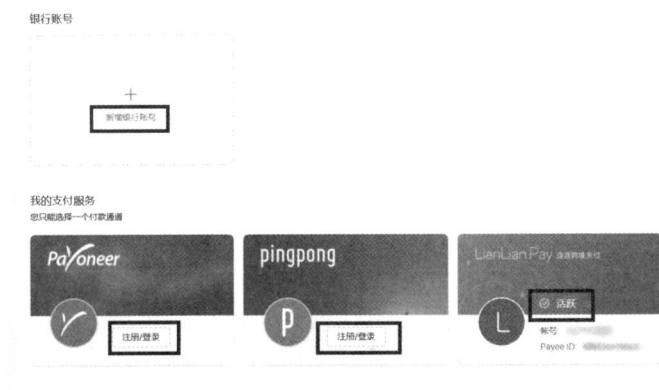

图 3-33

3.1.6　数据

"数据"板块包含"我的数据""我的表现""我的记分"3 个选项。

1. 我的数据

在"我的数据"页面中，我们可以查看在特定时间段内账户的一些关键指标（包括销售额、订单、转化率、每个订单的销售额、访客数、商品浏览数等），可以查看买家的数据（包括总买家数、新买家数、潜在买家数、重复购买率等），也可以看到商品根据销售额、购买件数、页面浏览数、转化率的排名等，如图 3-34 所示。

---

① 网站截图中"账户"与"账号"的意思相同。网站截图中"帐户"和"帐号"的正确写法分别为"账户"和"账号"

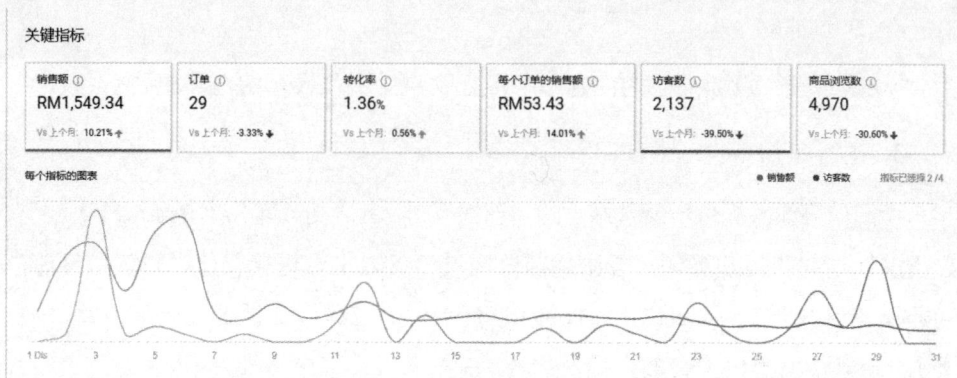

（1）

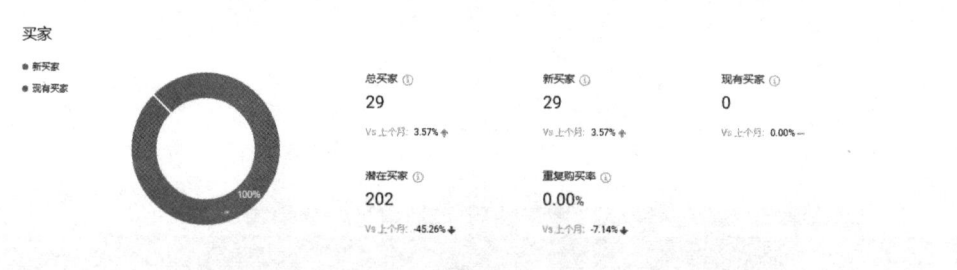

（2）

分类排名

销售额 ⓘ

排名	分类	销售额
1	Home & Living Furniture	RM512.78
2	Baby & Toys Girls Fashion	RM449.17
3	Baby & Toys Toys & Education	RM260.99
4	Baby & Toys Boys Fashion	RM134.20
5	Home & Living Home Storage & Organizat...	RM83.10

商品排名

更多 >

销售额　依件数　依页面浏览数　转化率　　　　全部分类 ▾

排名	商品	销售额
1	Nordic Style Cloth Bench，Small Stool，Change shoe bench 22*35cm RM31.90	RM263.08
2	》READY STOCK》Girls Summer Dress Suit: Unicorn T-shirt + Chiffon Pleated Pants	RM180.71
3	Lucky Deer Change Shoe Bench Wear Shoe Stool Nordic Storage Stool Test Shoe Stool Foot Stool RM185.00　RM215.00	RM168.70
4	Boy Toy, WEIJIANG Transformation Toy, Bumblebee Deformation Alloy Version, Car Toy Robot RM151.00	RM151.00
5	Boys Korean version suit, shirt + shorts children's two-piece suit R0439.00	RM111.70

（3）

（4）

图 3-34

2. 我的表现

"我的表现"页面会显示近 30 天内，账户的订单完成率、寄送方式、买家满意度、违反上架规范等，是对卖家店铺整体表现情况的具体分析，如图 3-35 所示。我们需要定期查看"我的表现"页面，根据店铺的表现优化经营。

图 3-35

3. 我的记分

这个部分的数据和第 2 章介绍的 Shopee 平台的记分惩罚机制相关，显示店铺本季度的扣分情况，如图 3-36 所示。记分状态分为 3 种：0～3 分为健康状态，3～6 分为不健康状态，6 分以上为危急状态，不同的分数对应不同的惩罚内容。

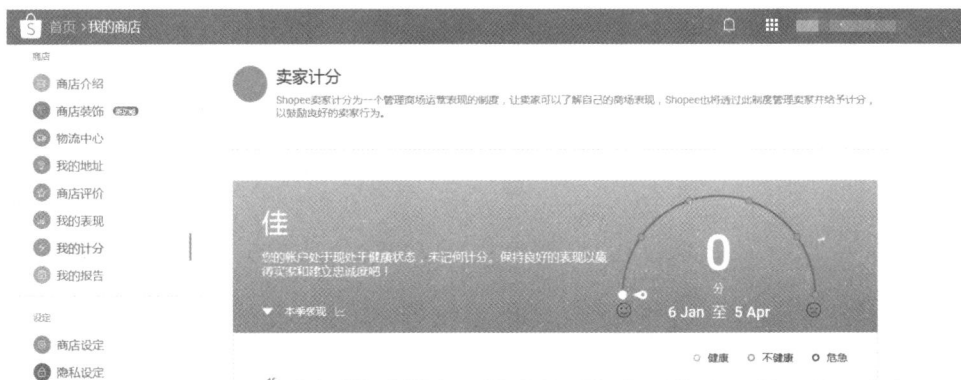

图 3-36

3.1.7　商店

"商店"板块包括"商店装饰""商店分类""商店设定""商店评价"4 个选项。

1. 商店装饰

单击"商店装饰"选项，便可打开如图 3-37 所示的页面，单击"编辑装饰"按钮，便可对商店进行装饰。在装饰后，我们启用此商店装饰为商店主页，即开启图 3-37 中 3 所示的按钮，移动端店铺便呈现出装饰后的效果，如图 3-37 中 2 所示。

图 3-37

2. 商店分类

单击"商店分类"选项，打开如图 3-38 所示的页面。在"搜寻商品"框中输入关键字，例如 skirt，就可以查到标题中有此关键字的商品所在的所有类目。单击"+添加自定分类"按钮，可以添加自定义分类名称，开始新建商店分类。在设定分类名称后，单击"+添加商品"按钮，从所有上传至商店的商品中选择与所设定的分类名称相关的商品，如图 3-39 所示，单击"确认"按钮，再单击"储存"按钮，如图 3-40 所示，并单击如图 3-41 所示的开启按钮便建立了一个新的商店分类，在商店的移动端和 PC 端可以看到此分类。单击如图 3-42 所示的垃圾箱按钮，便可删除此分类。

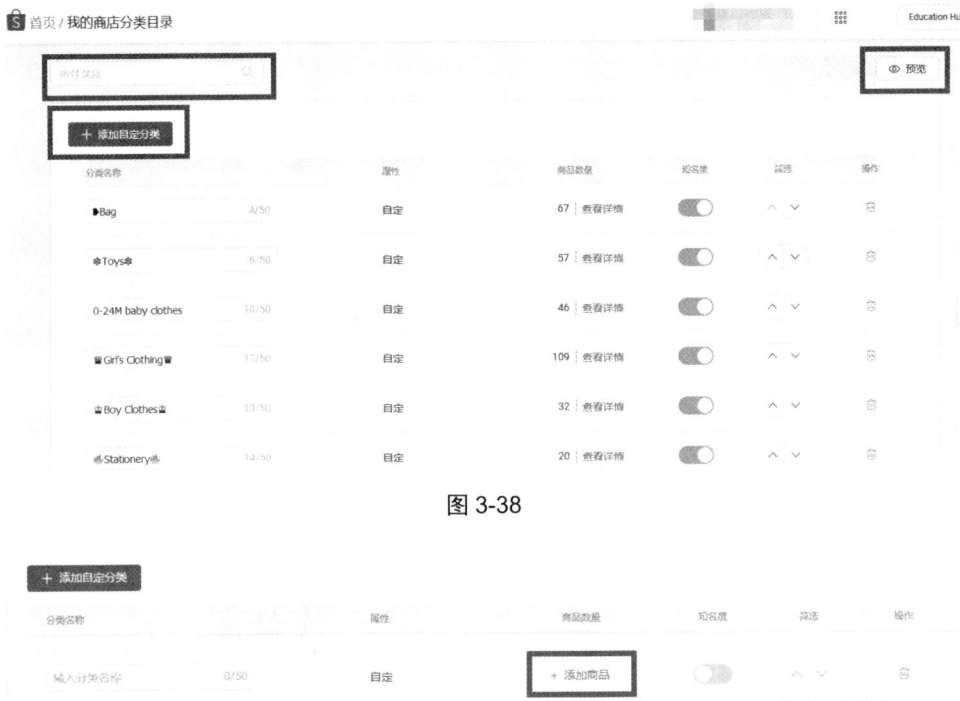

图 3-38

（1）

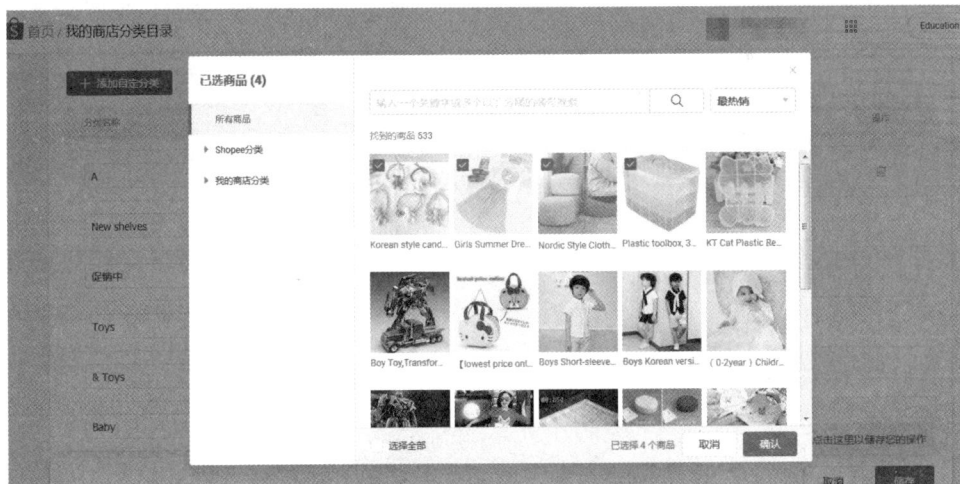

（2）

图 3-39

图 3-40

图 3-41

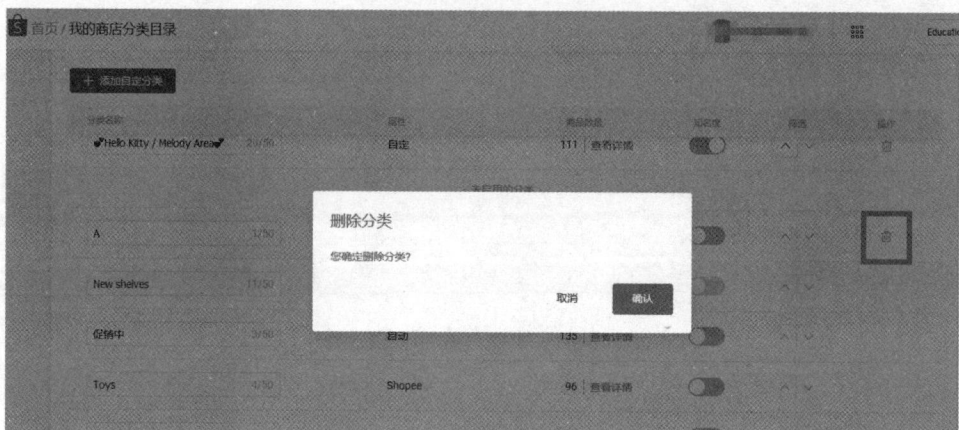

图 3-42

3. 商店设定

单击"商店设定"选项，可以打开如图 3-43 所示的页面。

图 3-43

我们可以单击左侧的功能栏对相应的功能进行设置。

1）商店介绍

在"商店介绍"页面中，我们可以对商店头像、商店名称、商店封面、商店介绍、商品图片与 YouTube 影片[①]等进行设置。

2）商店装饰

在"商店装饰"页面中，我们可以对手机端商店进行设定。

3）物流中心

在"物流中心"页面中，我们可以设置物流渠道和商品的出货天数，一般优选 Shopee 平台的自有物流系统 Standard Express。我们可以通过修改"出货天数"，一次性更新所有已上架商品的出货天数，如图 3-44 所示。

4）我的地址

在"我的地址"页面中，我们可以设定卖家退货地址、买家退货地址、预设地址、取货地址，如图 3-45 所示。卖家退货地址，主要用于接收因贴单、破损等

---

① 页面中"Youtube"的正确写法应为"YouTube"。

原因被 Shopee 平台判定为异常件而退回的包裹时使用。如果我们未及时设置退货地址，那么异常件的包裹会因无法退回而被销毁。单击"+新增地址"按钮，可以添加地址，如图 3-46 所示。单击"编辑"链接，可以对已设定的各类地址进行修改，如图 3-47 所示。

图 3-44

图 3-45

5）商店评价

在"商店评价"页面中，我们可以看到在商店购买过商品的买家对所购买商品的评价，如图 3-48 所示。右上角的评分显示了买家对商店所售商品的整体评价。我们可以通过页面上方的"搜索"设置，有针对性地查看相关评价。我们可以通过"全部"选项查看不同买家给予的所有评价。买家可以打 1～5 星，并上传内容和图片，如图 3-49 所示。5 星为最好的评价，4 星为较好的评价，3 星及以下评价代表买家有所不满，我们需要及时了解导致此评价的原因，及时改进。我们可以单击"回复"按钮，对买家的评价进行回复。

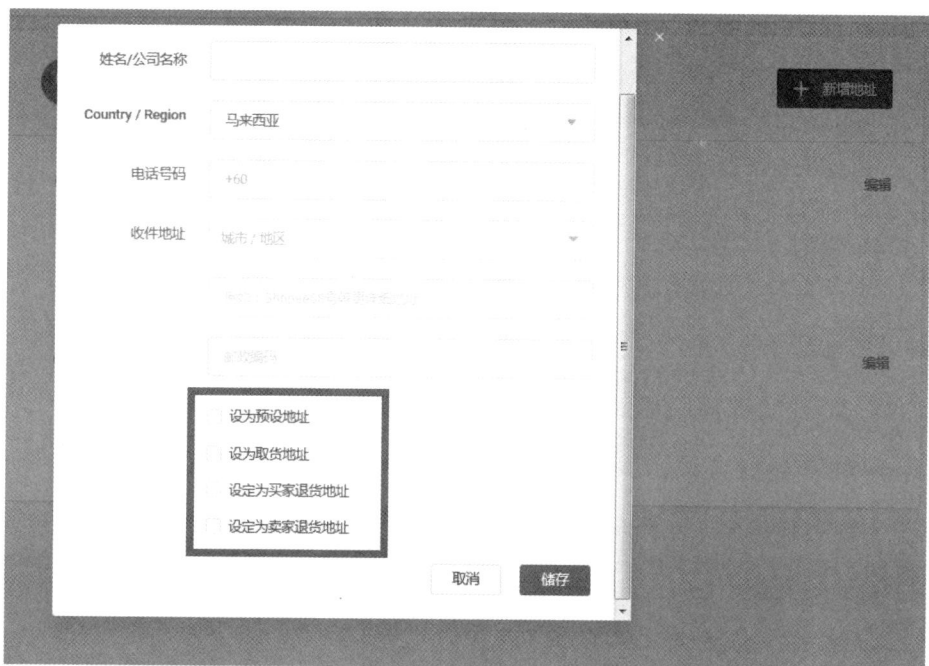

图 3-46

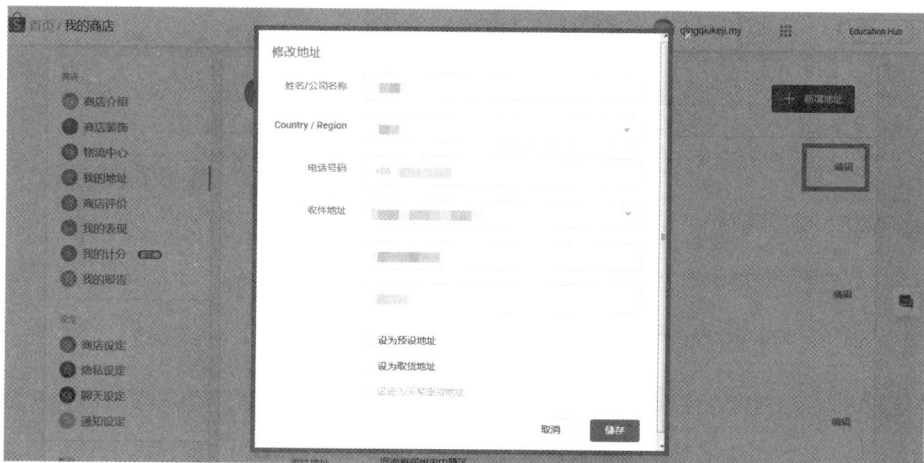

图 3-47

图 3-48

图 3-49

6）我的表现、我的记分

"我的表现""我的记分"页面与 3.1.6 节介绍的"数据"板块中显示的内容相

同。如果某一项目的表现数据大于等于目标值，**Shopee** 平台将以红色示警，如
图 3-50 所示。

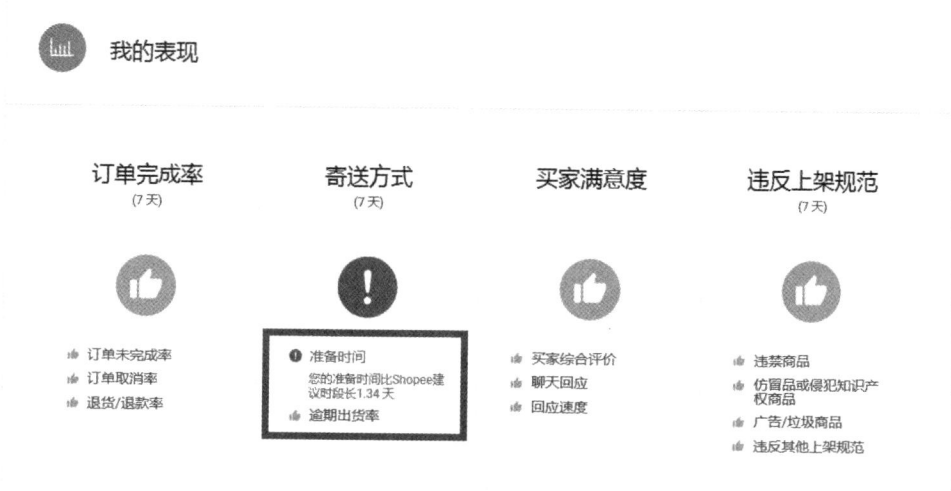

图 3-50

7）我的报告

在"我的报告"页面中，我们可以查看输出订单、**Shopee** 平台月报等关于商
店各种报表的下载记录及其具体内容。

8）商店设定

在"商店设定"页面中，我们可以设定是否接受买家出价（即议价功能）（与
沟通工具"聊聊"中的"Make Offer"有关）、开启或关闭休假模式、选择商店后
台显示的语言种类。

议价功能默认为关闭状态，我们可以通过如图 3-51 所示的按钮开启或者关闭。

图 3-51

在开启休假模式后，商店中的所有商品将变成无法销售的状态。休假模式的
生效需要 1 小时，一旦开启这个功能，24 小时后才能关闭。开启和关闭休假模式

的操作分别如图 3-52 和图 3-53 所示。

图 3-52

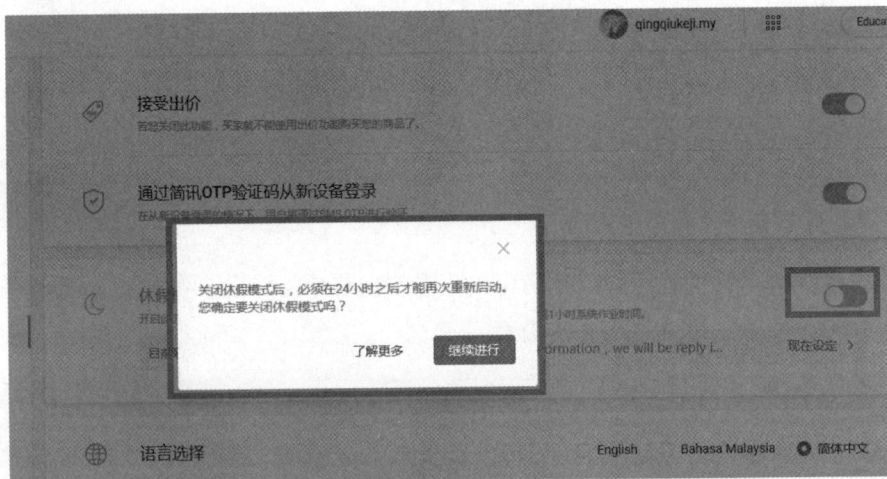

图 3-53

我们可以在账户中设置卖家中心显示的语言，如图 3-54 所示，可以选择使用英文、当地语言、简体中文。

图 3-54

9）隐私设定

在"隐私设定"页面中，我们可以设定是否显示商店中的商品被点赞，可以查看被封锁的用户名单。如图 3-55 所示，在聊聊对话框中单击需要被封锁的用户姓名，会在中间一列显示该用户与卖家的具体对话内容，单击图 3-55 中 1 所示的位置，在显示的下拉框中选择"封锁用户"选项，单击"确认"按钮，如图 3-56 所示，该用户就被封锁了。我们可以在"隐私设定"页面中查看到被封锁的用户，如图 3-57 所示。封锁用户功能主要针对部分存在恶意下单或者恶意差评等行为的买家，此类买家被封锁后将不能在店铺中购买商品，也不能通过聊聊与卖家沟通，此店铺的卖家也不能与被封锁的买家沟通。

图 3-55

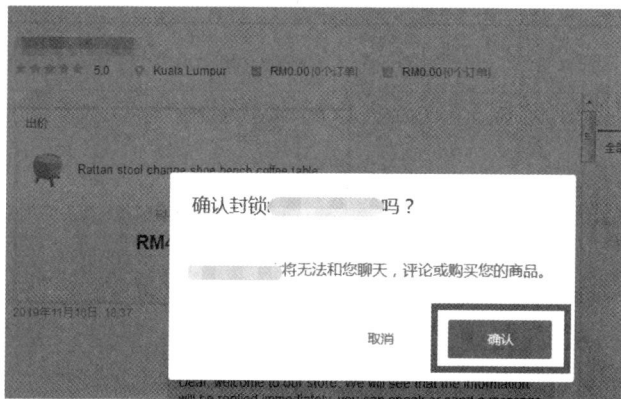

图 3-56

10）聊天设定

在"聊天设定"页面中，我们可以设定是否允许买家在商店档案页面中与我们聊天（建议开启）、商店聊聊的自动回复话术，如图 3-58 所示。我们不可能 24 小时全天在线，为了更好地在不在线的时间段挽留买家，提高转化率，在聊聊中设置使用自动回复聊天就十分有必要。自动回复的内容可以是任何内容，需要在 500 个字符以内。在与买家聊天的过程中，我们要多关注买家常问的问题，可以把这些问题的答案加入"聊聊"的自动回复中。建议加入问候话术、商店优惠、邀请关注、物流信息等内容。

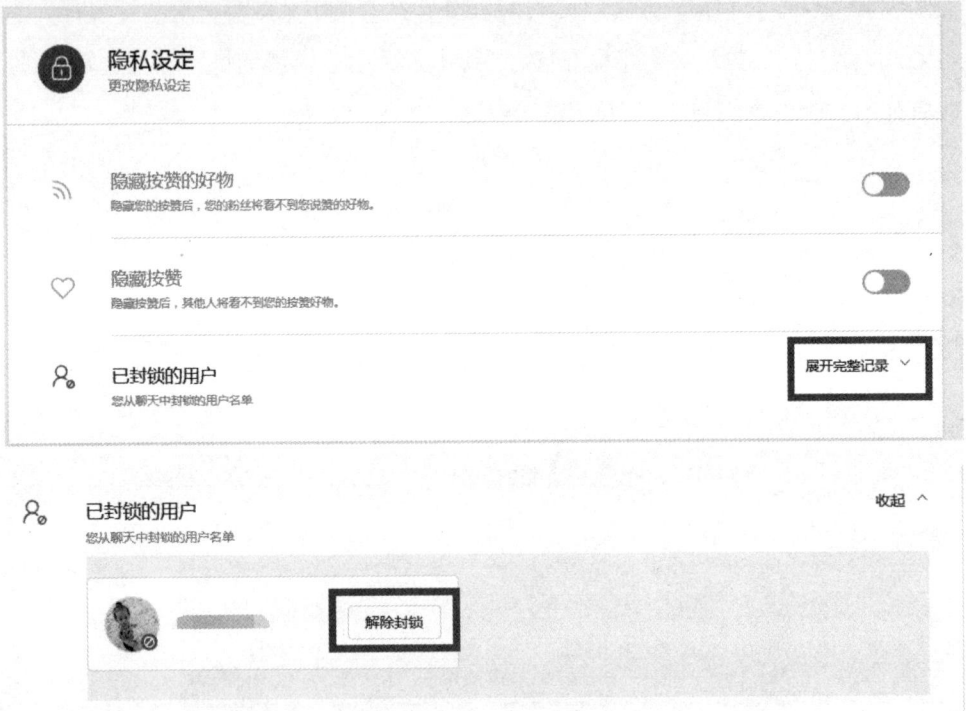

图 3-57

自动回复话术的示例如下：

Dear, welcome to our store. We will respond to your chat as soon, you can speak or send a message here in English, Malay or Chinese. Click on"Follow us"can get "A COUPON Off"for your order. After ordering, you will receive the product within about 5 to 15 business days (except PUBLIC HOLIDAY).

11）通知设定

在"通知设定"页面中，我们可以设定是否接收关于 Shopee 平台和自身商店的各种推送通知（包括阶段性通知、订单更新通知等，如图 3-59 所示），推送通知主要分为电邮通知和推播通知两个部分。其中，电邮通知是指订单消息、订阅的内容、商品更新（主要是违反规则被下架）等消息会以邮件的形式发送到我们在注册店铺时使用的电子邮箱。推播通知用于将订单更新通知、聊天信息等消息发送到 Shopee 手机端的店铺，便于卖家及时查看。

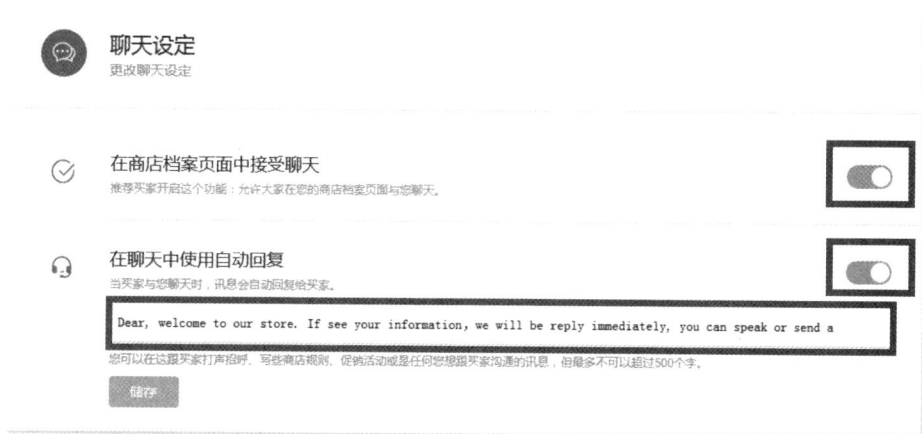

图 3-58

图 3-59

12）我的账户

在"我的账户"页面中，我们可以进行账户基本设定，包括我的档案、电话、电邮、社交媒体账号设定、合作伙伴平台。我们要想查看此页面的内容，需要重新验证登录密码，如图 3-60 所示。如图 3-61 所示，整个页面可以改动的地方只有两个，一是我的档案（可以编辑性别、出生日期），二是合作伙伴平台（显示被授权的合作伙伴平台），可以单击"取消连接"按钮，终止绑定。

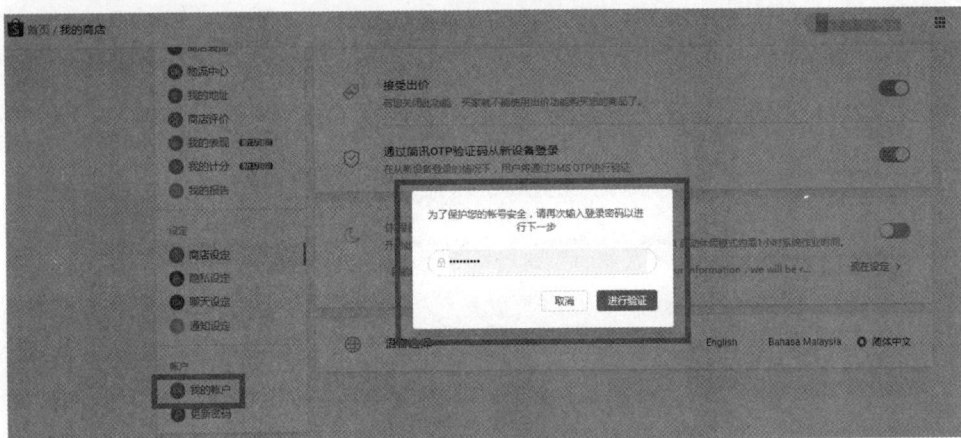

图 3-60

图 3-61

13）更新密码

在"更新密码"页面中，我们可以更改商店的登录密码，如图 3-62 所示。

更新密码
更新您的密码或恢复当前密码

现在的密码　●●●●●●●●

新密码

确认密码

更新

图 3-62

4. 商店评价

"商店评价"页面与"商店设定"选项的"商店评价"页面内容相同。

3.2　单个商品上传的详解

在了解了卖家中心的各个板块后，我们就可以开始上传商品了。上传单个商品一般采用两种方式，一种是通过 Shopee 后台的卖家中心→"商品"→"添加商品"进行上传，另一种便是用 ERP 软件采集商品上传。前者比较适合有自己商品的卖家，卖家自己拍摄照片，美化图片。后者比较适合大量铺货赚取差价的卖家。本章讲解第一种方式，第二种方式将在 4.8 节中讲解。

步骤如下：

第一步：单击"添加商品"选项，可以打开"新增商品"页面，如图 3-63 所示，填写商品名称（不同的站点对商品名称有不同的字符数限制，马来西亚站要求商品名称在 255 个字符以内），选择正确的分类。如果不清楚该选哪个分类，那么可以将关键字输入搜索框中查询。如果商品被放入错误的分类，那么容易被禁卖。

第二步：填写商品详情页面，带*号的内容为重要的必填内容。商品详情页面包括"基本资讯""销售资料""媒体管理""运费""其他"5 个板块。

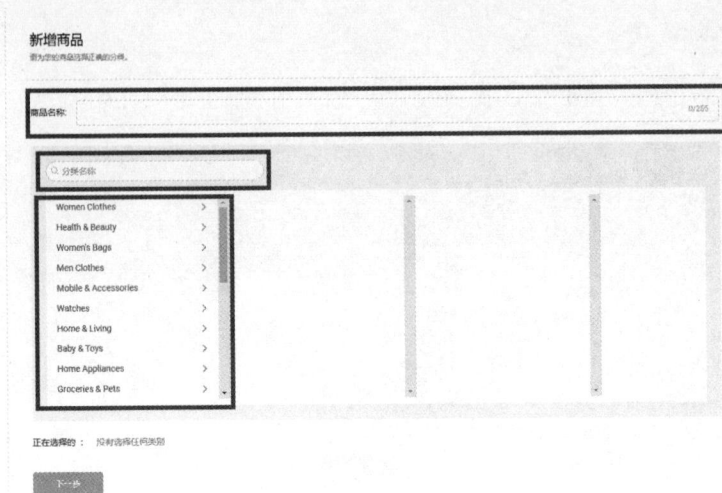

图 3-63

在"基本资讯"板块中，我们需要填写商品描述、Brand（品牌），其余项目根据商品所在类目会有不同的选项。对于"Brand"来说，如果没有品牌就选择"No Brand"，如果有品牌，且选项中没有我们的品牌，那么可以自行设定上传，如图 3-64 所示。另外，在商品的所有必填内容都填写完毕，储存并上架后，我们可以单击"视觉效果"链接查看此商品在商店前台展现给买家的效果。

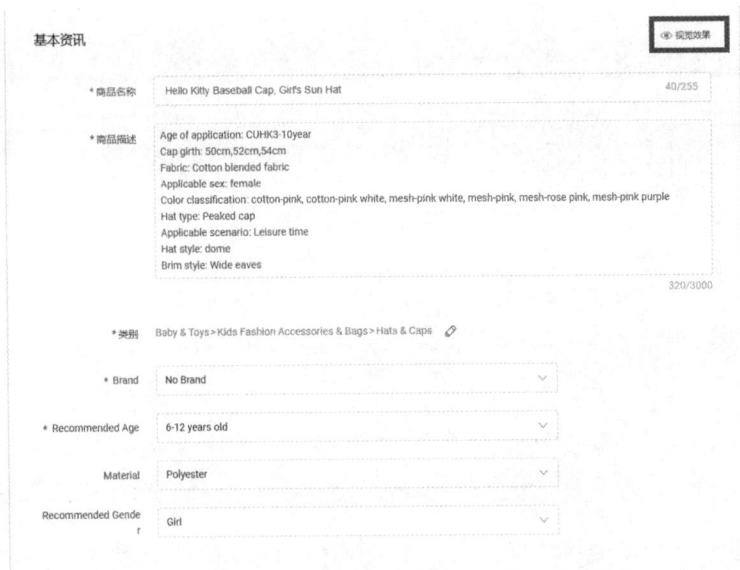

图 3-64

在"销售资料"板块中，我们需要设置价格、商品数量、规格、批发价格。参与套装优惠、加购促销、关注礼等活动的商品不能同时享有商品的批发价格，且批发价格只限定于具有相同价格的商品规格。例如，一把梳子有 10 种规格，价格都一样，就可以设定批发价格，如果单价不同，就不可以设定批发价格。当商品参加促销活动时，商品原有的规格和价格不可以修改，但可以增加新的规格，并可以修改、删除新增加的内容。单规格销售资料填写页面如图 3-65 所示。"规格资讯"一栏仅出现于多规格销售资料填写页面，可以用于批量修改商品的价格、数量、货号，如图 3-66 所示。规格混合不能多于 50 种，单规格不能多于 20 种，例如一件衣服有 10 种颜色，6 种尺寸，则有 10×6 种规格，但 Shopee 平台最多只能上传 50 种规格。

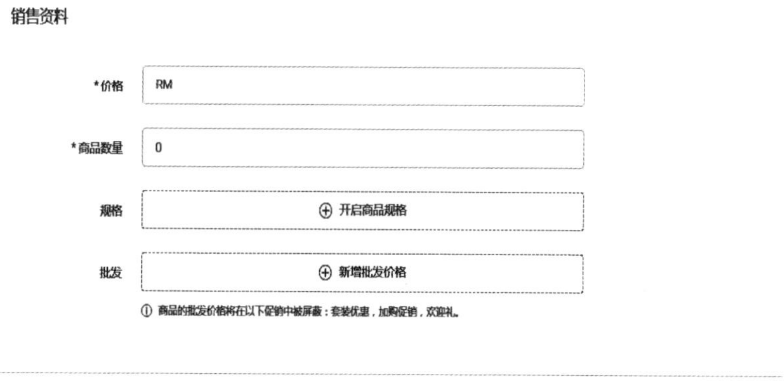

图 3-65

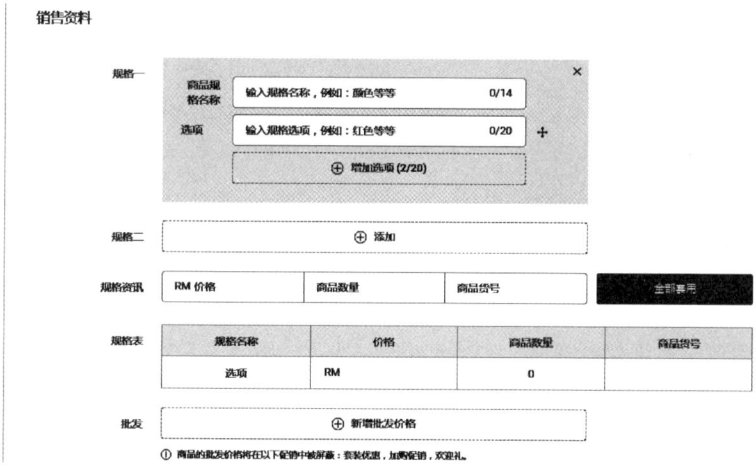

图 3-66

在"媒体管理"板块中，我们需要上传商品图片、规格图片，对于衣服类商品还需要上传尺寸图片。图片要求采用 JPG、JPEG、PNG 格式，建议尺寸为 800 像素×800 像素，每张图片的大小不超过 2MB。商品图片最多可以上传 9 张，规格图片最多可以上传 20 张，尺寸图片仅可以上传一张。如图 3-67 所示，我们只需单击图中方框位置便可以上传图片。

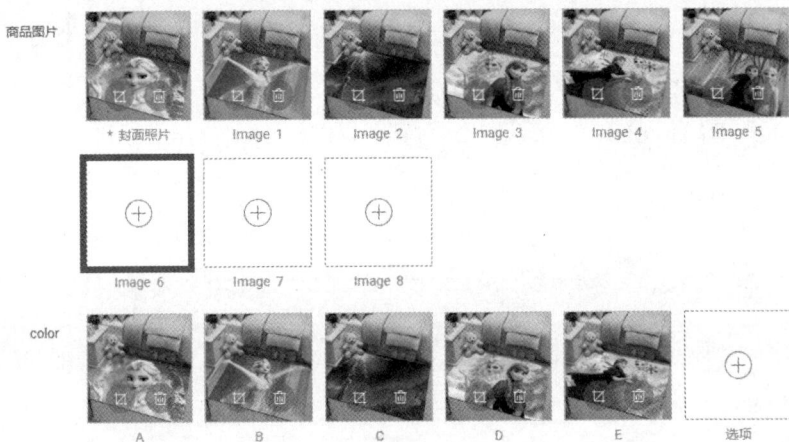

图 3-67

在"运费"板块中，我们需要填写重量、包裹尺寸大小、运费，如图 3-68 所示。对于重量，我们要填写打包后的重量。对于包裹尺寸大小，我们也最好填写打包后的尺寸。单击图 3-68 中方框位置的图标，会打开如图 3-69 所示的页面，建议不要设置包邮，即不勾选"我会负担运费"复选框。

在"其他"板块中，我们可以选择是否设置预购，选择商品保存状况，填写主商品货号，如图 3-70 所示。非预购商品的出货天数为 2 天（节假日不计算在内），预购商品的出货天数为 5～10 天。商品保存状况有全新、二手两个选项。主商品货号主要是为了便于库存管理，不填写也可以。

运费

图 3-68

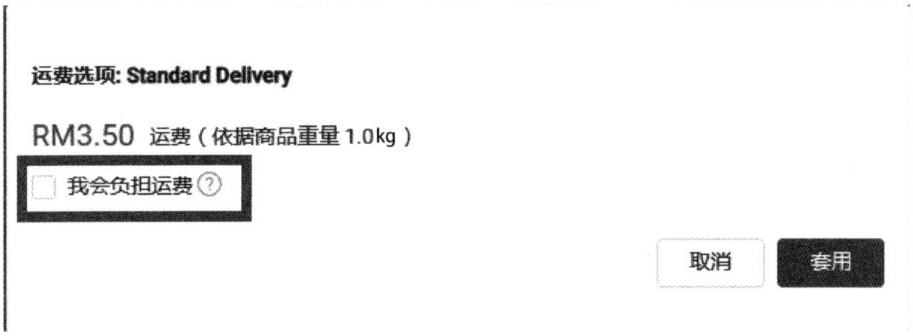

图 3-69

其他

图 3-70

在填写完毕后，单击"储存并上架"按钮，买家便可以在店铺前台看见商品。我们如果想删除某个商品，那么需先将商品下架，然后在"未上架"选项中勾选将要删除的商品，单击右下角的"删除"按钮，如图 3-71 所示。

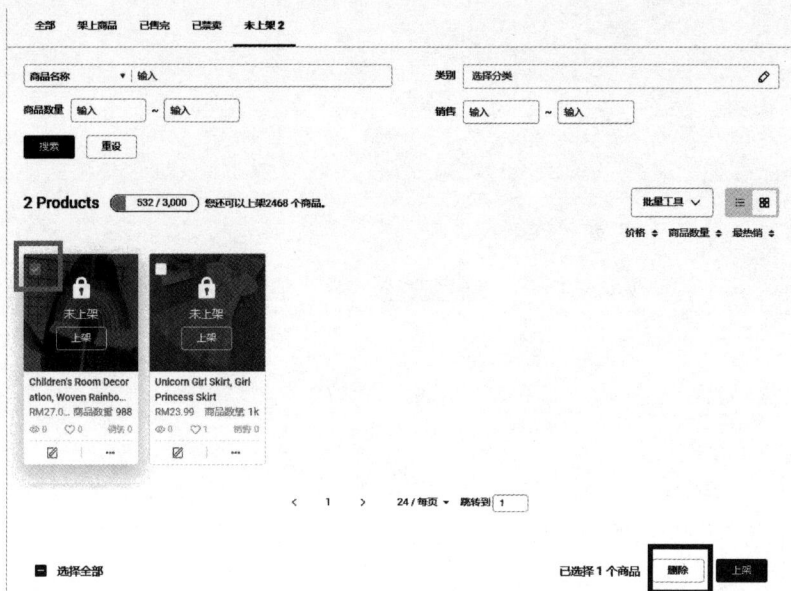

图 3-71

3.3 "商店"板块的重要设置详解

在上传商品的同时，我们可以对"商店"板块进行整体设定，以便让买家更了解商店，从而提高转化率。本节重点讲解商店介绍和商店装饰的设置。

3.3.1 商店介绍

如图 3-72 所示，在"商店介绍"页面中，我们可以对 5 个地方进行修改。

1. 商店封面

商店封面图片的规格为 1600 像素×800 像素，会显示在手机端如图 3-73 所示的方框位置。建议使用商品图、商品使用场景图作为商店封面。

2. 商店名称

好的商店名称可以帮助买家记住商店并增加销售机会。我们可以填写与平台上现有商店名称不重复的内容，建议名称简洁、易记，与自己的品牌名称、主要销售的商品类目名称相关，例如 kids clothes。

图 3-72

图 3-73

3. 商品图片与YouTube影片

我们需要上传 5 张尺寸为 1600 像素×800 像素的图片，可以使用商店的活动介绍或者畅销商品的图片。另外，我们可以添加来自 YouTube 的视频网址链接，如图 3-74 所示。

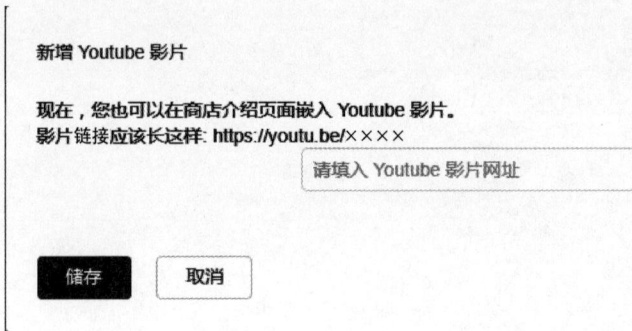

新增 Youtube 影片

现在，您也可以在商店介绍页面嵌入 Youtube 影片。
影片链接应该长这样：https://youtu.be/××××

请填入 Youtube 影片网址

储存　取消

图 3-74

4. 商店介绍

我们可以填写商店简介、销售范围、优惠、物流、售后、客户关心的问题等信息，可以在商店介绍中加入小图标，吸引买家的注意力。优秀的商店介绍示例如图 3-75 所示。

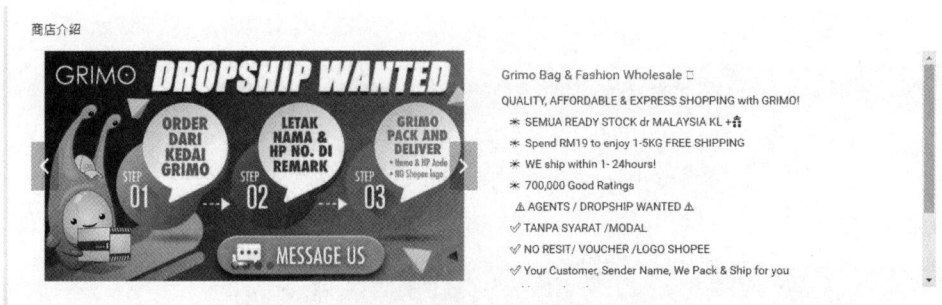

图 3-75

5. 商店头像

商店头像的尺寸建议为 345 像素×345 像素。我们上传的图片会被剪切为圆形呈现在 PC 端和移动端，分别如图 3-76 所示和图 3-77 所示。

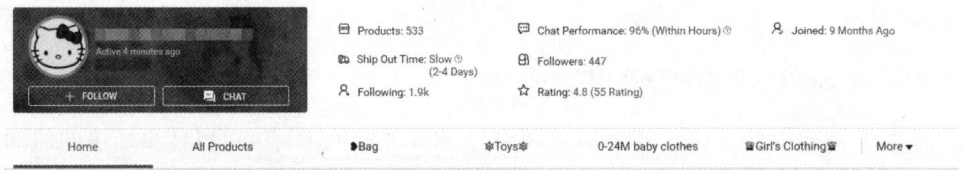

图 3-76

图 3-77

3.3.2 商店装饰

商店装饰是卖家设置个性化商店页面的工具。我们可以自由编排商店首页版面并配合不同的主题活动，打造专属的商店形象。应用此功能打造的商店只在手机端展示。我们通过各项数据可以知道，东南亚整体电商的很大一部分流量来自移动端，并且移动端流量的占比仍在持续增加，再加上网上购物更多的是在"买图片"，因此优秀的移动端商店的装饰有利于提升商店形象，增加商品浏览数，增加商品被购买的机会。如图 3-78 所示，单击"编辑装饰"按钮，便可进入自主装饰页面。

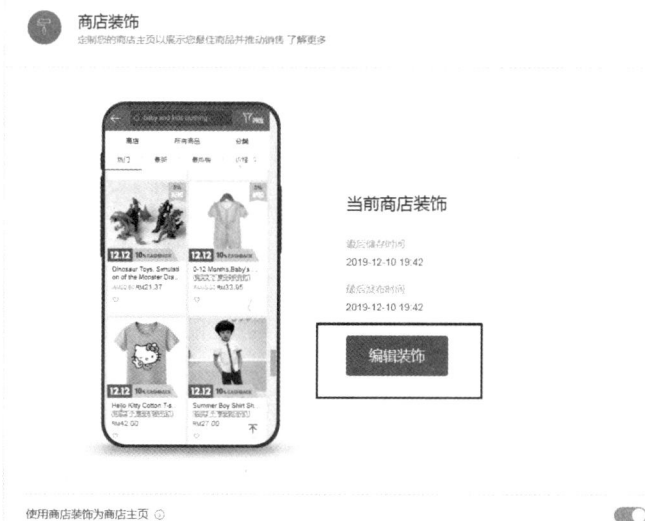

图 3-78

具体操作及注意事项如下：

1. 添加视频

如图 3-79 所示，视频为非必选素材，我们可以根据自身需求决定是否要新增此项至首页。我们只能上传一组视频，且该组视频必须来自 YouTube 平台。

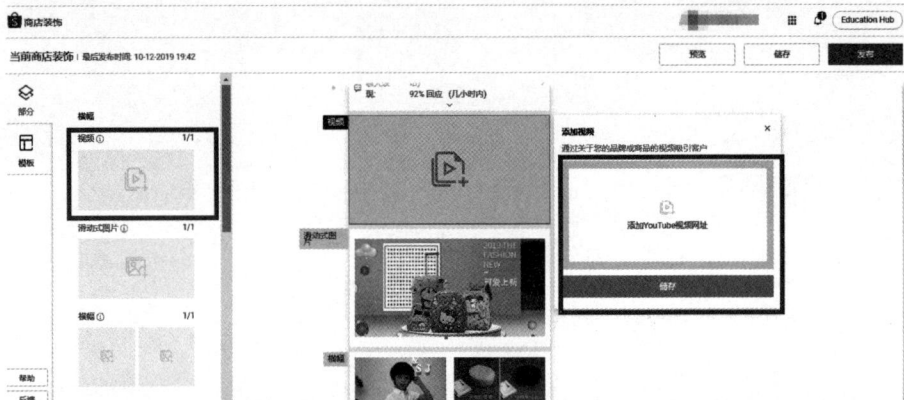

图 3-79

2. 添加滑动式图片

如图 3-80 所示，我们最多只能设定 1 组滑动式图片，最少需设定 1 张图片，最多可以设定 6 张。每张图片最大为 2.0MB，建议尺寸为 1200 像素×600 像素。图片的格式需为 JPG、JPEG、PNG。单击图 3-80 中 1 所示的位置，右边会显示出相应的内容，单击图 3-80 中 3 所示的位置上传图片，选择图片链接位置。我们可以选择链接到店内分类页或者商品详情页面。我们可以在图 3-80 中 2 所示的位置预览效果。另外，我们可以通过图 3-80 中 5 所示的位置调整图片出现的顺序。

3. 添加横幅

如图 3-81 所示，我们最多只能设定一组横幅，需要上传两张图片。图片最大为 2.0MB，图片格式需为 JPG、JPEG、PNG，建议尺寸为 345 像素×345 像素；我们可以选择把图片链接到商品详情页面或者店内分类页。单击图 3-81 中 1 所示的位置，右边会显示出相应的内容，图 3-81 中 2 所示为图片预览效果，最右边显示添加图片的位置，如图 3-81 中 4 所示。图 3-81 中 3 所示的内容为 Shopee 平台自动填充的"商店介绍"。

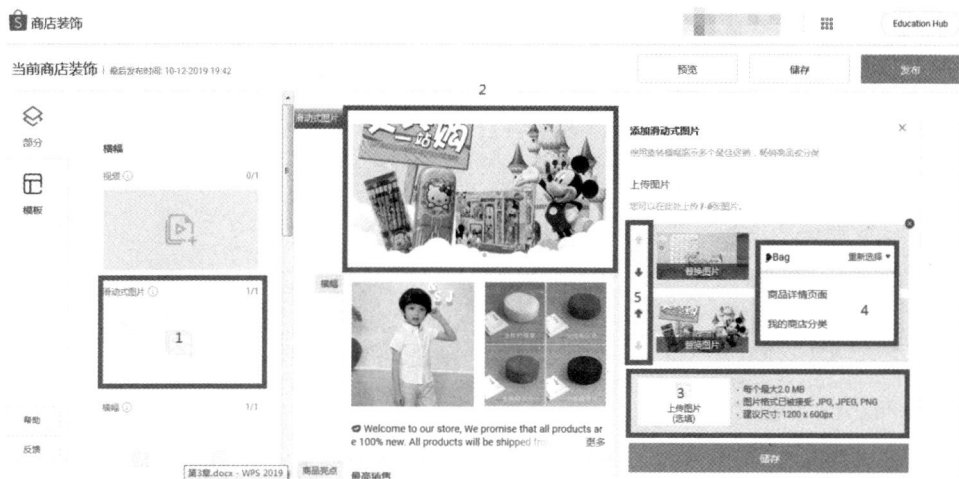

图 3-80

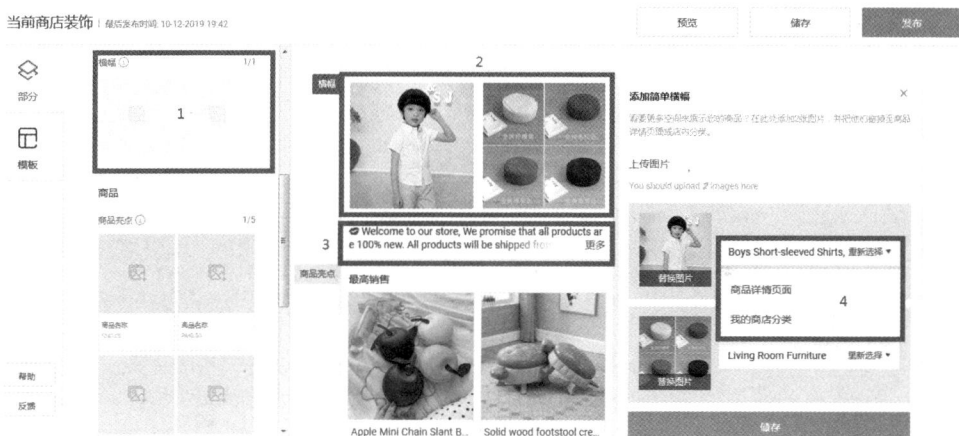

图 3-81

4. 添加商品亮点

如图 3-82 所示，我们可以在此模块中添加 4 个商品。单击图 3-82 中 1 所示的位置，右边会显示需要填充相应的内容。我们可以在图 3-82 中 3 所示的位置填写商品亮点的标题，标题字数的上限为 30 个字符。图 3-82 中 4 所示的位置表示我们可以通过系统自动添加或手动选择添加商品亮点中的商品。如果选择"自动"，那么系统将按以下条件选择商品：按最高销售额排序、按最新上架排序、按最低价格排序，如图 3-82 中 5 所示。如果选择"手动"，那么我们可以自由调整排序，如图 3-83 所示。

我们最多可以设定 5 组商品亮点，每组商品亮点最少需选择 4 个商品。若商品亮点被发布后，商品被下架或删除，那么在商品亮点中不会显示该商品，但若商品售完库存为零，则仍会显示在商品亮点中。

图 3-82

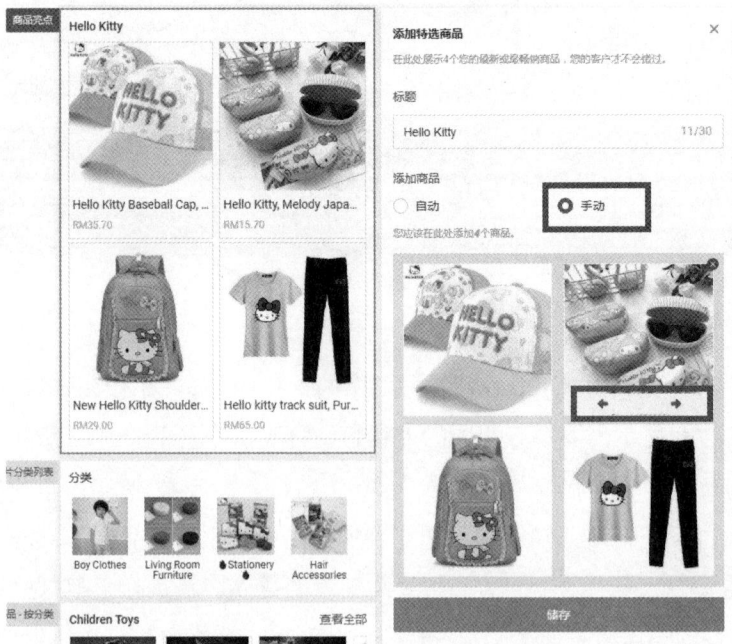

图 3-83

5. 添加商品-按分类

"商品-按分类"模块主要用于展示商店内每个分类的热销商品。也就是说，我们在设定"商品-按分类"模块前，需先在卖家中心"商店"板块的"商店分类"页面中进行设定。我们最多可以设定 5 组商品-按分类，而每组商品至少要有 1 个商品，这样才会显示于商店首页中，如图 3-84 所示。若商店分类被关闭或删除，则不会显示该商店分类。每添加一组"商品-按分类"，需在图 3-84 中 1 所示的位置单击一次，便打开了图 3-84 右侧的页面。单击图 3-84 中 3 所示的位置，便会打开如图 3-85 所示的页面，在选择一个商店分类后，在图 3-84 中 4 所示的位置选择商品的排序方式，如图 3-86 所示，最后在图 3-84 中 5 所示的位置添加分类名称，单击"储存"按钮，便完成了一组"商品-按分类"的设置。其中，分类名称既可以沿用所选择的"商店分类"的名称，也可以重新设定。

图 3-84

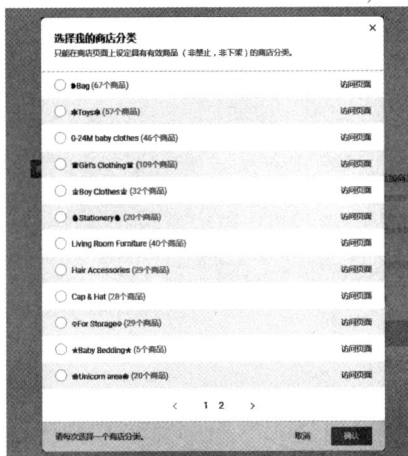

图 3-85

图 3-86

6. 添加图片分类列表

与添加"商品-按分类"一样，在设定图片分类列表前，我们需先在卖家中心"商店"板块的"商店分类"中进行设定。在图片分类列表中，我们可以设定 4～10 个商店分类，至少要有 4 个商店分类才会显示。在商店装饰中所做的操作被保存并正式发布后，被展示的某些商店分类被关闭或删除，则不会显示该商店分类。图片最大为 2MB，格式需为 JPG、JPEG、PNG，建议尺寸为 149 像素×149 像素。如图 3-87 所示，单击图 3-87 中 2 所示的位置上传图片，建议图片是所选择商店分类中的爆品图片。在上传图片后，如图 3-87 中 3 所示，选择一个店铺已有的商品类目，确定分类名称，上传至少 4 张图片，单击"储存"按钮，即完成了添加图片分类列表。

图 3-87

7. 储存与发布

在各项商店装饰设定完成后，如图 3-88 所示，我们就可以单击页面右上角的"储存"按钮，对所做的操作进行保存，再单击"发布"按钮，装饰过的手机端商店就会显示在买家面前。在发布之前，我们可以先预览商店装饰，再将商店装饰正式发布到商店首页。

图 3-88

3.4 网页版"聊聊"详解

"聊聊"是 Shopee 平台买卖双方进行沟通的工具，可以记录买卖双方所有的信息，包括沟通过程、订单情况，可以显示店铺的优惠券信息，也可以帮助卖家有效地管理买家讯息，有利于卖家更好地了解买家的需求，提供良好的销售服务，从而提升买家的满意度。

登录卖家网页版"聊聊"的步骤如下：登录卖家中心，单击"聊聊"图标，进入微聊页面（如图 3-89 所示），单击"在网聊中查看全部"图标，进入网页版"聊聊"。

图 3-89

微聊界面的右上角有 3 个图标，第 1 个图标用于隐藏聊天窗口，只显示用户列表，第 2 个图标用于进入网页版"聊聊"，第 3 个图标用于隐藏微聊窗口。

下面分 5 个部分详细介绍网页版"聊聊"。

第一部分：买家消息板块。如图 3-90 所示，我们可以在搜索框中输入买家名称或者订单编号查找买家消息。把鼠标放在列表中的买家上，右侧会出现"…"标志，单击此标志会出现"星标讯息""标示为未读""删除对话" 3 个选项。如果单击"标示为未读"选项，那么会显示如图 3-91 所示的页面；如果单击"星标讯息"选项，那么会显示如图 3-92 所示的页面。

图 3-90

图 3-91

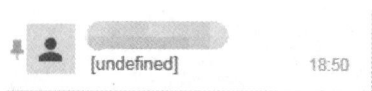

图 3-92

第二部分：对话界面。单击图 3-93 中 1 所示的位置，可以看到图 3-93 中 2 所示的下拉框。图 3-93 中 3 所示的 3 个图标分别用于发送贴图、图片、商品链接。发送贴图和商品链接的页面如图 3-94 所示。图 3-93 中 4 所示的图标用于对买家常问的问题编辑快捷回复信息。图 3-93 中 5 所示的图标用于发送信息。

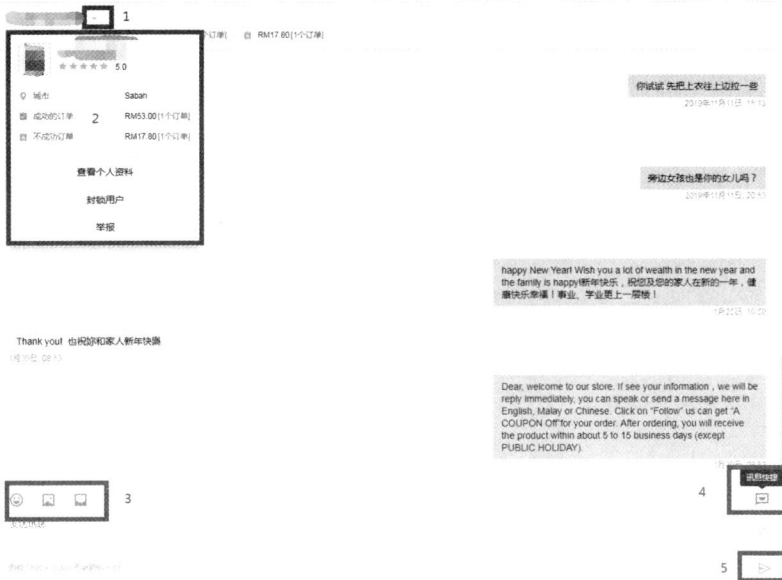

图 3-93

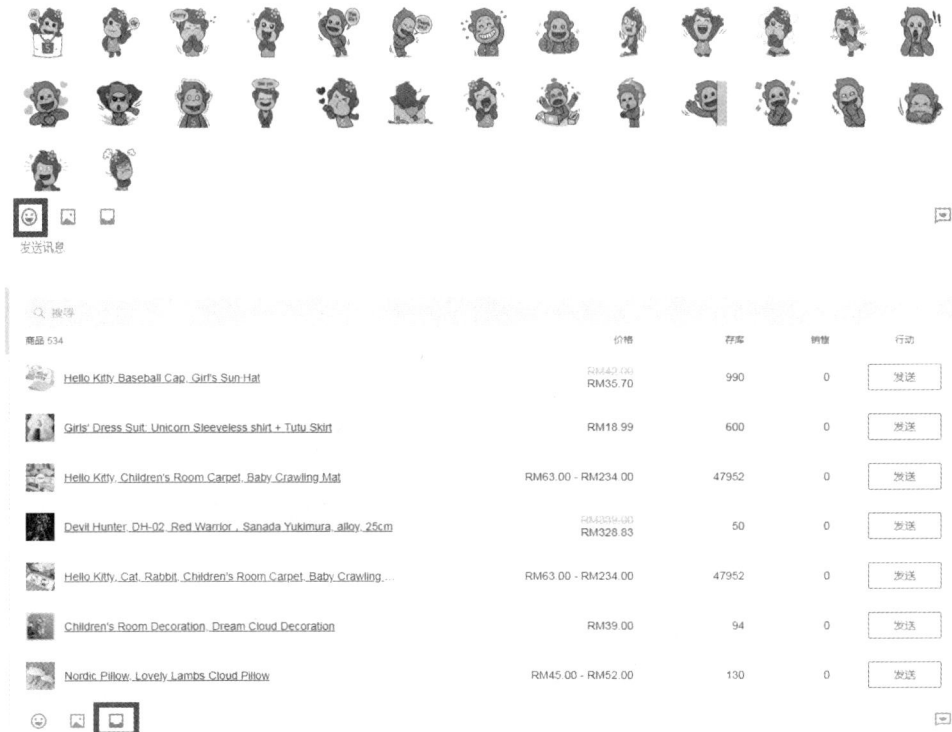

图 3-94

第三部分：订单信息。如图 3-95 所示，在订单信息页面中，我们可以查看所有订单及订单状态，可以了解买家对已购买商品的评价，了解其取消订单的原因。单击每个订单下方的"详情"按钮可跳转至卖家中心的销售订单明细页面，这个页面会显示该买家的所有订单信息。单击"发送"按钮，可将此订单情况发送给买家。

图 3-95

第四部分：优惠券信息。如图 3-96 所示，"进行中"显示的是店铺中现在可以使用的优惠券；"已安排"显示的是还没到设定的活动时间不能使用的优惠券。单击"发送"按钮即可将优惠券发送给买家，买家会收到优惠券序号，在"我的账户"→"我的优惠券"页面中输入优惠券代码并储存，即可在付款时享受到优惠。单击"查看我的优惠券"链接会跳转至卖家中心"营销中心"板块的"优惠券"页面，在该页面中可以编辑、终止现有的优惠券，并增加新的优惠券。

图 3-96

　　第五部分：聊天设置页面。如图 3-97 所示，单击网页版"聊聊"右上角的店铺头像，在出现的下拉框中单击"聊天设定"选项，便可打开如图 3-98 所示的聊天设定页面。单击"发送意见"选项，会出现如图 3-99 所示的发送意见页面，在该页面中，我们可以向 Shopee 平台举报问题、提出意见。

图 3-97

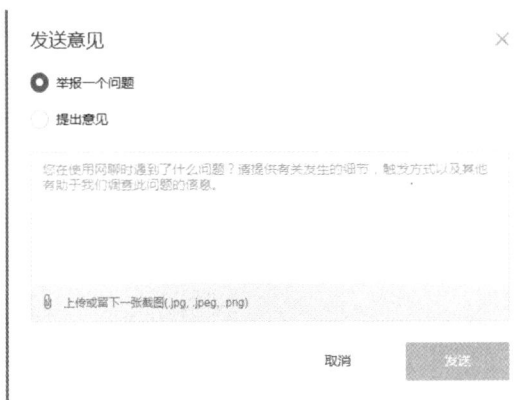

图 3-98

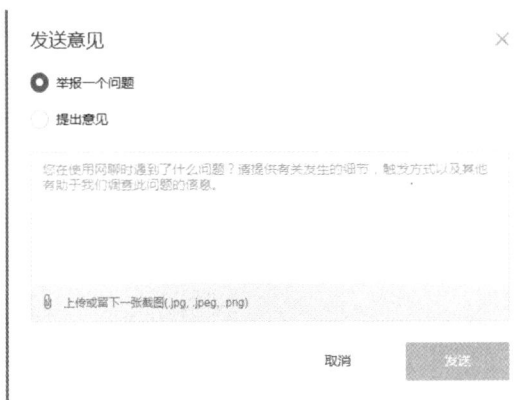

图 3-99

在"聊天设定"页面中，我们可以设置讯息快捷键、自动回复、通知、时间戳、表现数据、常见问题助理。

1. 讯息快捷键

讯息快捷键用于事先设定"聊聊"讯息，可以帮助卖家更有效率地回复"聊聊"讯息，如图 3-100 所示。在开启"自动显示讯息提示"按钮后，在我们输入讯息时系统会自动查找与输入讯息相关的快捷讯息。在"我的讯息"板块中，我们可以创建快捷回复讯息。有两种创建快捷回复讯息的方式，一种是直接导入 Shopee App 上现有的快捷回复讯息，另一种是新建快捷回复讯息，可以新建 20 条快捷回复讯息，每条讯息的字符数限制为 500 个。

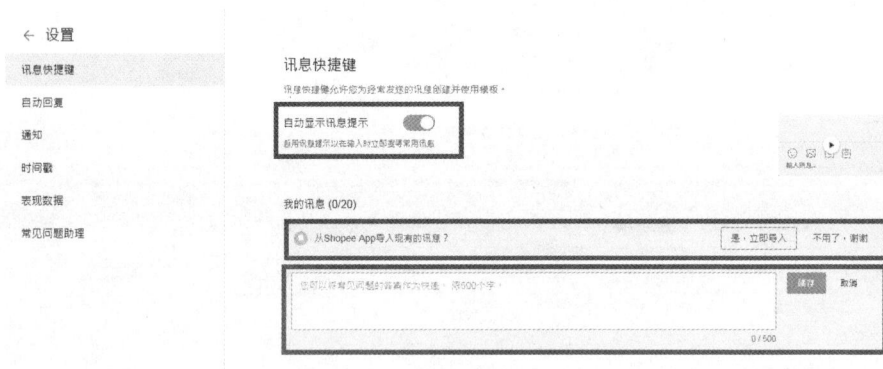

图 3-100

2. 自动回复

在自动回复中，我们可以设置两种自动回复方式（如图 3-101 所示）：默认自动回复、离线自动回复。默认自动回复是指在买家发送"聊聊"讯息后，卖家会自动回复事先设定好的内容。离线自动回复是指买家若在卖家设定的上班时间外的时间发送消息，就会被回复事先设定好的自动回复信息。

3. 通知、时间戳、表现数据

单击"通知"选项，可以开启新讯息弹出通知及声音提醒通知；单击"时间戳"选项，可以开启显示每条讯息的时间。单击"表现数据"选项，可以按日期查看商店聊天的表现数据。

图 3-101

4. 常见问题助理

如图 3-102 所示。在启用此功能后，当买家打开聊天页面发送第一条讯息后，将先看到问答列表，而不是直接与卖家聊天。每个买家每天仅会触发一次常见问题的自动回复。问答列表由问候语和常见问题及答案组成。我们可以设定 3 个问题分类，每个分类可以设定 3 个问答。

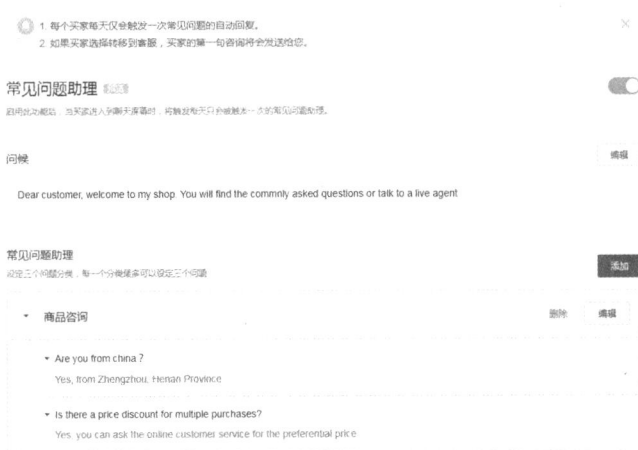

图 3-102

3.5　子母账户

3.5.1　子母账户简介

子母账户是 Shopee 平台在 2019 年新推出的功能。卖家使用母账户或子账户都可以登录卖家中心，可以同时管理多个站点的店铺。母账户的权限最大，可以管理所有的店铺，可以对不同的员工设置不同的权限，而且只有母账号有设置付款密码和设置银行账户的权限。母账户平台如图 3-103 所示。

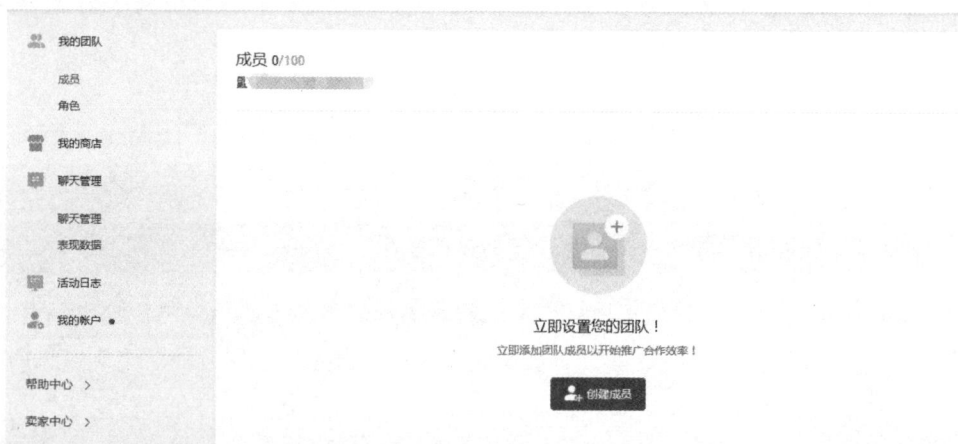

图 3-103

3.5.2　创建子母账户

1. 申请子母账户

我们可以向客户经理申请创建子母账户的链接，填写如图 3-104 所示的内容，在同意承诺以后，选择"子母账号信息相关"单选框，然后选择"创建子母账号的母账户信息"单选框，按照指引提供创建母账户的法定代表人/负责人注册邮箱、手机号码，按照教程打印、填写、上传 Shopee 平台的母账户信息收集表和授权委托书，提供营业执照的正面照片及该营业执照的法人身份证的正反面照片，在提交后，大概 5 个工作日左右会收到邀请激活邮件。

2. 激活母账户

根据邮件指示，单击"激活账户"按钮进入子母账户平台，完成母账户激活。单击"Setup Now"（开始）按钮，设置企业编号，即母账户和子账户的前缀。企业编号可以是任何与 Shopee 平台内现有企业编号不重复的内容，一旦设定则不可更改。然后，设定密码和母账户名称，验证母账户的电话号码，母账户便被激活了。母账户的登录名是"企业编号：main"，密码也使用激活母账户时设定的新密码。

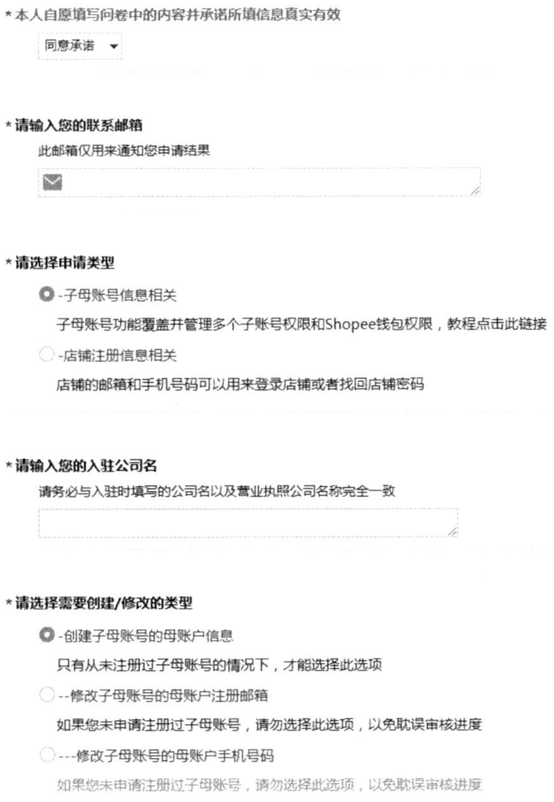

*本人自愿填写问卷中的内容并承诺所填信息真实有效

> 同意承诺 ▾

*请输入您的联系邮箱

> 此邮箱仅用来通知您申请结果
>
> ✉

*请选择申请类型

> ◉ -子母账号信息相关
>
> 子母账号功能覆盖并管理多个子账号权限和Shopee钱包权限，教程点击此链接
>
> ○ -店铺注册信息相关
>
> 店铺的邮箱和手机号码可以用来登录店铺或者找回店铺密码

*请输入您的入驻公司名

> 请务必与入驻时填写的公司名以及营业执照公司名称完全一致

*请选择需要创建/修改的类型

> ◉ -创建子母账号的母账户信息
>
> 只有从未注册过子母账号的情况下，才能选择此选项
>
> ○ --修改子母账号的母账户注册邮箱
>
> 如果您未申请注册过子母账号，请勿选择此选项，以免耽误审核进度
>
> ○ ---修改子母账号的母账户手机号码
>
> 如果您未申请注册过子母账号，请勿选择此选项，以免耽误审核进度

图 3-104

3.5.3 子母账户的设置

子母账户中母账户如图 3-105 所示，包含 5 大功能：我的团队、我的商店、聊天管理、活动日志、我的账户。下面按操作顺序介绍这几个功能的作用和设置方法。

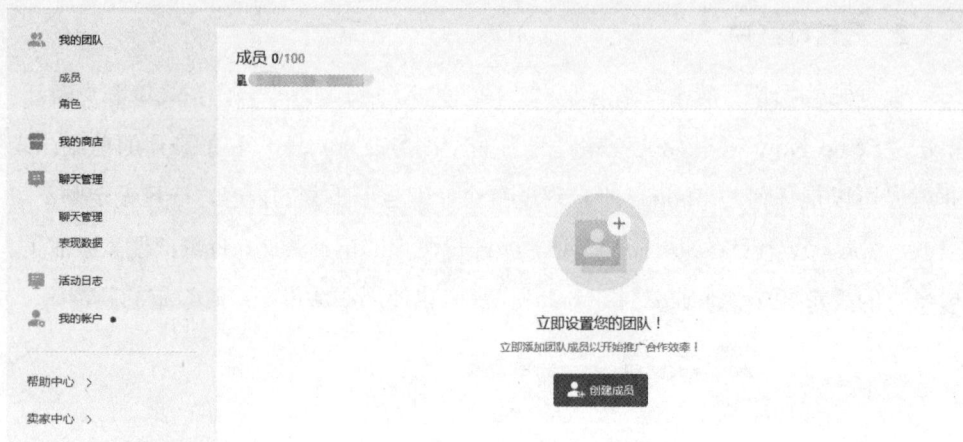

图 3-105

1. 我的账户

如图 3-106 所示，"我的账户"页面包含个人档案和设定两个部分。我们可以修改个人档案的名称，要想修改电话和电邮则需要输入登录密码并经过手机/邮箱验证，如图 3-107 所示。

图 3-106

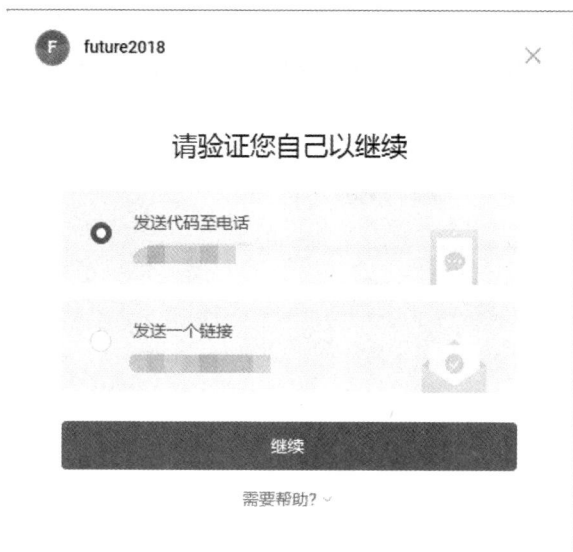

图 3-107

在"我的账户"页面中,我们可以设置付款密码,如图 3-108 所示。我们在卖家中心"财务"板块的"银行账户"页面中绑定跨境支付平台时会用到付款密码。

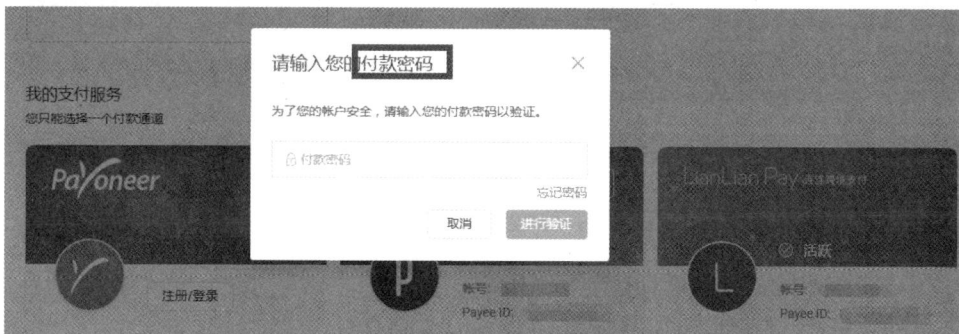

图 3-108

在公司的母账户激活后,该公司的店铺会自动绑定到该母账户下。如果想要添加其他公司名下的店铺至后台,那么需要单击"+添加商家"按钮,在搜索框中输入商家名称、电话号码或电邮查找店铺,如图 3-109 所示,并通过电话或电邮验证,便可添加(如图 3-110 所示)。如果想解除店铺的绑定,那么可以单击如图 3-106 所示的商家名称后边的删除按钮。

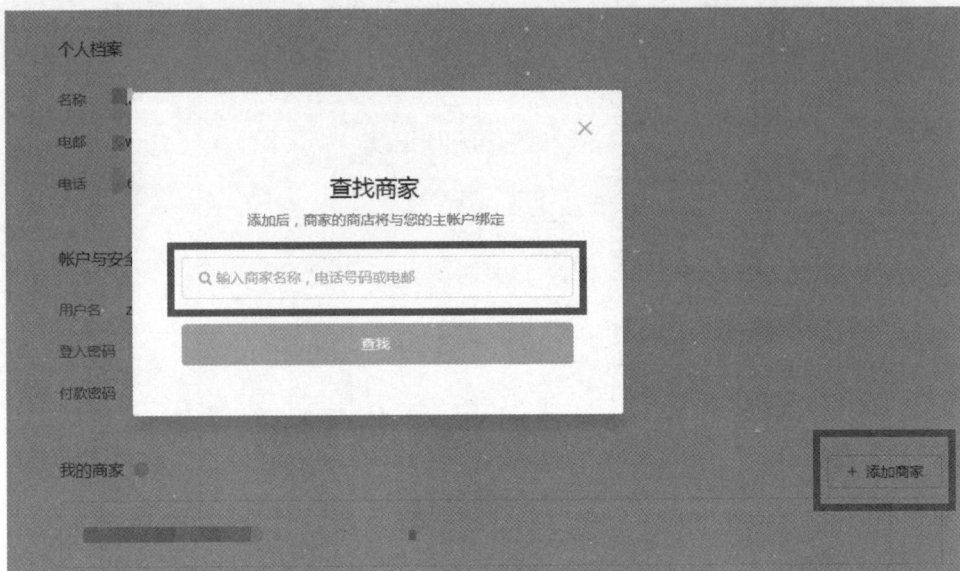

图 3-109

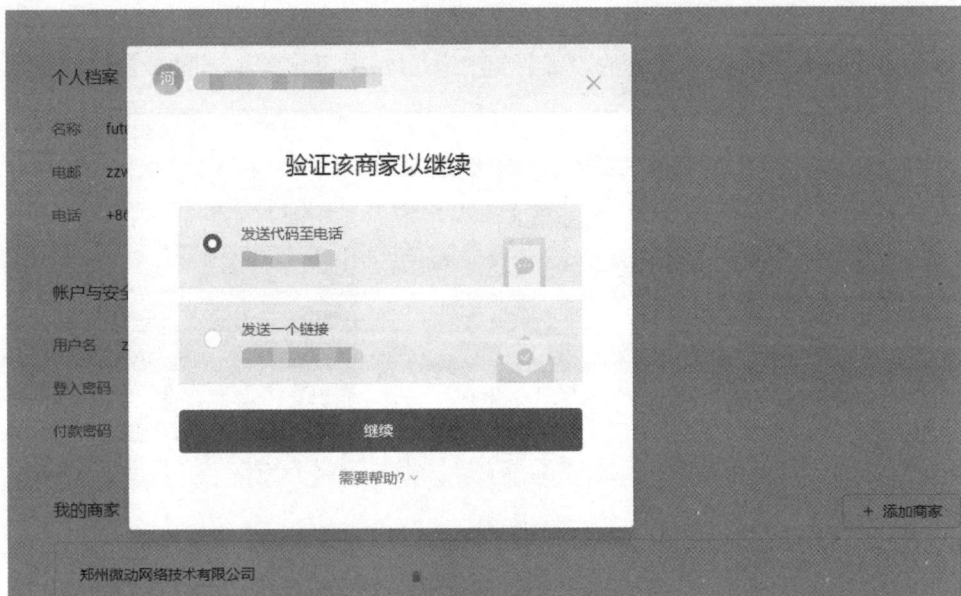

图 3-110

2. 我的团队

在激活母账户和绑定所有店铺后，如图 3-111 所示，我们要添加新角色并确定权限，组建团队。系统设定的默认角色有 5 种，分别是管理员、零售商、仓储管理员、财务、聊天客服。单击"查看详情"链接会显示角色、描述、权限详情 3 部分内容。

图 3-111

如果这 5 种默认角色不符合我们的规划，那么我们可以创建自定义角色。在填写角色、描述后，在权限详情里勾选该角色可以拥有的店铺权限，并储存即可，如图 3-112 所示。此处的权限包含 3 个方面：使用子账户平台，使用 Shopee 网聊和使用卖家中心。一个母账户最多可以创建 20 个不同的角色。在为新角色设定权限的时候，我们需要从权限的末端开始选择。例如，如果希望角色拥有使用"我的销售"的所有权限，那么需要勾选此权限末端的所有选项，包括"出货订单""退货/退款""批量操作" 3 个复选框，而不是只勾选"使用'我的销售'"复选框。如果只勾选"使用'我的销售'"复选框，那么角色只拥有查看"我的销售"的权限，而没有任何操作权限。

如果自定义角色的职责内容发生变动，那么我们可以单击相应角色右端的"查看详情"链接，进行更改或者删除，但是默认的 5 个角色无法被更改或删除。

在设定完权限后，我们就可以把权限分配给相应的成员。单击"我的团队"→"成员"→"创建成员"，打开如图 3-113 所示的页面，填写成员名字、电话号码、登入 ID、登入密码，单击"下一步：权限"按钮。登入 ID 一旦设置便不可更改。

角色 > 添加新角色
角色
在30个字母内设定角色名字
描述
权限详情
使用子账户平台
使用"聊天分配"
编辑通讯组
编辑自动回复
编辑自动翻译
使用Shopee 网聊
编辑订单权限
使用卖家中心
使用"我的销售"
出货订单
退货/退款
批量操作
使用"我的商品"
编辑商品
批量操作
添加商品
使用行销
使用我的广告

图 3-112

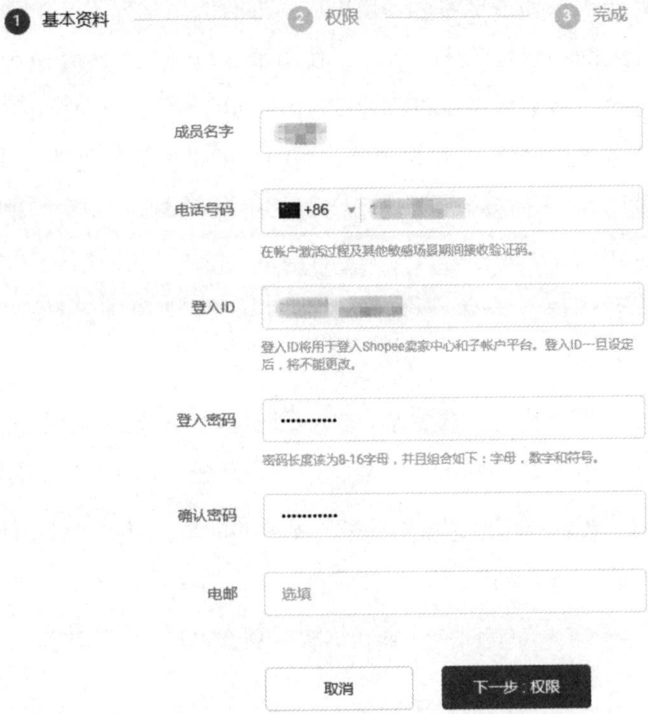
1 基本资料
2 权限
3 完成
成员名字
电话号码
+86
在帐户激活过程及其他敏感场景期间接收验证码。
登入ID
登入ID将用于登入Shopee卖家中心和子帐户平台。登入ID一旦设定后，将不能更改。
登入密码
密码长度该为8-16字母，并且组合如下：字母，数字和符号。
确认密码
电邮
选填
取消
下一步：权限

图 3-113

如图 3-114 所示，在"角色"下拉框中选择一个角色设置成员权限，然后单击"+添加商店"按钮，选择成员适用的商店并确认。如果需要对设定的成员角色进行调整，那么可以在此页面中单击"添加新角色"按钮重新设置。然后，单击"储存成员"按钮完成创建。在创建成功后，我们就可以看到子账户的登入 ID 和登入密码，如图 3-115 所示。第一次登录子账户时会验证手机号码。我们可以添加 100 个成员。

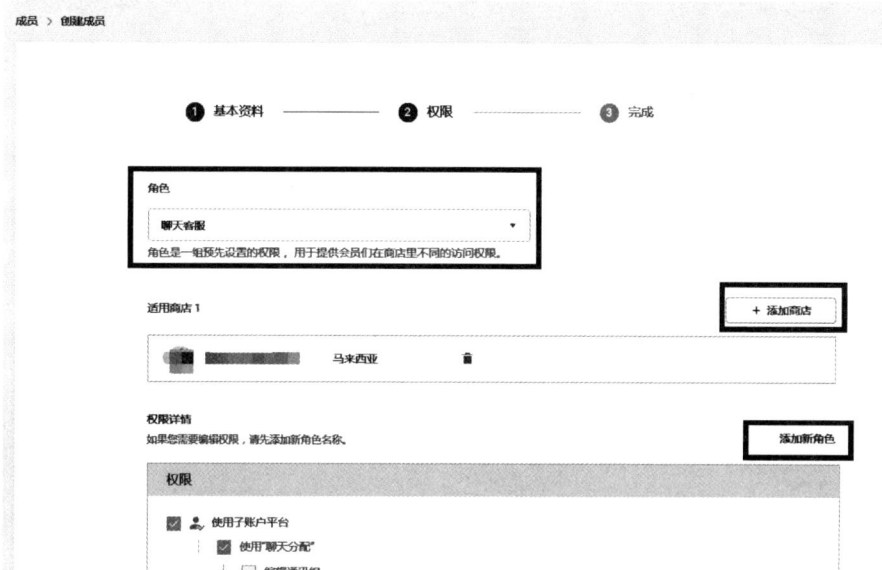

图 3-114

图 3-115

在创建成员完成后，单击"子母账户平台"→"我的团队"→"成员"，就可以看到所有成员的角色和状态。这里有 3 种状态（如图 3-116 所示）：活跃，即正常状态；已被暂停，即权限被暂停；已邀请，即发出邀请但未激活子账户。单击"详情"链接，可以编辑成员的基本资料，重设密码，重设权限，也可以删除成员，修改成员的状态，如图 3-117 所示。

图 3-116

图 3-117

3. 我的商店

如图 3-118 所示，在"我的商店"页面中，我们可以查看已绑定的所有商店，包括商店所属的站点、添加日期等。单击"详情"链接则可以查看具体的成员，了解成员的状态、成员名字、角色、权限详情，如图 3-119 所示。如果需要解除绑定的店铺，那么必须先删除绑定的商家。单击"子母账户平台"→"我的账户"→"我的商家"，在删除并确认后，此商家名下的所有店铺都会被自动解绑。

我的商店 3

```
Q Shop name/ shop username
```

已授权的商店

全部 3　中国台湾1　马来西亚 1　印度尼西亚1

商店名称	国家和地区	已添加在	成员	行动
🐱 █████	马来西亚	2020-02-07	👤 2　独角兽,wa██ge	详情　⋯
🏠 █████	印度尼西亚	2019-11-19	👤 1　独角兽	详情　⋯
🏠 █████	中国台湾	2019-11-19	👤 1　独角兽	详情　⋯

图 3-118

商店 › 商店详情

🐱 █████　马来西亚　链接日期: 07-02-2020　　　　　　　　　　　在卖家中心开启

成员　　设定

状态	成员名字	角色	权限详情	
● 活跃	w██ge	聊天客服	👤 使用子账户平台 👤 使用Shopee 网聊 👤 使用卖家中心	详情
● 活跃	独角兽	财务	👤 使用子账户平台 👤 使用卖家中心	详情

图 3-119

4. 聊天分配/管理

我们在淘宝购买东西时会发现，有些店铺的客服是有不同分工的，有的人负责售前、有的人负责售后。Shopee 平台的聊天设置也是如此。子账户在接收店铺消息之前，母账户必须对店铺被授权使用 Shopee 网聊权限的成员进行分流设置，需要对每个店铺分别创建聊天群组。

操作步骤如下：

首先，在"聊天分配"页面中选择店铺，单击"查看详情"链接，如图 3-120 所示。打开如图 3-121 所示的页面，开启"聊天分配"右侧的按钮，出现"新群组"添加框，单击"+"，便可以开始建组。如果想让母账户可以接收客户的私讯和其他团队的成员转发的讯息，那么可以选择"是"选项，若不想让母账户接收客户的私讯则可以选择"不要"选项。其中"设定"选项可用于设置是否启动自动回复，并且在此页面中也可以修改自动回复的内容。

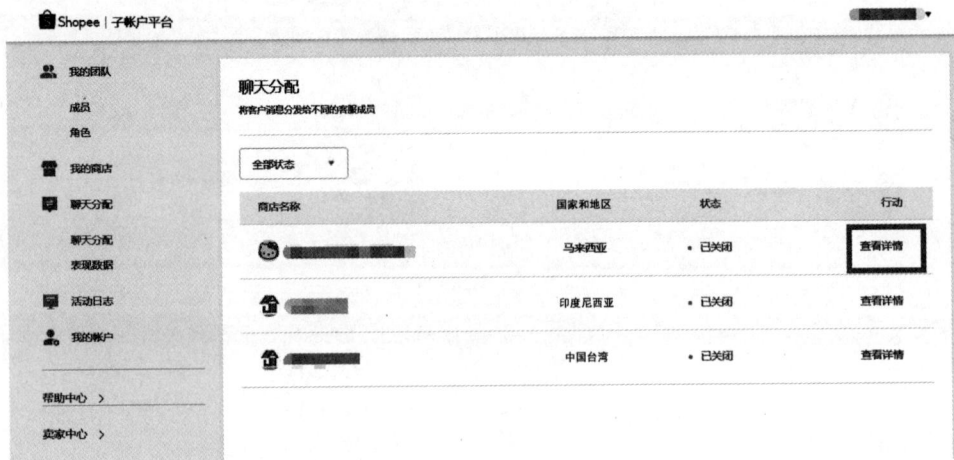

图 3-120

其次，选择群组名称或者创建新群组，如图 3-122 所示。选择对应的客服人员加入群组，如图 3-123 所示，需要注意的是只有被授权使用 Shopee 网聊权限的成员才能出现在"添加成员"的列表中。在同一个店铺中，成员只能被分配到一个群组。例如，如果"wang"已经在售前客服群组中，就不能再被添加到售后客服群组。

聊天分配 ＞

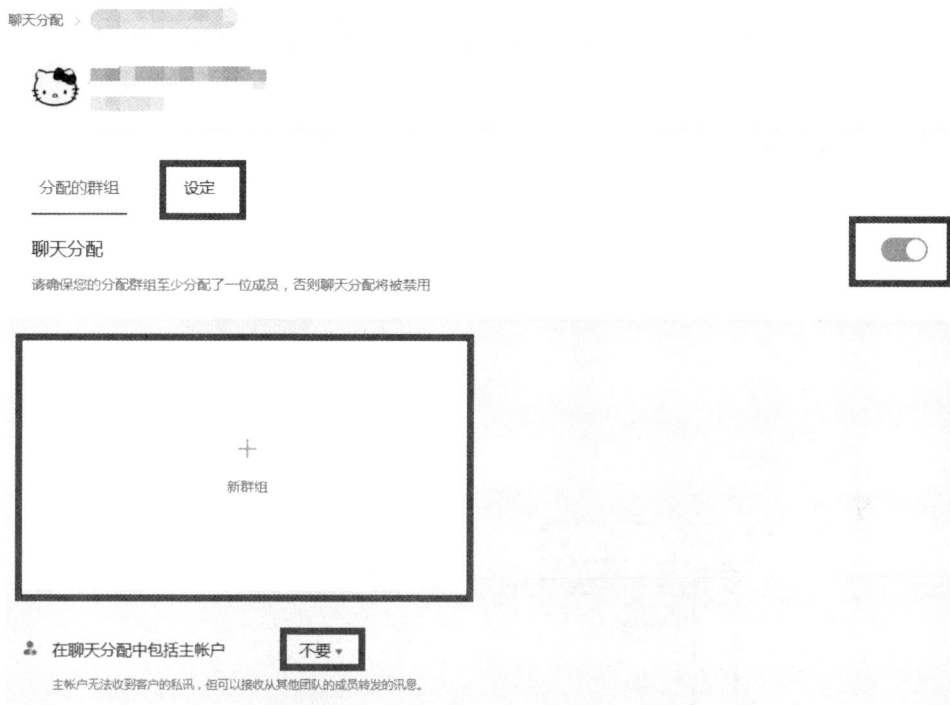

分配的群组　　設定

聊天分配

请确保您的分配群组至少分配了一位成员，否则聊天分配将被禁用

＋
新群组

在聊天分配中包括主帐户　　不要 ▾

主帐户无法收到客户的私讯，但可以接收从其他团队的成员转发的讯息。

图 3-121

我们还可以单击“+创建新群组”选项创建新的分组。

我们要为新群组分配聊天来源，如图 3-124 所示。聊天来源有两个，分别为商品详情页面和订单页面。如果买家咨询较多，那么建议把来自商品详情页面的聊天分配给售前客服群组，把来自订单页面的聊天分配给售后客服群组。

单击“储存”按钮，便完成了此店铺的聊天设置。群组中的成员可以在“聊聊”中接收到此店铺的买家消息，如果想要接收其他店铺的消息，那么需要重复前边的步骤。

在群组创建完毕后，我们还可以对群组进行重新命名、修改、删除、关闭操作，如图 3-125 所示，也可以修改聊天来源。我们也可以继续增加群组，一个店铺可以对应多个群组。单击图 3-125 中的数字“3”，可以查看成员状态，如图 3-126 所示，也可以移除和添加成员。

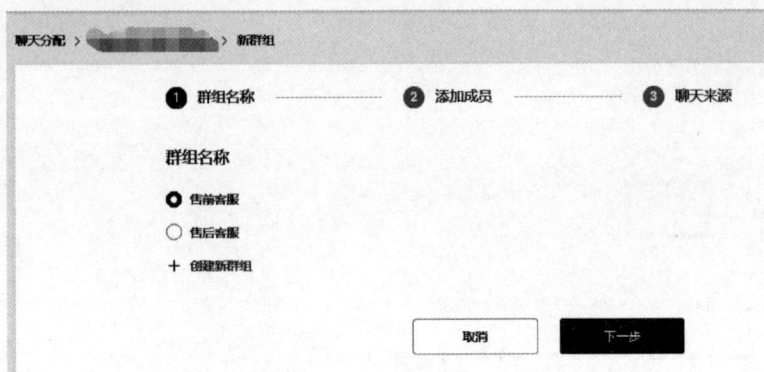

图 3-122

图 3-123

图 3-124

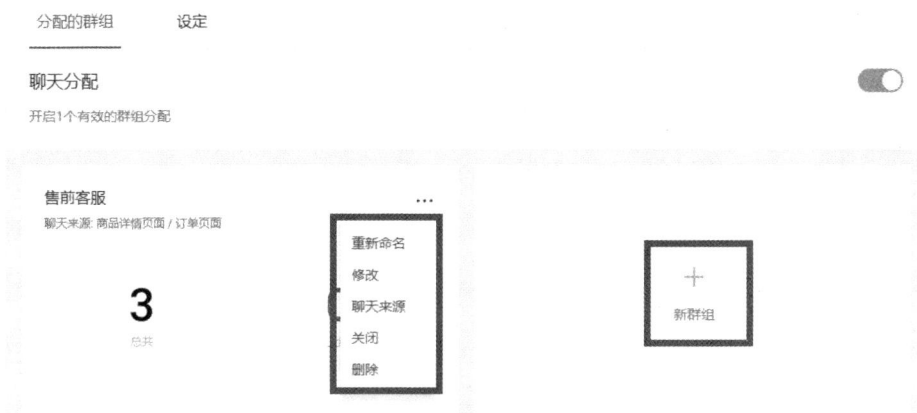

图 3-125

图 3-126

对于小语种站点，我们如果没有合适的客服人员，那么可以为店铺申请本地语客服服务，即跨境客服。这属于有偿服务，具体的费用可以咨询客户经理。

如图 3-127 所示，单击"表现数据"选项，选择一个店铺，设定日期，就可以查看这天某个店铺成员的表现数据。目前，只支持查看某一天的数据，而不支持某一个时间段数据的查询。

5. 活动日志

如图 3-128 所示，在"活动日志"页面中，我们可以查看子账户平台和卖家中心的所有操作记录，包括时间、操作、活动类型、操作对象。

图 3-127

图 3-128

3.5.4　子账户登录

成员在收到登入 ID 和登入密码后，可以登录自己的系统。下面以成员 wang 为例进行讲解。在母账户"我的团队"→"成员"中可以看到 wang 的角色为聊天客服，可以对 3 个站点的商店进行操作，权限包括可以使用子账户平台、使用 Shopee 网聊、使用卖家中心，如图 3-129 所示。打开子母账户登录网址，输入登录资料，打开如图 3-130 所示的 wang 的子账户平台页面，可以看到与母账户相比，子账户只有"聊天分配"一个板块。单击"卖家中心"选项，会打开如图 3-131 所示的页面。因为 wang 拥有 3 个店铺的权限，所以显示 3 个店铺可以选择。选择马来西亚站，可以打开如图 3-132 所示的页面，在"权限详情"板块中显示了"使用'我的销售'"和"使用'我的商品'"权限，即 wang 这个成员的权限。

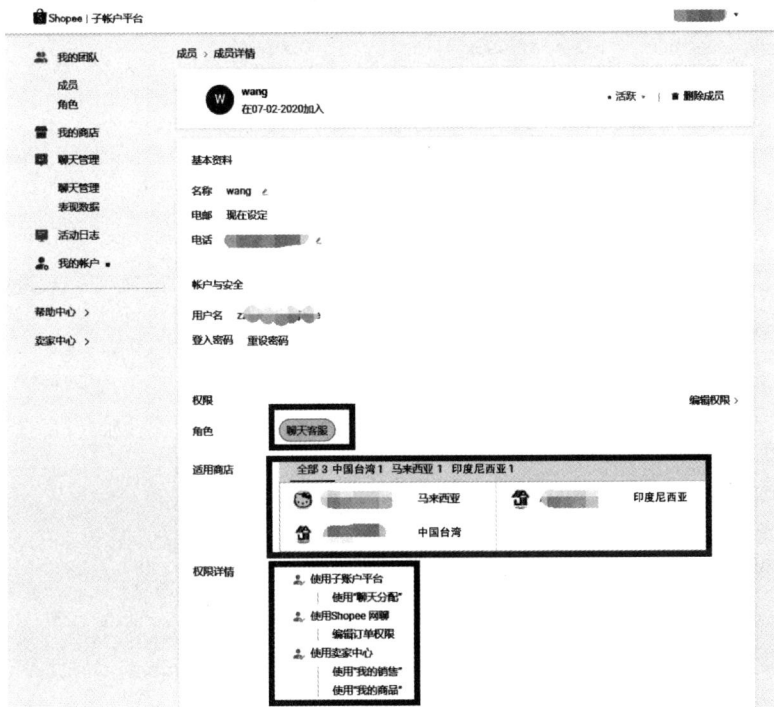

图 3-129

图 3-130

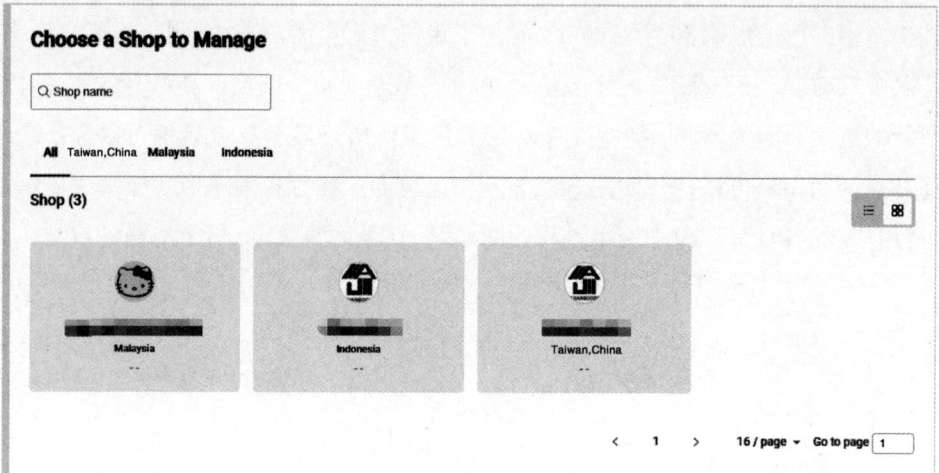

图 3-131

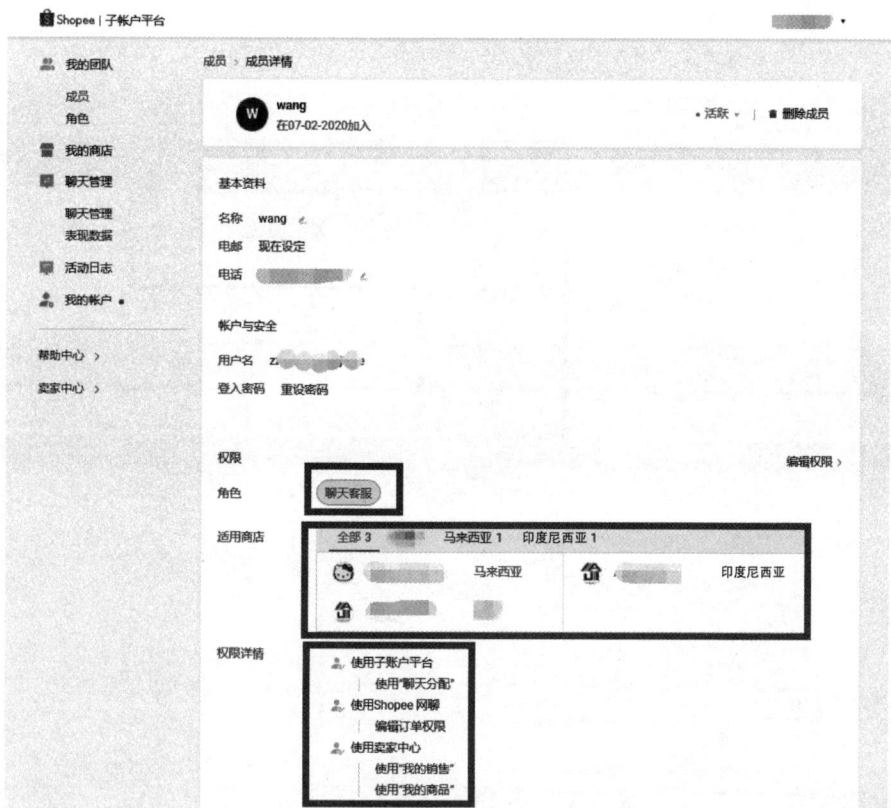

图 3-132

3.6　跨境支付平台简介

在 3.1.5 节中，我们知道了与 Shopee 平台合作的跨境支付平台有 3 个，连连支付、Payoneer、PingPong。那么，"我的钱包"绑定哪个跨境支付平台比较好呢？本节将从平台简介、商品与服务、注册资料、注册步骤几个方面详细介绍这 3 个平台。

3.6.1　连连支付

1. 平台简介

连连支付是连连银通电子支付有限公司旗下的商品之一，该公司成立于 2003 年，注册资本为 3.25 亿元，是国内领先的独立第三方支付公司、国家重点软件企业、国家高新技术企业。2017 年，该公司正式上线跨境收款商品，目的是解决跨境收款领域中跨境回款资金链路长、手续费高等问题，帮助跨境电商卖家安全、高效地收回账款。目前，连连支付实现了包含美元、日元、欧元、英镑、澳大利亚元、加拿大元 6 个币种在内的亚马逊全币种收款，通过一个账号覆盖 Amazon、eBay、Wish、Cdiscount、Shopee 平台等海外各大电商平台多个账户，且支持英国、德国、法国、意大利、西班牙、捷克、波兰 7 国 VAT（增值税）付款。

2. 商品与服务

连连支付针对跨境支付提供提前宝、订单贷、VAT、跨境物流、索赔大师服务。我们可以自主选择通过中国银行或者招商银行进行人民币提现。非同币种的外币提现使用的实时汇率是由连连支付的合作银行提供的。

人民币提现、外币提现一般为 2 小时内到账。

Shopee 平台新加坡站到账的币种为新加坡元（SGD），印度尼西亚站到账的币种为印度尼西亚卢比（IDR），其他站点到账的币种为美元。目前，连连支付支持印度尼西亚站、马来西亚站、中国台湾站、泰国站、菲律宾站、新加坡站、巴西站提现，而不支持越南站提现。提现的手续费费率一般为 0.7%。我们可以随时关注连连支付的活动。目前，新注册用户有 3 万元人民币的免费提现额度，提现超过 3 万元则收取手续费。如果提现金额较大，建议购买"连连旺卡"，支付 999 元享受 Shopee 平台店铺 15 个月提现 0 费率的优惠。

3. 注册资料

注册连连支付账户所需的资料见表 3-1。

表 3-1

注册人身份	注册所需的资料
内地个人账户	手机号码、电子邮箱；本人的身份证正反面彩色影印件、本人手持身份证照片；本人银行储蓄卡照片
内地企业账户	手机号码、电子邮箱；营业执照（三证合一企业或个体工商户）、法定代表人的身份证影印件；企业的对公银行账户或法定代表人的个人银行账户
香港个人账户	手机号码、电子邮箱；本人的身份证影印件，支持香港永久性居民身份证，本人手持身份证照片；本人的香港银行储蓄卡或境内离岸账户
香港企业账户	手机号码、电子邮箱；企业注册证书影印件；企业商业登记证影印件；企业董事的身份证影印件，支持的证件类型有第二代居民身份证、护照、港澳居民通行证、香港永久性居民身份证

注：以上证件要求清晰，支持数码拍照，影印件的大小为 5MB 以内。

4. 注册步骤

（1）在"财务"板块的"银行账户"页面中选择 LianLian Pay，然后单击"注册/登录"按钮，输入付款密码，如图 3-133 所示，跳转至连连跨境支付注册界面。

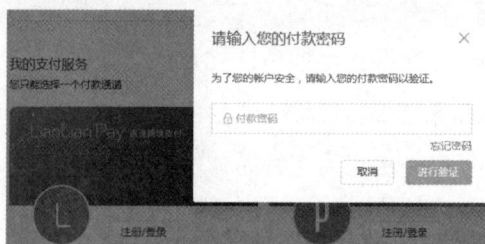

图 3-133

（2）选择所在地区，输入手机号码，填入验证码，设置登录密码，勾选"我已阅读并同意《服务协议》和《隐私权政策》"复选框，单击"创建"按钮便可创建账户，如图 3-134 所示。

图 3-134

（3）选择用户类型、证件类型，上传证件照片，填写真实姓名、英文名称、身份证信息等资料进行实名认证，提交审核，如图 3-135 所示。在实名信息提交后 1～2 个工作日，我们就会收到审核结果信息。

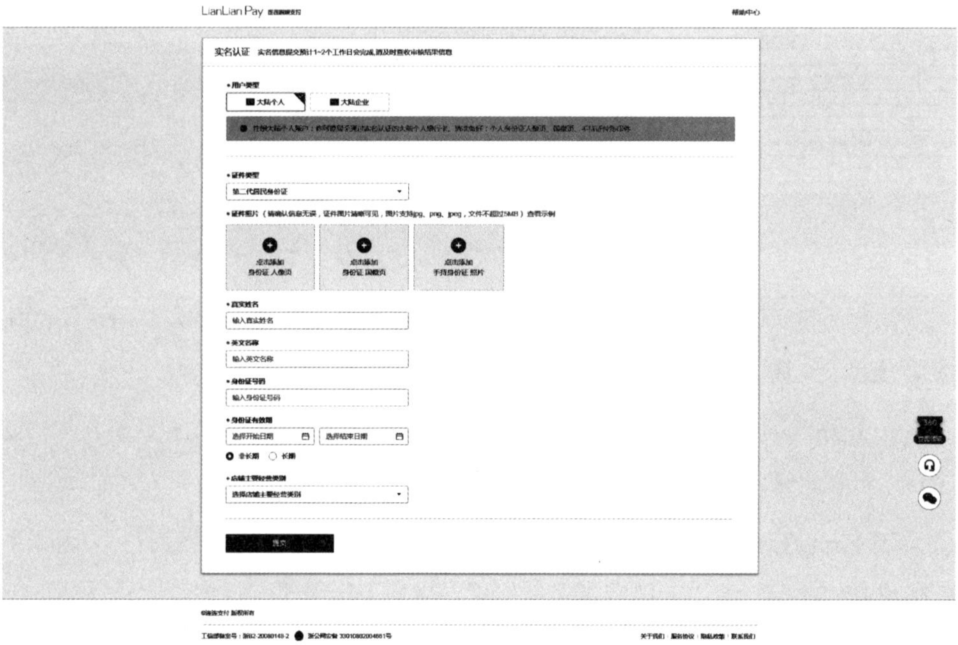

图 3-135

（4）单击"申请境外收款账户"按钮，如图 3-136 所示。单击 Shopee 平台标志，打开如图 3-137 所示的页面，单击"前往 Shopee 后台绑店"按钮，进入 Shopee 平台的卖家中心登录界面，重新输入账号密码登录后台。

您尚未进行实名认证

登录账号：█████ 实名认证：▢ 未认证，立即认证

申请境外收款账户 立即提现

图 3-136

申请境外收款账户 收款卡号将在实名认证完成后发放

＊当前已选收款平台： 🅂 shopee 点击更换

＊店铺所在站点： 马来西亚站 ▼

前往Shopee后台绑店

如何绑定Shopee店铺？

图 3-137

（5）选择"财务"板块的"银行账户"页面中的 LianLian Pay，用已经注册的账号登录完成绑定。

在 LianLian Pay 后台可以进行交易查询，了解每笔收入与支出，如图 3-138 所示；可以直接通过后台进行广告充值。

连连支付有微信小程序。我们可以关注微信公众号"连连跨境支付"，通过下方的"我的账户"→"提现查账"便可进入微信小程序随时查询余额、提款。

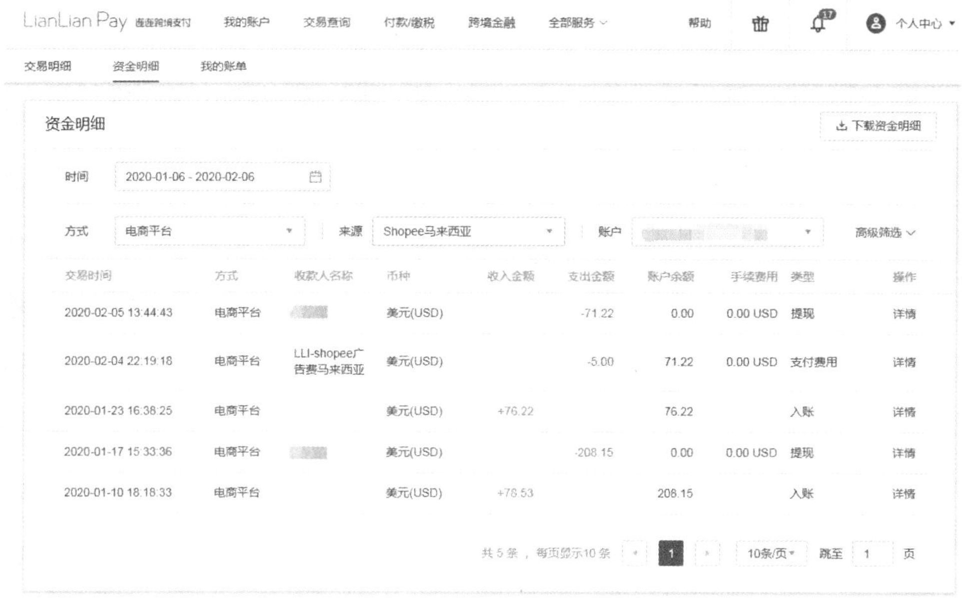

图 3-138

3.6.2　Payoneer

1. 平台简介

Payoneer 成立于 2005 年，总部设在美国纽约，是万事达卡组织授权的具有发卡资格的机构，目前有 400 多万个用户、1500 名遍布全球的员工、21 个全球办事处，客服支持 35 种以上语言。

2. 商品与服务

Payoneer 为 7 大币种实现全球快捷收款、用户间免费转账，原币种可在线直缴 7 国 VAT。Payoneer 账户可对接公司的 ERP 系统，实现高效的财务对账。

Payoneer 实行"提现费率 1.2%封顶，阶梯式计算费率"的原则。新用户的每笔最低提款额是 50 美元或者等额外币，最高提款额是 20 万美元或者等额外币。用户在升级为 VIP 用户后，提款上限会自动提高，也可以联系客服提前提高。

3. 注册资料

注册 Payoneer 账户所需的资料见表 3-2。

表 3-2

注册人身份	注册所需的资料
个人账户	姓名；出生日期；电子邮箱；身份证正反面彩色影印件；地址；本人银行卡相关信息
企业账户	电子邮箱；法人姓名，出生日期；手机号码；营业执照（三证合一企业或个体工商户）相关信息、法定代表人的身份证影印件；企业的对公银行账户或法定代表人的个人银行账户

注意：所有内容最好用英文填写。

4. 注册步骤

（1）在"财务"板块的"银行账户"页面中选择 Payoneer，然后单击"注册/登录"按钮，输入付款密码，跳转至 Payoneer 注册界面，如图 3-139 所示。选择账户类型，填入相应的资料，验证邮箱，便注册成功了。

图 3-139

（2）按照要求填写更详细的资料，在提交之后，会收到确认邮件，在审核成功后，便可接收付款了，如图 3-140 所示。

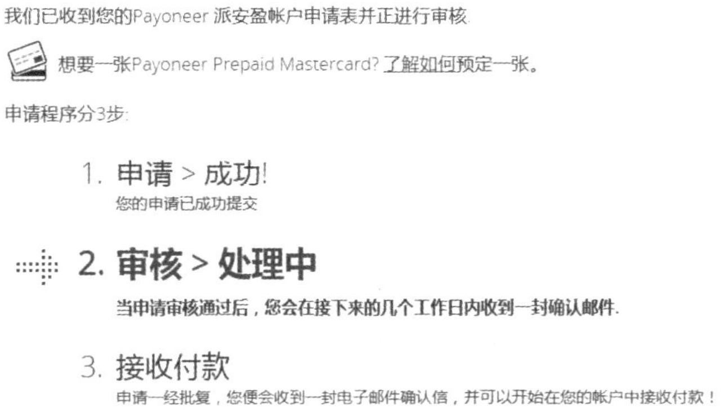

我们已收到您的Payoneer 派安盈帐户申请表并正在进行审核

想要一张Payoneer Prepaid Mastercard? 了解如何预定一张。

申请程序分3步:

1. 申请 > 成功!
   您的申请已成功提交

2. **审核 > 处理中**
   当申请审核通过后,您会在接下来的几个工作日内收到一封确认邮件.

3. 接收付款
   申请一经批复,您便会收到一封电子邮件确认信,并可以开始在您的帐户中接收付款!

图 3-140

3.6.3　PingPong

1. 平台简介

杭州呼嘭智能技术有限公司（简称 PingPong）成立于 2015 年 6 月，是一家中国人创立的全球收款公司，致力于为中国跨境电商卖家提供低成本的海外收款服务。PingPong 与国内跨境出口企业建立了紧密的合作关系，是中国跨境电商综合试验区（杭州）、上海跨境电商公共服务平台的战略合作伙伴。PingPong 在美国、中国香港等地依法设置的子公司有 PingPong US、PingPong HK、PingPong EU 及 PingPong JP，在对应的各个监管地接受金融监管部门监督，合法开展业务。

2018 年 5 月 21 日，PingPong 正式接入 Shopee 平台。PingPong 在货币兑换、跨境支付快速结算、分账方法、支付反欺诈、动态信用评估、黑名单验证、交易还原等领域已有 14 项国家发明专利。

2. 商品与服务

PingPong 提供的服务有跨境收款、福贸跨境出口退税服务、全流程 VAT 服务、开店通服务、光年提前收款服务、汇率优化助手、对账助手、福鑫外汇等。提现汇率参考的是中国银行的实时现汇买入价。用户把资金汇入 PingPong 无须手续费，提现至自己的银行卡账户遵循"提现费率 1%封顶，阶梯式计算费率"的原则。

3. 注册资料

注册 PingPong 账户所需的资料见表 3-3。

表 3-3

注册人身份	注册所需资料
内地个人账户	手机号码、电子邮箱；身份证正反面彩色影印件、本人手持身份证照片；本人的银行储蓄卡照片
内地企业账户	手机号码、电子邮箱；企业的最新营业执照影印件；法定代表人的身份证彩色影印件；股东证件/股权架构图影印件；公司章程影印件；企业的对公银行账户
香港个人账户	手机号码、电子邮箱；身份证正面彩色（支持护照影印件/香港永久性居民身份证影印件）、本人手持证件的照片；若香港人的常驻地址为内地，则需提供港澳居民往来内地通行证影印件；本人的香港银行储蓄卡照片
香港企业账户	手机号码、电子邮箱；企业商业登记证影印件；企业注册证明书影印件；最新版周年申报；企业董事的身份证影印件；股东证件影印件；公司章程影印件；企业的对公银行账户

PingPong 企业账户和个人账户的区别主要在于支持提现的账户不同。个人账户仅支持提现至本人名下的账户，企业账户仅支持提现至公司的对公账户。内地个人账户仅支持提现人民币至本人名下的内地账户（或者提现原币种至本人的香港账户）；香港个人账户仅支持提现原币种至本人名下的香港账户。内地企业账户支持提现人民币（需做收付汇名录登记）及原币种（具备进出口资质）至企业的对公账户；香港企业账户仅支持提现原币种至企业的对公账户。

营业执照过期不影响平台款项入账，但是会影响提现，因此我们需要在第一时间更新营业执照。

若法人变更，且涉及资金问题，则需要在转让企业前清空余留款项，分配店铺归属，避免产生纠纷。

若营业执照即将被注销，则需要在注销前清空余留款项，并及时处理所绑定的店铺。营业执照被注销后该账户将无法继续提供服务。

4. 注册步骤

（1）在"财务"板块的"银行账户"页面中选择 PingPong，然后单击"注册/登录"按钮，输入付款密码，跳转至 PingPong 跨境支付注册界面，如图 3-141

所示。选择账号类型，填入相应的资料，单击"立即创建"按钮，便可跳转至 Shopee 平台店铺的后台页面，绑定账户。出现如图 3-142 所示的页面便为绑定成功。

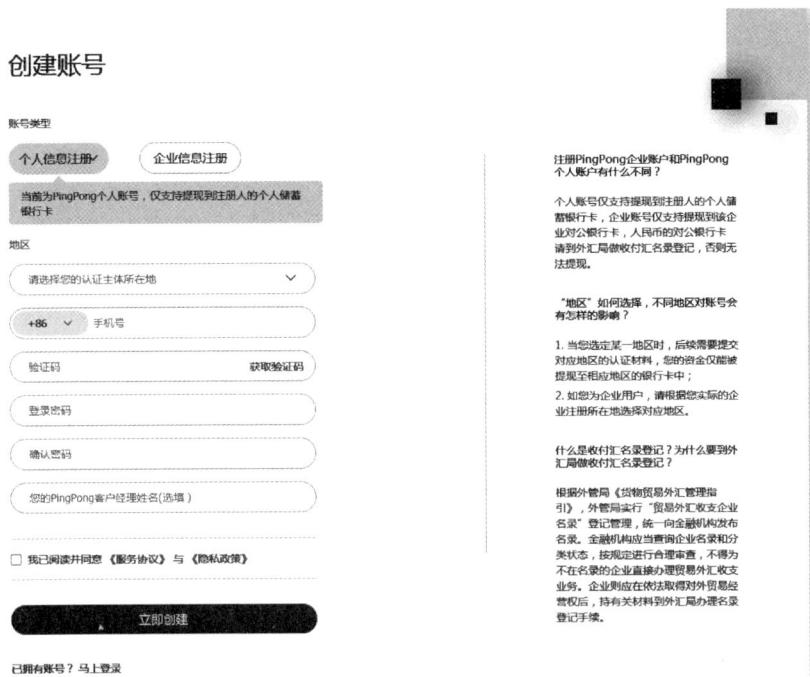

图 3-141

图 3-142

（2）在绑定账户成功后，还需要继续完善资料，以便顺利提现。使用注册的登录名和密码重新登录 PingPong，打开如图 3-143 所示的页面，填写邮箱地址，设置交易密码，设置安全问题，单击"发送验证邮件"按钮。在收到验证邮件后，我们要进入邮箱，激活账号，还需要继续进行实名认证。通过实名认证，方可提现。

完善资料

帐户已成功创建，请继续完善信息。

当前账号

+86 █████████

设置绑定邮箱

邮箱与手机号将作为您登录PingPong的用户名

> 邮箱地址

请输入邮箱地址

设置交易密码

二重验证，保证资金安全

> 请输入6位数字交易密码

> 请确认您的交易密码

设置安全问题

> 请选择安全问题   ⌄

> 安全问题答案

发送验证邮件

设置绑定邮箱的作用？

1. 邮箱地址与手机号码都可作为您登录
PingPong的用户名；
2. 作为安全验证方式，以及通知使用；
请绑定您的常用邮箱。

交易密码的作用？

为了您的账户资金安全，在某些场景下
需要输入您的交易密码进行确认。

设置安全问题的作用？

作为安全验证方式，保护您的账号安
全；请记住您设置的安全问题

图 3-143

（3）单击"账号中心"下拉菜单的"我的账号"选项，我们可以查看所在平台的提现费率，如图 3-144 所示。

图 3-144

4

第 4 章

Shopee 平台的基础运营

4.1 选品与定位

有些卖家在入驻 Shopee 平台后,上传了很多商品却迟迟没有订单,甚至没有流量,这很可能是店铺的选品和市场定位有问题。

在跨境电商行业中流传着这样一句话:七分靠选品,三分靠运营。如果选品选得好,那么卖家在运营的时候就会事半功倍。东南亚既有发达的经济体,又有发展中的经济体,每个国家的市场情况都不一样,如果我们盲目上架大量商品,不考虑市场定位,那么可能会陷入价格战和大量售后服务的泥潭,所以在选品和市场定位上,我们还是需要花费一番工夫的。

虽然目前市面上还没有专门针对 Shopee 平台的选品工具,但是选品的思路都是一致的,我们从以下几个方面来研究一下 Shopee 平台的选品。

4.1.1 自有资源选品

在未来,跨境电商的竞争最终是供应链的竞争,拥有良好供应链的卖家容易实现弯道超车,赶上老卖家。有些跨境电商卖家自己就有工厂或者自己就是批发商,那么与没有自己商品的卖家相比,稳定的货源和快速发货就占了巨大的优势。

大部分卖家在刚开始时自己不生产商品，采用中间商赚差价的方式。在选品时，我们可以先思考自己或者周边是否有产业带或工厂、是否有能够提供稳定货源的朋友、是否方便实地考察，详细地了解商品的制造工艺、使用范围、独特卖点等，只有对所卖的商品足够熟悉，才能更好地销售商品。

当然，即使自己有货源优势，也要考虑所销售的商品是否适合所针对的市场。例如，我们有稳定的优质羽绒服货源，但是东南亚地区常年气温较高，除非特殊情况，很少有买家购买羽绒服，羽绒服自然就不会有好的销量。

人们都说兴趣是最好的老师，不断上传商品、研究销售数据是一件枯燥的事情，因此我们可以结合喜欢的商品进行选品。如果我们自己都不喜欢要销售的商品，没有仔细研究的意愿，那么怎么能有不断改进的兴趣，怎么能在买家咨询的时候说服买家购买呢？

4.1.2　预测市场容量

顺势而为更容易获得成功。在确定销售方向之前，我们需要对各个市场都有所了解。Shopee 平台允许内贸卖家首次开通的站点为中国台湾站，允许外贸卖家首次开通的站点为马来西亚站。因此，我们首先需要基于 Shopee 平台的数据了解这两个市场。

根据 Shopee 平台统计，在各个站点中普遍热卖的品类有 3C 电子、女装、母婴、家居用品等。如果我们没有有优势的货源渠道，那么可以在这些热卖的品类中选择合适的商品。

我们可以通过 Shopee 平台的关键字广告查询关键字的搜索量，根据搜索量判断市场需求。以"t-shirt"为例查询 Shopee 平台上关键字的搜索量，如图 4-1 所示。

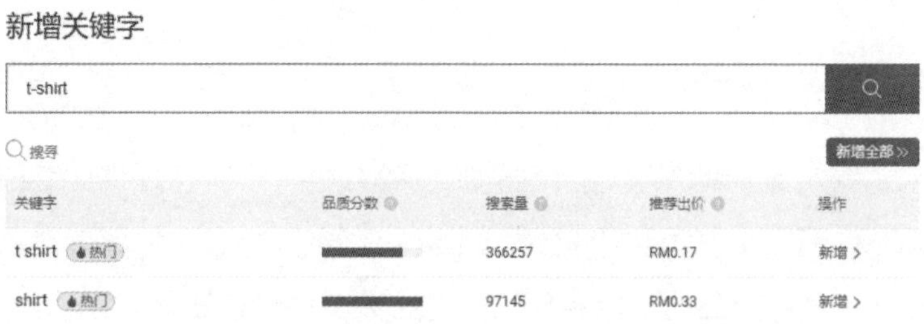

图 4-1

我们还可以通过"Google 关键字规划师"选定语言和定位到的地理位置，输入关键字查询市场份额。如图 4-2 所示，以"t-shirt"为关键字，我们可以查询其在印度尼西亚、泰国等国家的搜索量与占比。

图 4-2

4.1.3　关注商品的竞争程度

虽然热门商品的市场广阔，但是往往也意味着参与者众多。我们要想在"红海"市场中厮杀，不仅需要多方提炼自己的卖点，还需要具备强大的推广运营能力。如果选择了冷门商品，那么我们面临的竞争变小了，但是受众也同样变小了，这就需要我们具备足够的外部推广渠道来增加商品的认知度，难度同样很大。所以，我们对热门和冷门商品的选择都要慎重，合理的选择方法是在热门品类中选择细分类目，选择具备较大覆盖面和较少竞争者的商品。

商品的竞争程度可以从 Shopee 平台的商品搜索结果中查询。在通常情况下，搜索结果越少，竞争越小。我们还需要同时考虑搜索结果中是否有垂直类目比较强势的竞争对手。如图 4-3 所示，搜索"bluetooth earphone"（蓝牙耳机），显示有100 页的搜索结果。

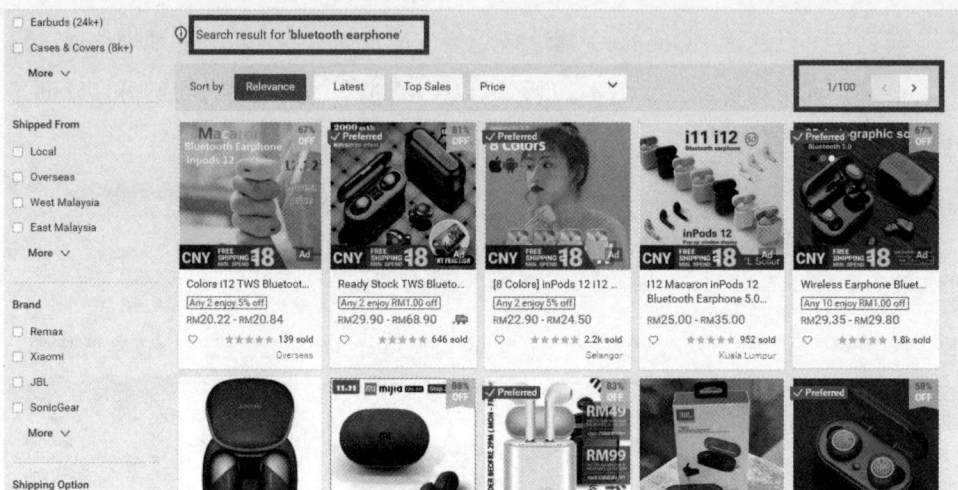

图 4-3

　　另外，我们还可以通过"Google 关键字规划师"查询商品的竞争程度，同时也可以查询相关关键字及竞争程度。与"t-shirt"相关的关键字及竞争程度如图 4-4 所示。

关键字（按相关性排序） ↓	平均每月搜索量	竞争程度
您提供的关键字		
t shirt	12,100	高
关键字提示		
t shirt design	12,100	高
shirt	4,400	高
t shirt printing	4,400	高
polo shirts	2,900	高
off white t shirt	2,400	高

图 4-4

　　在了解了商品的竞争情况后，我们还要确定潜在的竞争对手。我们可以在 Shopee 平台的搜索框中搜索自己的潜在商品，了解销量和评价比较好的卖家，特别是排名第一页的商品卖家，分析竞争对手的粉丝数量、商品类别、标题、描述、促销活动等，以便为选品、定价、活动等做好准备。

4.1.4　确定价格区间

在考虑了市场容量、竞争程度后，我们还要考虑销售商品的价格区间。盲目定高价，可能导致低流量和低转化率，直接后果就是商品卖不出去；盲目定低价，虽然可能具备价格优势，销量较好，但是如果长期亏损那么得不偿失。

在定价之前，我们需要了解所选商品在平台上销量较高的店铺的定价，这是买家普遍比较容易接受的价格。然后，我们需要在此价格区间内结合销售商品可能产生的各项成本确定商品的采购成本，进而确定上架的商品。

如图 4-5 所示，以蓝牙耳机为例，从查询结果中可知，销量较高的商品价格为 20～30 马来西亚林吉特（RM）。

图 4-5

另外，定价也要分层次。有特色的、有独特卖点的、附加值高的商品的定价可能高一些，对普通商品的定价可以参考市场的平均价格。我们还可以用低于市场价的简装版商品进行竞争。

4.1.5　关注周报、网红商品

Shopee 周报是 Shopee 平台对卖家特有的孵化支持，Shopee 平台的客户经理每周都会通过邮件、企业微信、QQ 群等方式向卖家公开各个站点的周报。周报不仅包含站点的市场规范、市场调查、主题活动，还有选品建议、关键字和精品分析等信息，是每周选品的重要参考资料。图 4-6 所示为 Shopee 周报中的关键字 &热门标签。因此，在对选品没有头绪的时候，我们不妨看看 Shopee 周报。

另外，在短视频、分享营销火爆的今天，我们也可以参考当地市场的社交软件、短视频平台选品，例如抖音、Facebook、YouTube、TikTok 等，可以考虑分享次数、浏览量较高的商品。

Shopee
Malaysia

关键字 & 热门标签	
Keyword	热门搜索 关键字
blouse	衬衫
caliburn	Caliburn 电子烟
women's blouse	女装衬衫
vape	电子烟
dress	裙子
sling bag	吊绳包
bag	包
pod	电子烟替芯
shoes	鞋
vape mod	电子烟配件
beyblade	玩具陀螺
power bank	充电宝
sandal	拖鞋
watch	手表
tshirt	T恤
baju kurung	马来西亚传统服装
women's dress	女装裙子
wallet	钱包
women's sling bag	女士吊绳包
tupperware	特百惠塑料制品

图 4-6

4.1.6　寻找优质的供应商

在确定了意向商品后，我们就需要找到供应商进行合作。合作不仅仅局限于商品采购，好的供应商不仅能够提供样品，还能够定制设计和生产，而且优质的供应商在商品质量、响应速度和发货速度上都能给卖家更好的体验。

一些优先选择条件如下：

（1）商品供应商有品牌且能给品牌授权（有品牌海外销售授权更好）。

（2）商品供应商从来没有在跨境电商平台开展营销。

（3）商品供应商能代发货或者至少愿意配合打包发货到国内发货点。

（4）商品可靠，供应商的反应速度快、发货速度快、回头率高。

（5）商品供应商能提供商品图文、视频等资料，甚至商品数据包。

这些条件可以极大地节约卖家的时间，那么这些供应商存在吗？事实上，我们可以综合线上和线下资源来找到这些供应商。

对于供应商，我们既可以从国内找，又可以从国外找，既可以从线上找，又可以从线下找。不过从选择多样和易于沟通的角度来看，从国内线上找的优势更大，也就是说从网上各大采购批发平台寻找。以国内最大的采购批发平台 1688 为例，我们来了解怎么找到优质的供应商。

在 1688 首页中，左侧的菜单是全部商品分类，在顶部的菜单列表上，我们可以看到跨境专供、工业品牌和淘工厂，这三个品类分别对应了能进行跨境发货、具备品牌商标和有生产能力的供应商，如图 4-7 所示。

我们搜索“网红商品”猫爪杯，随便打开一个商品页，可以看到页面中的一些参考元素，如标题上的一件代发、价格下面的最小起订量、物流费用、成交和评价数量、商品规格、库存等商品详情，如图 4-8 所示。

单击“代发”按钮，我们还可以看到供应商的信息，如供应商年限、代发数、代发动销率、回头率等数据。在有些商品的详细信息处，我们还可以看到“跨境专供供应商”标志及“跨境包裹重量”等属性，如图 4-9 所示。

图 4-7

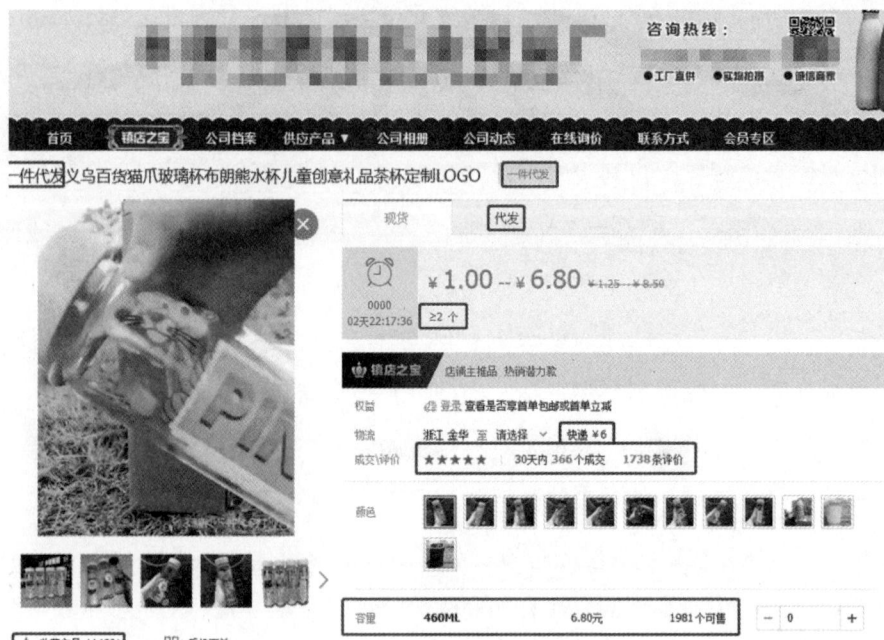

图 4-8

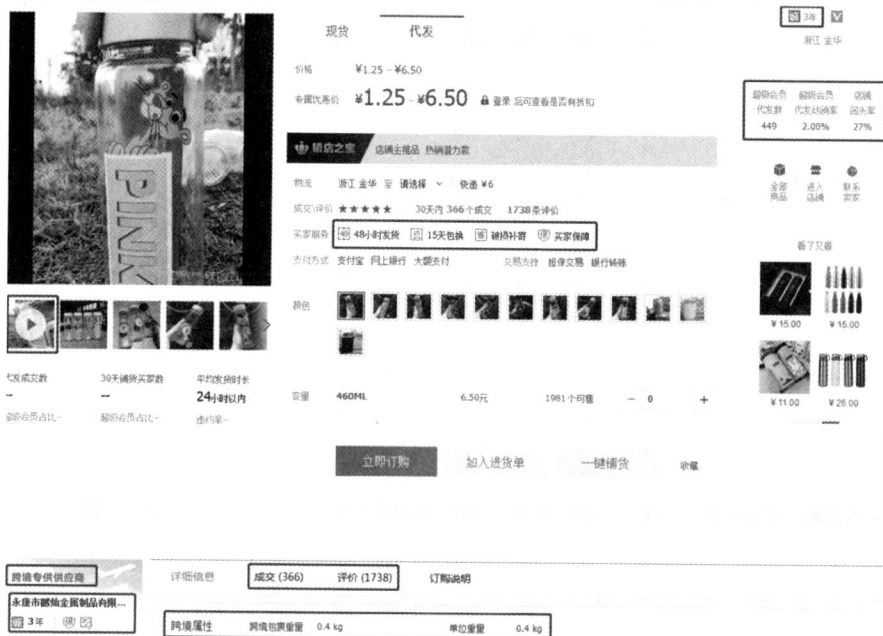

图 4-9

在供应商页面顶部，我们把鼠标指向供应商名称，就会弹出供应商属性，包括保证金金额、保证信息、供应等级、年限、供应能力等，如图 4-10 所示。

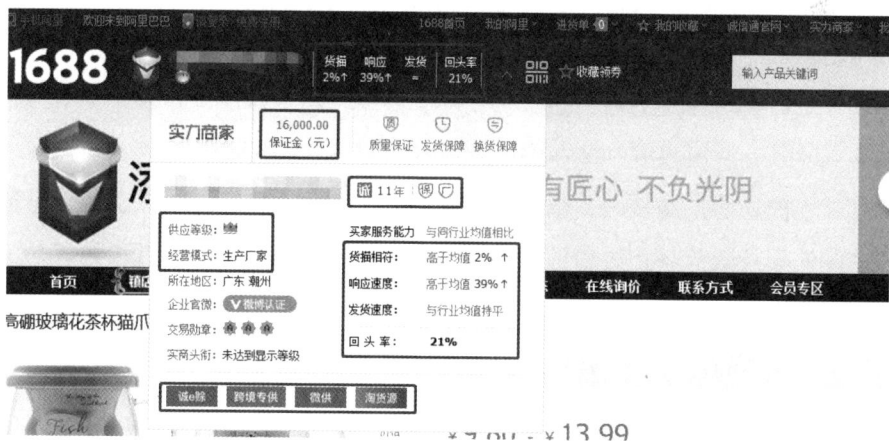

图 4-10

商品和供应商的属性信息对卖家非常重要，下面对属性的意义做一些说明：

（1）一件代发。意味着卖家可以在产生订单后再采购。

（2）48 小时发货。意味着卖家在采购后不需要等待生产。

（3）诚企 11 年。意味着供应商入驻 1688 平台已有 11 年，这个属性对我们了解供应商的可靠性有一定的参考意义。

（4）货描相符。供应商的商品与描述的相符程度，最好高于 3%。

（5）响应速度。供应商回应卖家咨询（如报价、发货情况等）的速度，这个属性值最好高于 18%。

（6）发货速度。供应商的发货速度，这个属性值越高越好。

（7）回头率。越高越好，有一定的参考意义，但日用消耗品的回头率一般都比较高。

（8）跨境专供。意味着供应商支持直接向国外发货。

（9）诚 e 赊。意味着卖家可以赊账进货，通常需要网商贷支持。

通过上述信息，我们基本上就可以选定潜在的供应商了。我们选定的供应商一定是商品质量好、响应速度快、发货效率高，并且愿意与我们配合的供应商。

4.1.7　其他需要注意的地方

如果我们上架了商品，花大力气进行了推广，最后发现因为种种原因不能正常履行订单，就很尴尬了。所以，我们在选品时首先要避开一些坑，下面列举了卖家在选品时需要避免的一些商品品类：

（1）中国法律法规及政策禁止出口的商品，如动植物、文物、影音商品等。中国法律法规及政策禁止进口的商品，如动植物、武器、烟酒、有毒化学品等，具体可查看 2.3.1 节。

（2）所选用的物流不能发货的商品，如超长和超重商品、液体、腐蚀性物品、放射性物品、麻醉品等。

（3）当地法律法规禁止出售的商品。对于食品、药品和化妆品等商品，有些地方的法律规定必须持有当地相关许可证才可以进行销售。例如，在新加坡站，部分商品被要求提供安全认证标准（Safety Mark），对于未能提供安全认证标准的商品禁止在新加坡站继续售卖，Shopee 平台会采取下架该商品的措施。

（4）对于有专利和品牌知名度的商品，特别是大品牌商品，我们应该避免销售。

（5）Shopee 平台各个站点的禁运物品列表中的商品。这些会不定时更新，我们可以向客户经理索取或者关注 Shopee 平台官网的通知。

除了在选品时需要避免的商品，我们还需要综合考虑以下因素：

（1）商品利润率。利润率越高越好，但要考虑同行的竞争情况。

（2）商品的发货速度。发货速度越快越好。

（3）货源的稳定性。货源要稳定且商品能不断升级换代。

（4）运输成本。运输成本越低越好。

（5）商品质量。这个因素是最重要的。

跨境电商"小白"卖家在刚开始做跨境电商运营时是不可能考虑得那么全面的，这需要在实践中不断总结。

4.2　Shopee平台的运费与定价

我们在 Shopee 平台上传商品时，需要确定商品的价格。与国内物流不同的是，跨境物流的运费根据商品的重量而定，存在较大的价格波动。毫不夸张地说，商品的重量多出 10g，运费可能多出 10%。因此，运费在定价中是不可忽视的因素，在定价之前我们需要先了解运输方式和运费。

4.2.1　Shopee 平台的运输方式

Shopee 平台采用的物流方式有自己搭建的 Shopee Logistics Services（SLS）和与第三方合作的 Logistics Worldwide Express（LWE）。Shopee 平台的所有站点均支持 SLS 物流方式，发往中国台湾的物流方式还支持圆通和顺丰，并且配送方式分为宅配和店配。宅配是由顺丰和黑猫宅急便来完成的，有两次免费配送，而店配是由全家便利店和 711 完成的，买家通过短信取件码到店取件。Shopee 平台各个站点的物流方式见表 4-1。

表 4-1

站点	物流方式	是否开通货到付款（COD）
中国台湾站	SLS/圆通/顺丰	是
印度尼西亚站		是
新加坡站	SLS/LWE	否
马来西亚站		否
泰国站		是
菲律宾站	SLS	是
越南站		是

发往印度尼西亚、新加坡、马来西亚、泰国的商品除了支持 SLS 物流方式，还支持 LWE 物流方式。另外，印度尼西亚、菲律宾等国家的线上支付普及度较低，Shopee 平台也支持当地买家使用货到付款的方式，支持货到付款的站点如表 4-1 所示。Shopee 平台默认给所有卖家开通 SLS 物流方式，卖家只需在添加商品时开启 Standard Express 即可，Shopee 平台会在订单状态完成的打款里扣除 SLS 物流费用后与卖家结算。如果卖家使用 LWE/顺丰等第三方物流方式，那么需要自行在第三方物流平台开户，在订单出货后填写物流单号，直接与物流提供商结算物流费用。

货到付款方式的开启可在"我的卖场"→"物流中心"页面中设置，图 4-11 所示为中国台湾站的后台。

图 4-11

4.2.2　基于 SLS 物流方式的运费总额计算

Shopee 平台的运费与站点、运输方式、地区、重量相关，表 4-2 展示了 2019 年 11 月 12 日起 Shopee 平台最新的运费标准。Shopee 平台一直在不断改进物流运输效率，降低运费。因此，各个站点的运费标准会不定时改动，我们要注意定期关注 Shopee 官网政策栏目中的各项通知。

表 4-2

站点	物流方式		时效	卖家支付运费（按照包裹实际重量）					买家支付运费（按照设定商品重量）		币种
				起重（kg）	起重价格	续重（kg）	续重价格	超出 1kg	固定费用	附加费	
马来西亚站	SLS	A 区	5～15 天	0.01	4.15	0.01	0.15	—	3.5	—	RM
		B 区		0.01	4.95	0.01	0.15	附加 RM1.5/0.25kg	4	超出 1kg，附加 RM1.5/0.25kg	
		C 区		0.01	4.95	0.01	0.15		4		
	LWE	西马		0.1	12.5	—	—	—	—	—	RMB
		东马		0.1	18.4	—	—	—	—	—	
印度尼西亚站	SLS	A 区	5～15 天	0.01	11200	0.01	1200	—	10000	—	IDR
		B 区		0.01	21200	0.01	1200	—	20000	—	
		C 区		0.01	41200	0.01	1200	—	40000	—	
	LWE	A 区		0.1	9.88	—	—	—	—	—	RMB
		B 区		0.1	17.6	—	—	—	—	—	
		C 区		0.1	31.6	—	—	—	—	—	
泰国站	SLS Standard Express（SLS 标准物流方式）	A 区	5～15 天	0.01	32	0.01	2	—	30	—	THB
		B 区		0.01	32	0.01	2	—	30	—	
		C 区		0.01	232	0.01	2	—	230	—	
	SLS Premium Express（SLS 高级运输方式）	A 区	5～8 天	0.01	92	0.01	2	—	—	—	THB
		B 区		0.01	102	0.01	2	—	—	—	
	LWE	曼谷地区	5～12 天	0.1	18.7	—	—	—	—	—	RMB
		非曼谷地区		0.1	23	—	—	—	—	—	

续表

站点	物流方式		时效	卖家支付运费（按照包裹实际重量）					买家支付运费（按照设定商品重量）		币种
				起重（kg）	起重价格	续重（kg）	续重价格	超出 1kg	固定费用	附加费	
新加坡站	SLS/Standard Express		5~8天	0.05	1.6	0.01	0.11	附加 0.08SGD /0.01kg	1	—	SGD
	SLS Standard Economy（SLS 经济运输方式）		8~15天	0.05	0.6	0.01	0.11		0	—	
	LWE		5~10天	0.1	19	—	—	—	—	—	RMB
中国台湾站	SLS/圆通	普货（宅配）	4~8天	0.5	85	0.5	30	—	70	—	NTD
		普货（店配）		0.5	75	0.5	30	—	60	—	
		特货（宅配）		0.5	105	0.5	40	—	70	—	
		特货（店配）		0.5	95	0.5	40	—	60	—	
	顺丰	宅配	4~8天	1	32	1	22	—	—	—	RMB
菲律宾站	SLS	A 区	5~15天	0.05	73	0.01	4.5	—	50	—	PHP
		B 区		0.05	73	0.01	4.5	—	50	—	
		C 区		0.05	123	0.01	4.5	—	100	—	
越南站	SLS	A1 区	8~12天	0.01	10900	0.01	900	—	10000	—	VND
		A2 区		0.01	22900	0.01	900	—	22000	—	
		B1 区		0.01	20900	0.01	900	—	30000	—	
		B2 区		0.01	35900	0.01	900	—	35000	—	

由表 4-2 可知，有些地区分为 A、B、C 区，这主要是根据区域离仓库的远近程度、当地物流的普及程度及派送难度来确定费用的，不同站点的起重、续重价格以及买家所需支付的运费都略有不同。

运费总额=实际运费（Shopee 代付）-买家支付的运费。如图 4-12 所示，实际运费（Shopee 代付）为 6.35RM，买家支付 3.5RM，卖家最终支付运费 2.85RM。实际运费（Shopee 代付）=起重价格+（重量-起重）/续重×续重价格+超出 1kg 的附加费。

实际运费（Shopee 代付）是指从 Shopee 平台转运仓运送到买家手里的费用，在订单完成后平台统一与卖家结算。

图 4-12

以马来西亚站为例，商品以 SLS 物流方式发往马来西亚的 A、B、C 三个区。假设 500g 的商品以 SLS 物流方式发往马来西亚 A 区，则实际运费（Shopee 代付）为 4.15+（0.5-0.01）/0.01×0.15=11.5RM，卖家最终支付的运费总额=11.5-3.5=8RM。

自 2019 年 5 月 15 日起，SLS 物流方式对单边长度大于 40cm 的包裹采用实际计重和体积计重相结合的计重方式，用实际重量和体积重量两者中较重的重量进行运费计算。

体积重量=长×宽×高/9000（计重单位为千克）

需要注意的是，采用 SLS 物流方式发货的商品重量不能超过 25kg。另外，在表 4-2 中可以看出，除了马来西亚站，其他站点的买家只需要支付较低的固定运费，并且如果卖家在"我的行销中心"页面中设置运费促销，买家就可能不支付或者少支付这部分运费，如图 4-13 所示。

如图 4-14 所示，当买家所购商品的价格达到免运费要求时，买家所需支付的运费可以被免除，由卖家承担全部运费，或者当买家购买的商品金额达到 Shopee 平台的免邮额度时，买家所需支付的运费也是可以被免除的，此时买家应付的运费由 Shopee 平台承担。因此，为了保证所销售商品的利润，我们要精准地知道商品被包装后的重量，要注意在保证商品可以完好运输的情况下尽量降低包装重量。

图 4-13

图 4-14

最后，从降低物流成本的角度考虑，我们还应该考虑包裹重量，可以采取优化商品、简化包装等方式降低包裹重量。

4.2.3 基于 SLS 物流方式的商品售价计算

在知道了运费后，制定商品销售价格就比较简单了。在定价之前，我们还需要考虑以下几个因素：

（1）平台的佣金和交易服务费。这些内容在 1.2.2 节已经介绍了。

（2）采购的商品成本。

（3）国内物流段成本（发货至 Shopee 平台仓库的费用）、货代（货运代理的简称）服务费。商品从发货地到 Shopee 平台仓库的运费由卖家承担。如果是自有货源，自己贴面单，那么卖家需要支付从发货地到 Shopee 平台仓库的运费。如果是在 1688 上采购，由货代公司代贴面单，代送至 Shopee 平台仓库，那么卖家需要支付运费再加上服务费。

（4）想要赚取的毛利润。

（5）汇率损失。订单收入会转换成美元汇入各个收款平台，在转为人民币时汇率以银行实时汇率为准，在不同的时间点提取到账户可能会有一定的汇率损失。

（6）提现手续费。目前，Shopee 平台与 Payoneer、PingPong、连连支付 3 家跨境支付平台合作。每个平台都会收取一定的提现手续费，如图 4-15 所示。

图 4-15

（7）退货损失。在商品运达后，可能因买家不满意、商品损坏等原因，造成退货或退款。如果是卖家原因造成的退货和退款，商品运回的费用由卖家承担。

（8）推广费用。如果我们要投放关键字广告推广商品，就需要考虑这个方面的成本。

因此，商品售价=商品采购成本+预期毛利润+国内运费+佣金+交易服务费+汇率损失+提现手续费+其他成本+SLS 运费总额。

其中，佣金、交易服务费是固定的，交易服务费根据买家的实付金额（包含运费）收取，佣金的收取基数不包含运费。国内运费需要由卖家与物流公司协商，一般为 5～10 元人民币。如果卖家从淘宝店铺购买商品，淘宝卖家一般是包邮的，就可以省去这部分运费。

如果卖家想要参加折扣活动，那么商品售价需要再除以折扣比例。

在 Shopee 平台中，卖家在商品定价时，将实际运费减去买家支付的运费后剩下的费用部分藏入商品价格，称为"藏价"。

4.3　商品编辑要点

与大多数电商平台一样，为了保证买家的购物体验，Shopee 平台在商品编辑上对标题、图片、详情描述、属性等也有一定的要求。我们遵循平台的要求编辑商品，可以使店铺浏览起来整洁、规范，有利于保证买家良好的购物体验，能够提高转化率。

4.3.1　标题

优秀的商品标题一般包括品牌词、商品关键字、商品属性词、商品特点或卖点等，如图 4-16 所示。

图 4-16

首先，如果商品有品牌，那么我们最好在标题前加上品牌名，如果商品没有品牌，那么不能滥用其他厂家的品牌词。其次，在选品阶段我们已经掌握了关键字的搜索方式，在上架新商品前，我们可以先通过选品工具和 Shopee 周报等方式搜索当地平台当下的热搜关键字，将与商品相关的热搜关键字加入标题中，然后再加上适当的属性词，如长度、颜色、材质等，最后再加上商品特点或卖点等词语，如免运费、新品等。把搜索量大的关键字放到前面有助于提高商品排名。

另外，商品标题单词的首字母最好用大写，这样看起来更加规范。我们要注意字数限制，不同的站点有不同的字数要求。我们也要考虑手机端的显示问题，所以标题不宜过长。商品标题一旦确定，就不宜频繁改动，如果确实需要改动，那么可以轻微地改动内容，改动频率不可以太高，而且最好在流量较小的时候修改，以减少修改标题对排名的影响。

4.3.2　图片和视频

Shopee 平台支持最多上传 9 张商品图片，支持商品属性图的上传。我们建议使用高品质的图像作为封面主图，最好是白色背景的、商品覆盖图像 60% 以上、分辨率不低于 800px×800px、大小不超过 2MB、格式为 JPG/PNG/JPEG 的图片。

第一张图片即主图，是最重要的图片，优秀的主图可以吸引更多的买家点击。对于上传的主图，我们需要注意以下几个方面：迎合当地买家喜好，涵盖尽量多的关键的商品信息（如活动促销信息、赠品信息、商品特征等）；如果商品有多种颜色或者款式，那么可以采用拼图形式。

我们最好把 9 张图片都上传，包括商品细节图（材质、大小对比图等）、使用人群/场景图等，并添加商品展示视频。

Shopee 平台的商品展示视频，目前只能用 Shopee App 上传。在 Shopee App 的卖家端单击右下角"我的"→"我的商店"选项，找到所需添加视频的商品，单击右上角的"…"按钮，选择"修改商品"选项，便可以在修改商品页面中添加视频，在添加视频后提交即可，如图 4-17 所示。我们添加的视频要与商品相关，建议控制在 1 分钟内，视频文件不宜过大。

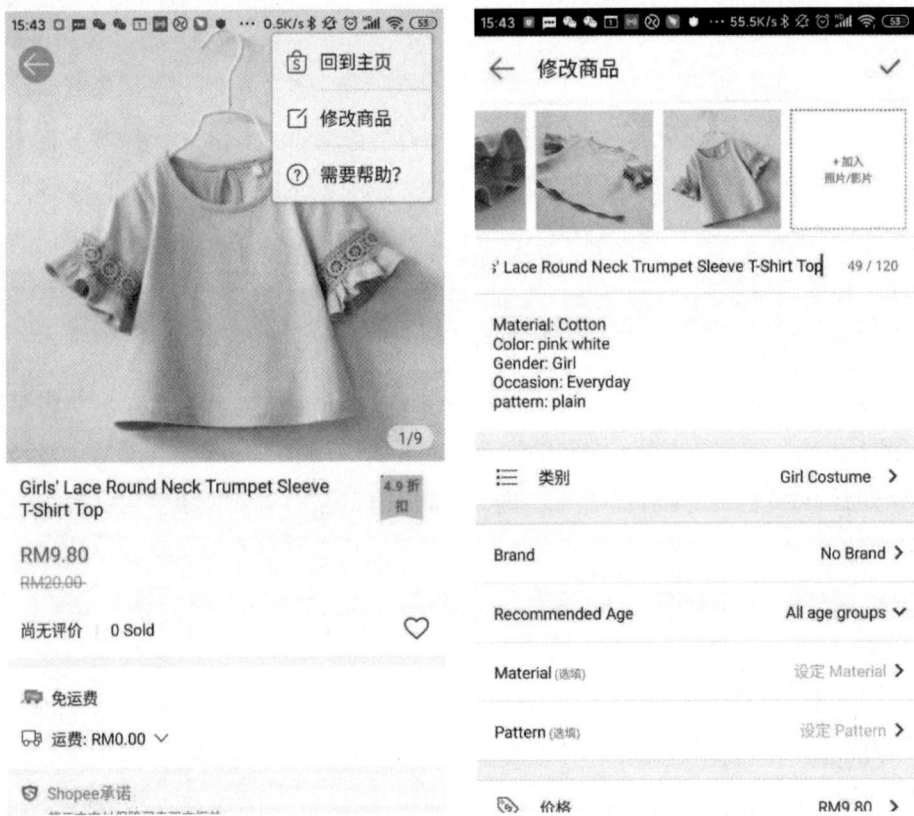

图 4-17

4.3.3　商品详情描述

商品详情描述可以方便买家进一步了解商品。对于商品详情描述的字符数，不同的站点有不同的限制。例如，在马来西亚站，我们最多只能填写 7000 个字符的商品详情描述。商品详情描述的内容可以是商品尺寸、材质、尺码、使用场景、使用注意事项、作用等可以引起买家更多兴趣的内容，语句要简短，长度要适中。我们可以添加一些小图案，以增加阅读的趣味性，这样也更吸引买家的眼球。优秀的商品详情描述如图 4-18 所示。

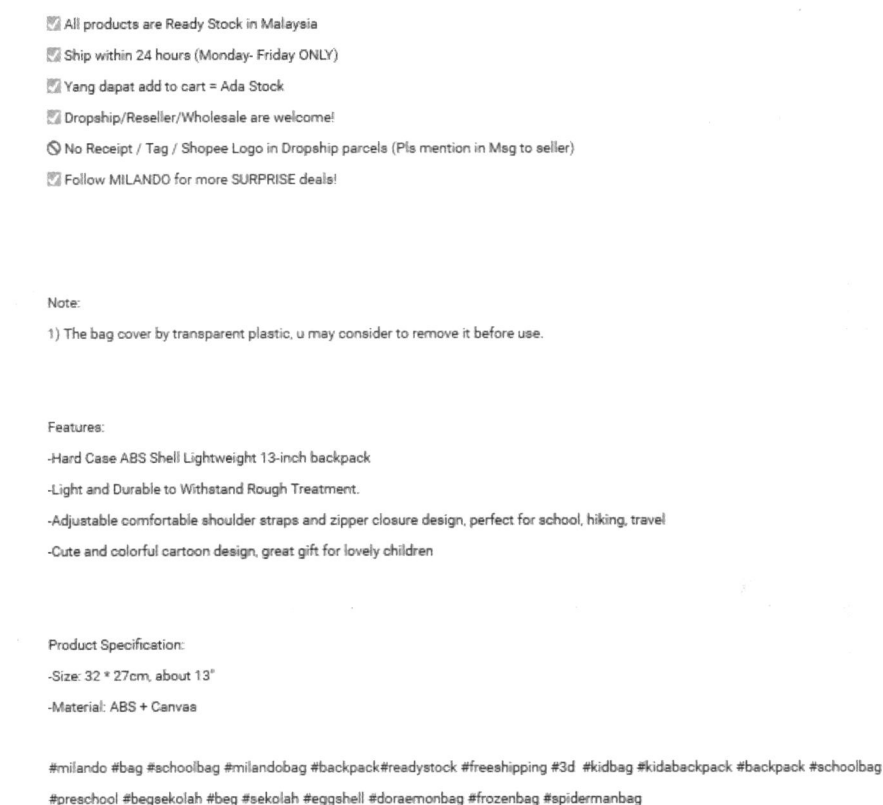

☑ All products are Ready Stock in Malaysia

☑ Ship within 24 hours (Monday- Friday ONLY)

☑ Yang dapat add to cart = Ada Stock

☑ Dropship/Reseller/Wholesale are welcome!

🚫 No Receipt / Tag / Shopee Logo in Dropship parcels (Pls mention in Msg to seller)

☑ Follow MILANDO for more SURPRISE deals!

Note:

1) The bag cover by transparent plastic, u may consider to remove it before use.

Features:

-Hard Case ABS Shell Lightweight 13-inch backpack

-Light and Durable to Withstand Rough Treatment.

-Adjustable comfortable shoulder straps and zipper closure design, perfect for school, hiking, travel

-Cute and colorful cartoon design, great gift for lovely children

Product Specification:

-Size: 32 * 27cm, about 13"

-Material: ABS + Canvas

#milando #bag #schoolbag #milandobag #backpack#readystock #freeshipping #3d #kidbag #kidabackpack #backpack #schoolbag #preschool #begsekolah #beg #sekolah #eggshell #doraemonbag #frozenbag #spidermanbag

图 4-18

4.3.4　标签

Shopee 平台在商品详情描述中支持标签的使用，我们可以用"#关键字"添加标签，标签有助于买家找到自己想要购买的商品，增加了商品的曝光率。"关键字"可以是自身的品牌词、搜索量较多的与商品相关的关键字。我们可以参考 Shopee 周报选择关键字。标签如图 4-19 所示。

Product Specification:

-Size: 32 * 27cm, about 13"

-Material: ABS + Canvas

#milando #bag #schoolbag #milandobag #backpack#readystock #freeshipping #3d #kidbag #kidabackpack #backpack #schoolbag #preschool #begsekolah #beg #sekolah #eggshell #doraemonbag #frozenbag #spidermanbag

图 4-19

4.3.5　商品定价分布

我们除了可以依据 4.2.3 节介绍的基于 SLS 物流方式设定商品售价，还需要考虑平台上与我们销售的商品类似或者一样的商品的价格，相似商品的价格可以通过每个商品详情页中"相似商品"查看，如图 4-20 所示。

图 4-20

我们也可以通过 Shopee App 上传商品照片搜索同类商品的价格（如图 4-21 所示）或者通过搜索商品的关键字来对比同类商品的价格。

根据对比结果，我们要对所销售的商品的市场价格定位有基础的认知，然后根据自身实际情况将商品分为低价爆款、平价、高价三种类型。我们要把低价爆款商品的价格尽量设为平台的最低价，以便吸引买家进店，提升自己店铺的整体订单量；我们要把平价商品的价格设为平台的平均价；我们要让高价商品获得更多的利润，同时需要注意保证商品质量。

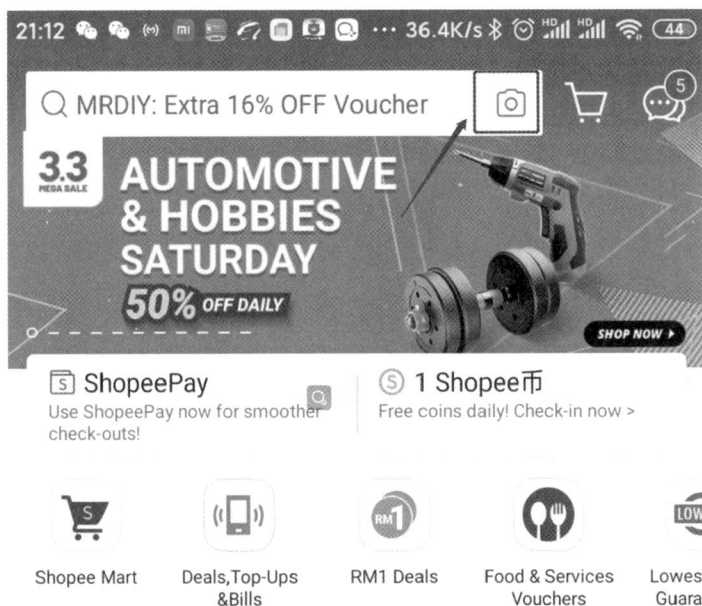

图 4-21

　　如果我们要把商品定为高价商品，那么需要有定高价的理由，如独特性、品牌优势、性能优势、功能等，假设在全平台上只有我们一家店铺在销售某个独家必需品，那么我们对定价就具有主动权。

4.3.6　物流选择

　　在编辑商品时，我们还需要选择物流方式，在表 4-2 中已经列出了各个站点的物流方式。我们编辑的物流方式就是买家在购买商品时可以选择的物流方式，通常可以设置 SLS 和 LEW 两种物流方式供买家选择。如果我们为商品设置了运费促销，那么只有 SLS 一种选择。

　　Shopee 平台默认给卖家开通了 SLS 深圳仓，如果卖家要使用义乌、上海、泉州等仓库，那么需要申请换仓，在换仓后才可以将货物送到义乌、上海、泉州等仓库。申请换仓的方式可参照《Shopee 物流指导手册》或者询问 Shopee 平台的客户经理。

　　为了保证出货速度，降低逾期出货率，我们可以选择离爆款商品发货地最近的仓库。

4.4 商店分类

商店分类是一项重要的基础运营操作。清晰的分类不仅有助于我们合理地整理商品，也有利于买家找到符合自己心意的商品。另外，如果我们能够设置有吸引力、有特色的分类，就能有效地提高转化率。

4.4.1 商店分类设置

在 Shopee 后台的左侧菜单中单击"商店分类"选项，可以打开商店分类设置页面。在商店分类设置页面中，我们可以看到商店分类，商店分类支持商品名称搜索，属性分为自定分类、自动分类和 Shopee 分类，其中自定分类最多可以设置 50 个，自动分类则是根据上架时间、促销活动等进行的分类，Shopee 分类是卖家在上架商品时选择的分类。

Shopee 平台会将新上架的商品和热卖的商品进行自动分类，我们可以删除不需要的自定分类，单击图 4-22 中 1 所示的垃圾箱按钮便可删除自定分类，但是不

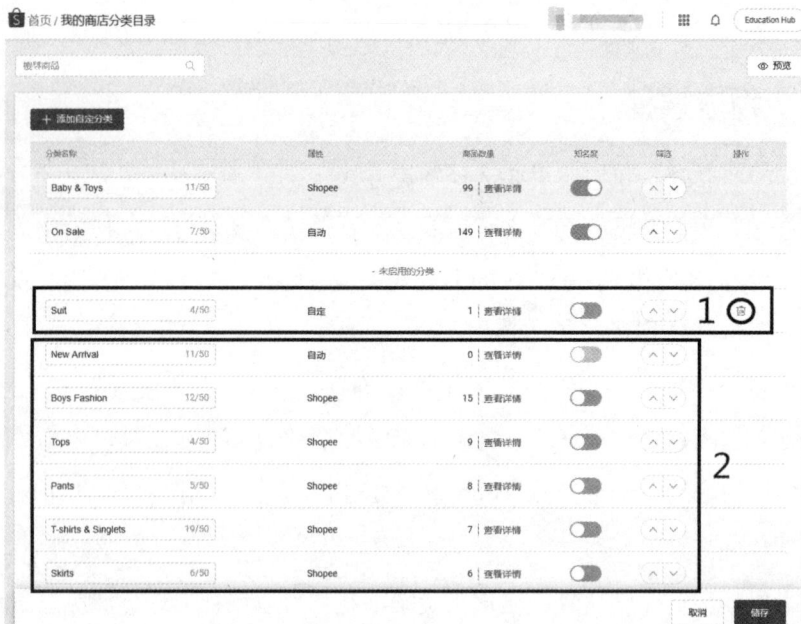

图 4-22

可以删除自动分类和 Shopee 分类。如图 4-22 中 2 所示，自动分类和 Shopee 分类的后面不显示垃圾箱按钮，不可被删除。我们可以不启用自动分类，从而控制商店分类在店铺中的显示。

我们在添加自定分类时，只需要单击左上方的"+添加自定分类"按钮，就可以添加新分类，分类名称最多为 50 个字符，且不可重复。

如果我们多次单击"+添加自定分类"按钮，那么可以同时添加多个自定分类，如图 4-23 所示。

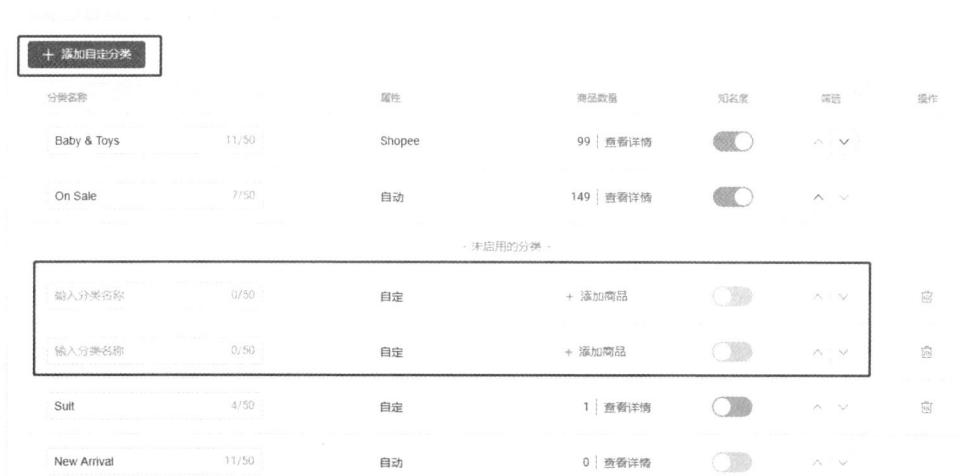

图 4-23

在添加自定分类时输入分类名称，然后单击右侧的"+添加商品"按钮，即可在分类时添加商品，如图 4-24 所示。我们可以选定多个商品进行添加，也可以通过搜索商品名称或 ID 来添加商品，单个分类最多可以添加 2500 个商品。

我们可以通过分类名称后显示的商品数量和"查看详情"链接查看商店分类下的商品，其中自定分类还可以直接通过"查看详情"链接来添加商品，如图 4-25 所示，我们也可以单击"删除"按钮删除分类中不需要的商品。

自动分类和 Shopee 分类的"查看详情"链接仅可用于查看商品，不能进行添加和删除操作。

图 4-24

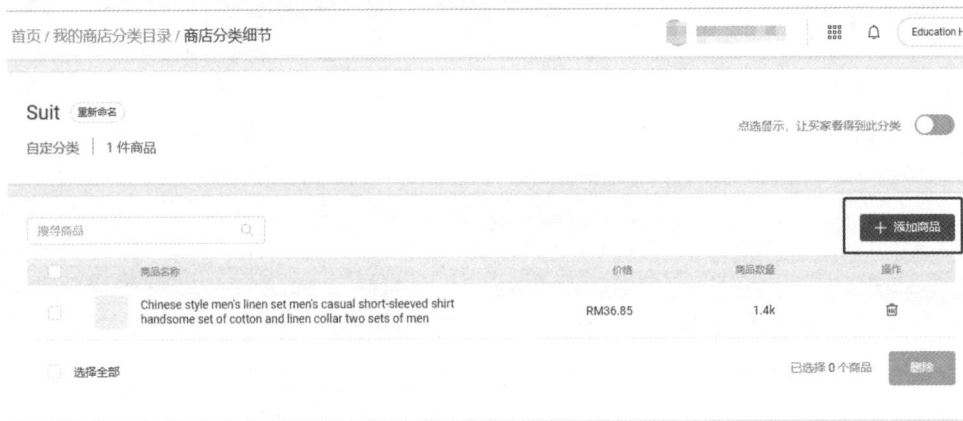

图 4-25

在商品添加完成后,可能会延迟 30 秒才生效。在分类名称和商品添加完成后,单击"储存"按钮,即可储存分类及商品。系统默认储存的分类状态是关闭的,我们可以先单击"启用"按钮再储存。

在分类设置储存后,我们可以在前台预览分类显示状态。Shopee 平台的前台能够显示卖家设置的四个分类,如果多于四个分类那么会折叠显示,我们可以单击"更多"右侧的下拉菜单显示更多分类，如图 4-26 所示。

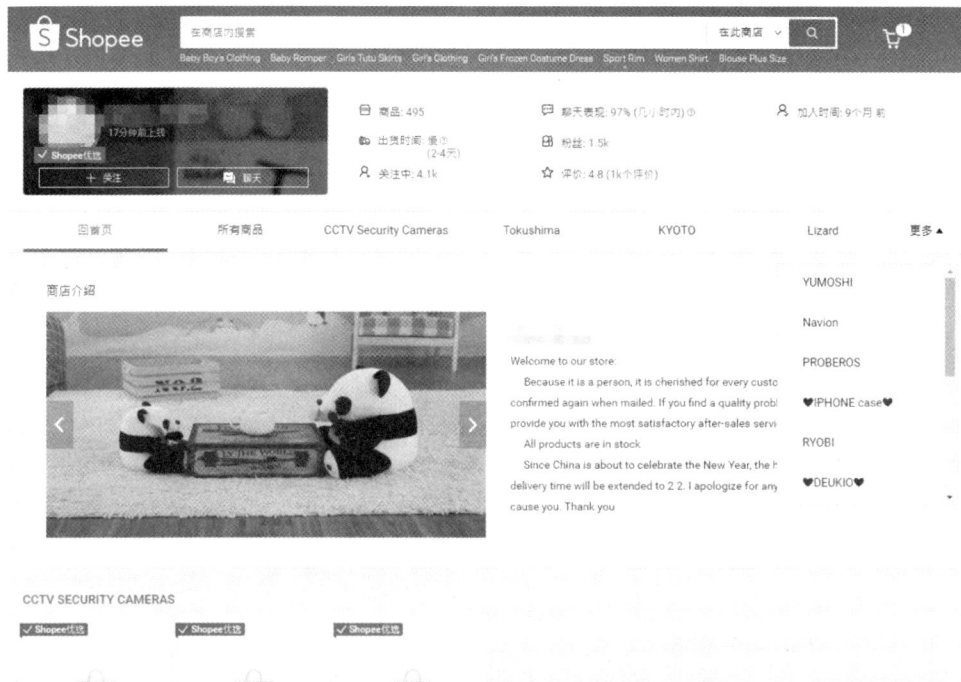

图 4-26

4.4.2　商店分类的原则

商店分类需要遵循以下基本原则：

（1）分类要清晰、合理，同类商品或者同类活动可以设为同一个分类。

（2）优势商品靠前，低分商品不放入置顶分类。

（3）新品往往没有评价，可以单独分为新品专区。

（4）置顶展示的空间风格统一，商品不重复。

（5）商店分类的风格有自身特色，可以用小图标美化分类。

（6）分类能够方便卖家管理商品，也便于买家查找商品。

图 4-27 所示为母婴和家居行业的商店分类示例。

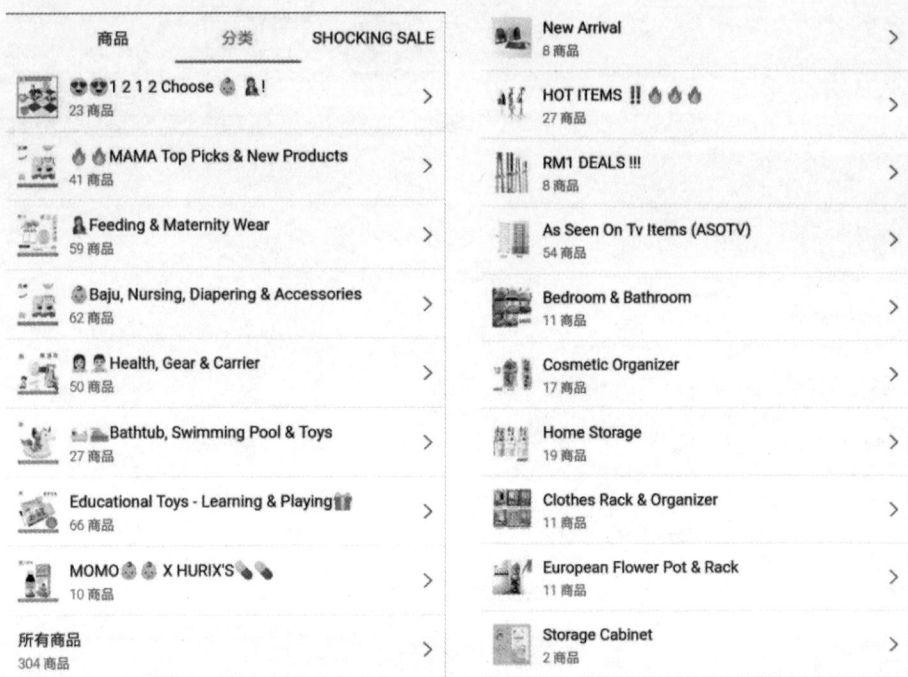

图 4-27

商店分类除了需要遵循基本原则，还需要根据商店的性质来确定。

百货型店铺可以适当设置节日、超低价、促销、清仓、套装、买送、包邮等专区分类，而品牌型店铺则可以设置新品专区、粉丝专区、限时优惠、节日促销等分类，特别是参加平台秒杀活动的条件限制比较多，设置店铺的限时优惠活动分类，既可以起到促销作用，又能使品牌价值不因促销而下降。

新店铺可以置顶超低价专区分类来吸引买家，这在店铺的起步阶段有助于累积订单；如果老店铺有平台最低价的标签商品，那么可以专门分类置顶，以显示店铺的价格优势。

4.5　商品批量上传与更新

在 Shopee 平台运营时，我们可能会有批量上传、批量更新价格和库存等需求。Shopee 平台提供了批量工具，包括批量上传、批量更新等。

4.5.1　商品批量上传

如果我们需要上传大量的商品，那么可能需要使用批量上传工具。Shopee 后台即可支持批量上传，单击"我的商品"→"批量工具"右侧的下拉菜单，选择"批量上传"选项，如图 4-28 所示。

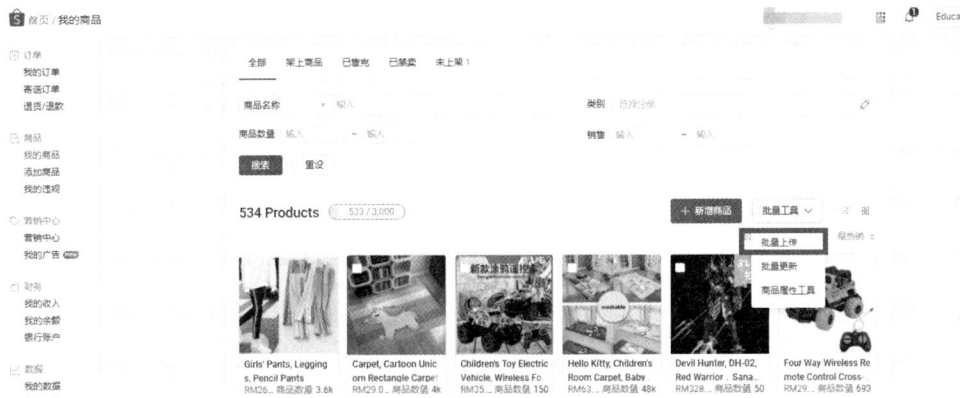

图 4-28

在打开批量上传工具后，我们可以看到，Shopee 平台提供了上传范本、用户手册和分类列表，如图 4-29 所示，其中用户手册是英文版的，我们可以不用看，直接下载上传范本，并打开分类列表。

图 4-29

下载的上传范本在解压后是一个支持宏验证的 XLSM 格式的表格，我们需要在电脑上安装 Microsoft Excel 2007 以上版本才能使用。表格字段分为基本信息、变体信息和图片信息，如图 4-30 所示。

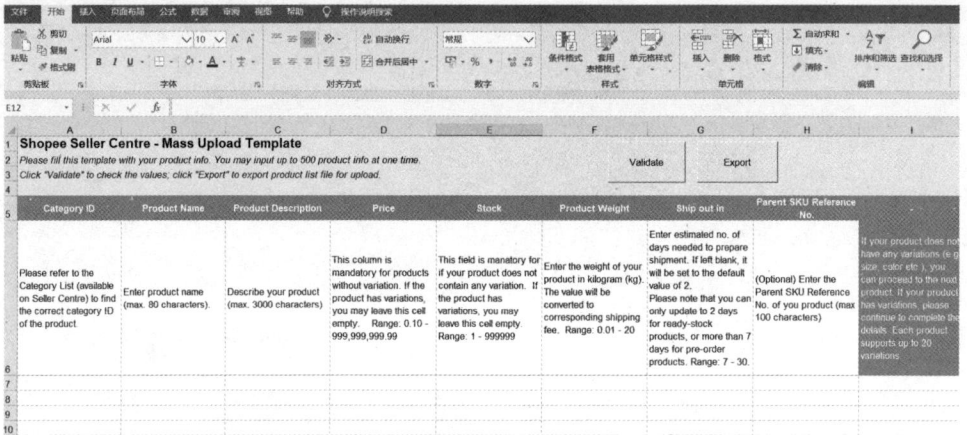

（1）

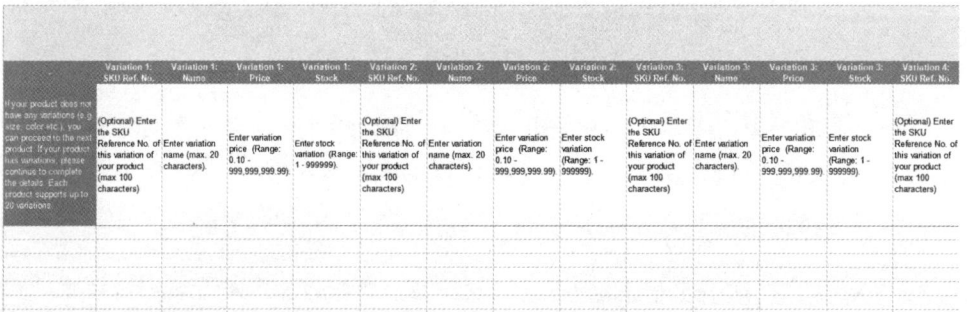

（2）

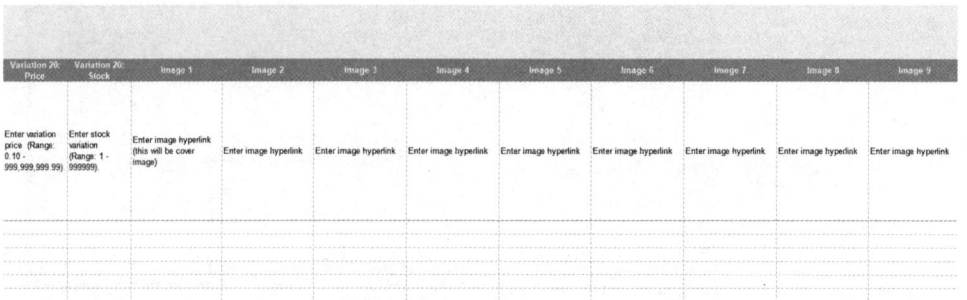

（3）

图 4-30

在这个表格里，首列是 Category ID（分类 ID），打开图 4-29 所示的"分类列表"页面，找到所需上传的商店分类，把对应的代码填入该列。

从 B 列到 H 列分别是 Product Name（商品名称）、Product Description（商品描述）、Price（价格）、Stock（库存）、Product Weight（商品重量）、Ship out in（发货期）和 SKU。

之后的 Variation 列为变体列，分别是 Variantion SKU（变体 SKU）、Variantion Name（变体名称）、Variantion Price（变体价格）和 Variantion Stock（变体库存），最多不超过 20 个变体。

再往后是图片列（Image 1～Image 9），在图片列中需填入图片地址，最多可以添加 9 张图片。

在依次填入以上信息后，单击表格上方的"Validate"（验证）按钮验证表格，如果填写有错就会提示错误，如果没有提示错误，就可以单击"Export"（导出）按钮导出为批量上传表。

导出的批量上传表是一个 XLSX 格式的 Excel 表格，这个表格可以在 Shopee 后台的批量上传工具中直接上传。

需要注意的是，导出的表格并不包括商品属性字段和运输字段，因此编辑批量上传表并上传后还需要几个步骤来补充商品信息。

第一步：编辑商品资讯（如图 4-31 所示）。在批量上传商品资料后，页面如图 4-31 所示。我们需要再次审核数据，在确认上传信息无误后单击"储存全部"按钮。

第二步：上传照片（如图 4-32 所示）。因为在批量上传表中已经添加了图片地址，所以这一步并不需要上传图片，只需要等待图片同步到 Shopee 平台。如果商品的数量较多，那么图片同步可能需要较长时间，如果长时间没有反应，那么可以刷新页面。

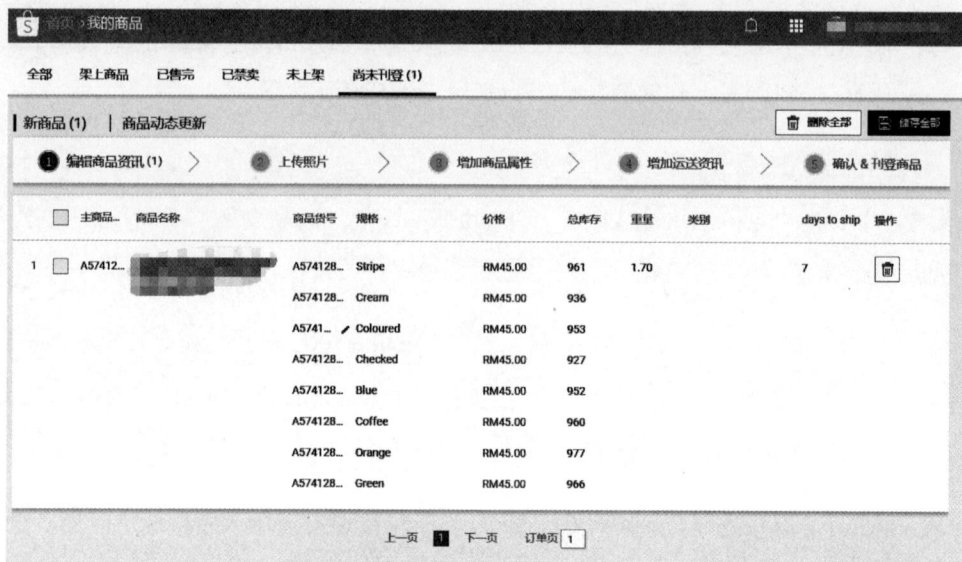

图 4-31

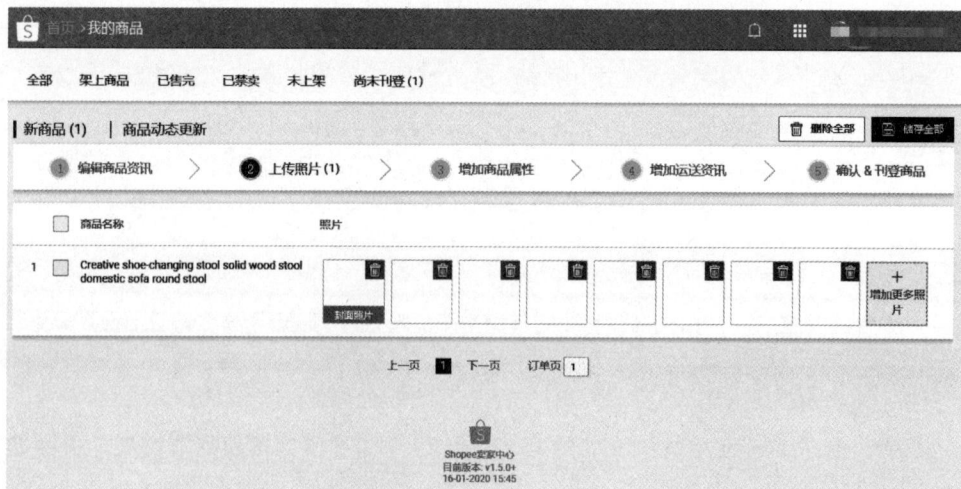

图 4-32

第三步：增加商品属性（如图 4-33 所示）。在 Shopee 平台同步完图片后，我们需要增加商品属性，需要设定商品的 Brand（品牌）、Material（材质）、Function（功能）、Shape（形状）等。具体的属性根据商品的类别不同而有所不同。对于同类商品来说，属性全部一样，我们可以套用同样的商品属性。

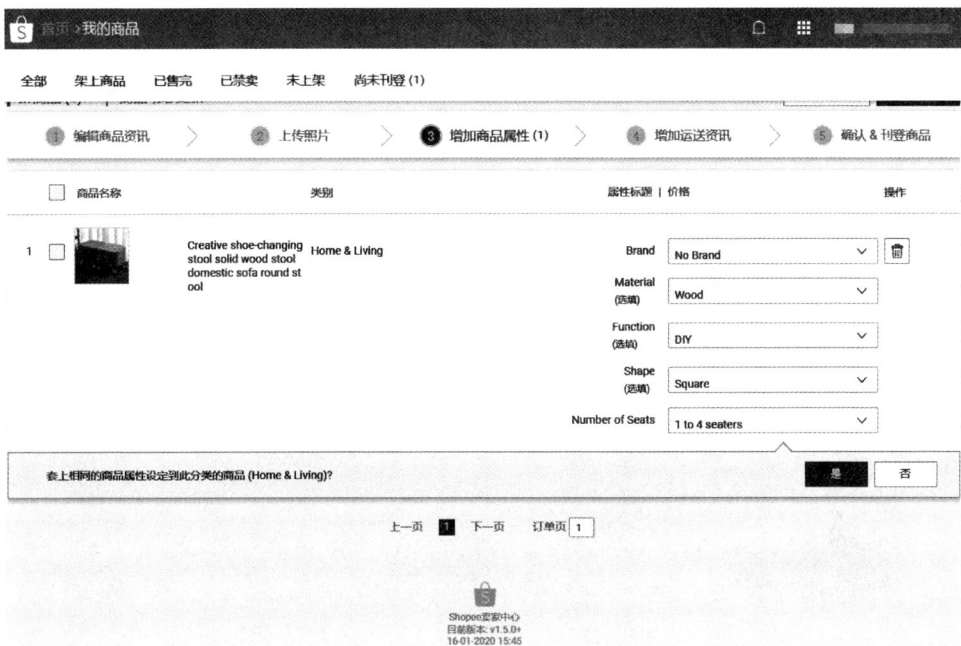

图 4-33

第四步：增加运输资讯（如图 4-34 所示）。系统默认开通的是"SHOPEE 支援物流"，即 SLS 物流方式，并显示买家所需支付的运费，在确认无误后单击"储存全部"按钮。

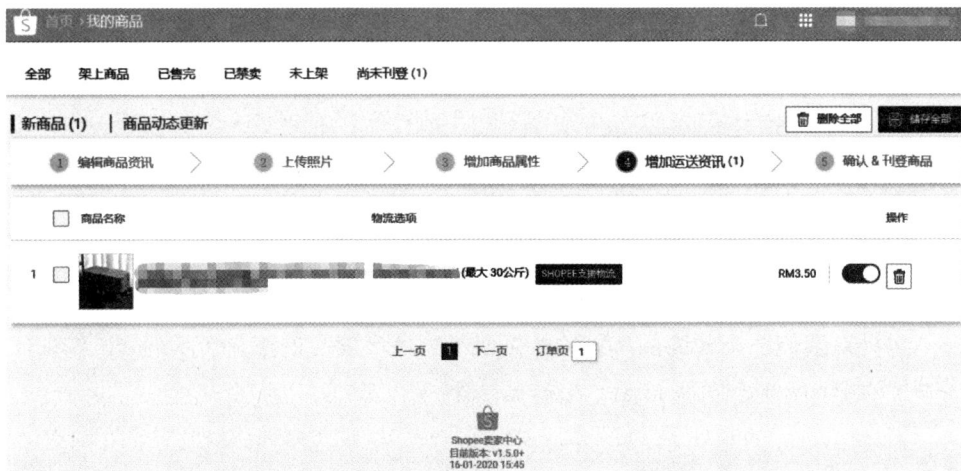

图 4-34

第五步：确认&刊登商品（如图 4-35 所示）。在这一步中，我们需要确认上传的商品信息，包括商品货号、规格、价格、总库存、重量、运费、类别等。如果上传的商品信息有问题，那么单击右侧的编辑按钮可以继续编辑商品信息，如果上传的商品信息没有问题，那么单击"全部刊登"按钮，商品就会刊登到 Shopee 平台上。

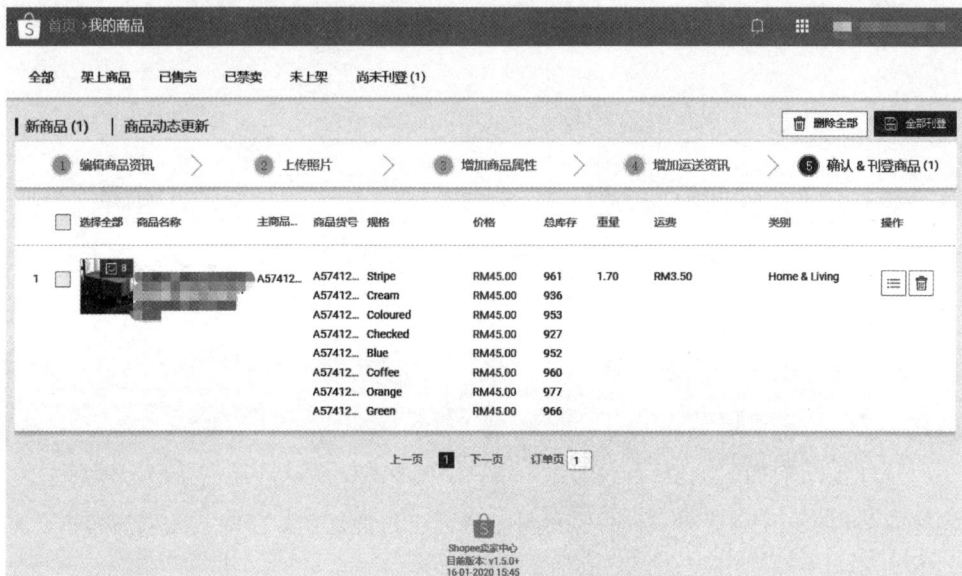

图 4-35

在批量上传商品信息时，有些新卖家会忘记导出批量上传表，直接上传了 XLSM 文件。这会导致无法上传或者上传失败，所以在完成表格验证后必须单击表格中的"Export"按钮导出批量上传表后才能上传商品信息。

目前，Shopee 平台的批量上传表不支持属性图和尺码表的上传，这些信息需要我们在商品详情页面内逐个添加。

另外，我们在上传商品信息的时候要考虑各个站点的用户活跃时间，例如印度尼西亚站的用户活跃时间是当地时间的 11—13 点。

4.5.2　商品批量更新

批量工具也支持生成批量修改基本资料、销售资料和运送资料等模板，通过这些模板，我们可以批量编辑商品信息、价格、库存及配送信息。同样，单击"我的商品"→"批量工具"右侧的下拉菜单，选择"批量更新"选项，如图 4-36 所示。

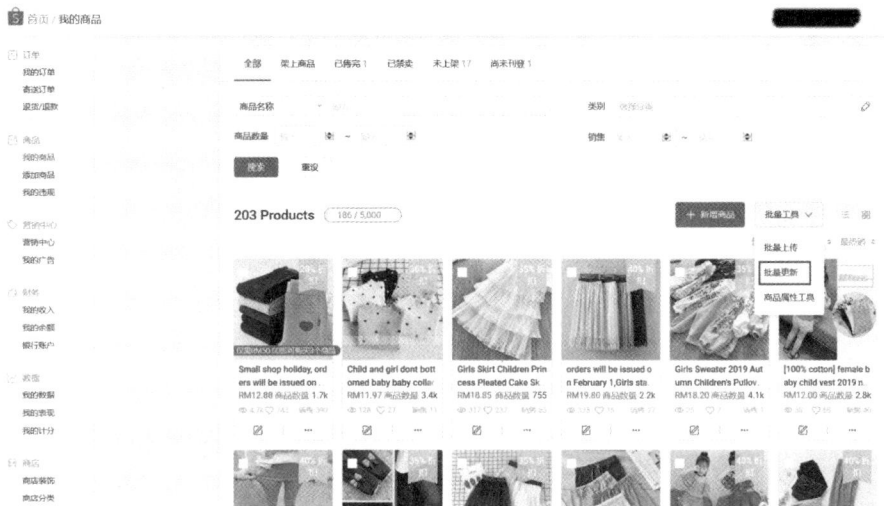

图 4-36

在"批量更新"页面中，我们可以看到 Shopee 平台支持生成批量更新模板供卖家下载，这些模板能够被保存 30 天。需要注意的是，Shopee 平台批量更新所生成的表格也需要 Microsoft Excel 2007 以上版本才可以打开，并且上传的文件不能超过 5MB。

我们可以选择需要生成的模板，单击"生成"按钮，即可在"记录"中看到生成的模板，如图 4-37 所示。

在"批量更新"页面中可以生成的模板类型如下。

1. 基本资料模板

基本资料模板用于批量修改商品 ID、主商品货号、商品名称和商品描述，如图 4-38 所示。

2. 销售资料模板

根据商品 ID、主商品货号、商品名称或变体等信息，我们可以修改变体名称、变体价格以及变体库存等信息，如图 4-39 所示。如果商品过多，那么我们下载的销售资料模板可能是多个文件的压缩包。

图 4-37

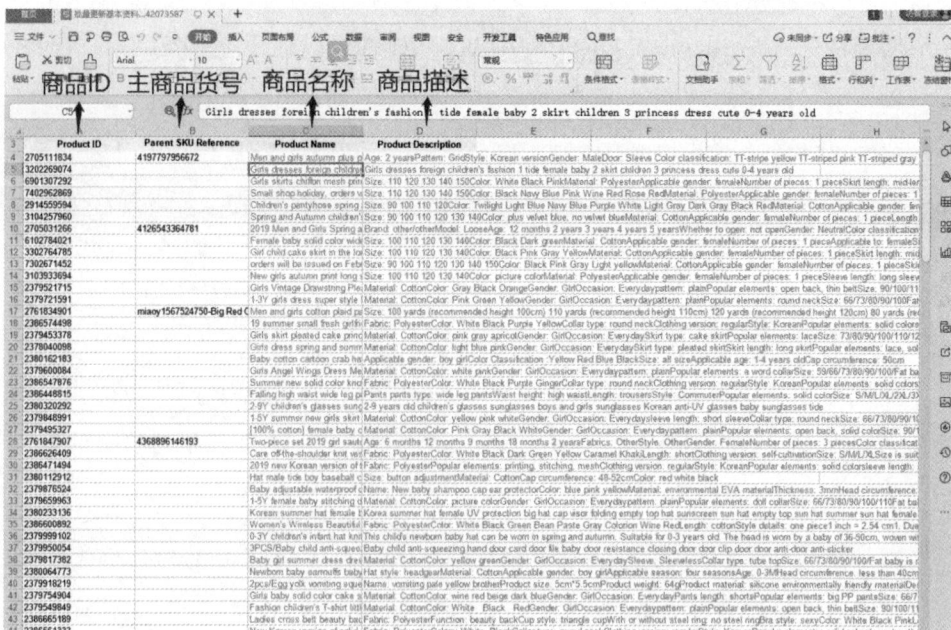

图 4-38

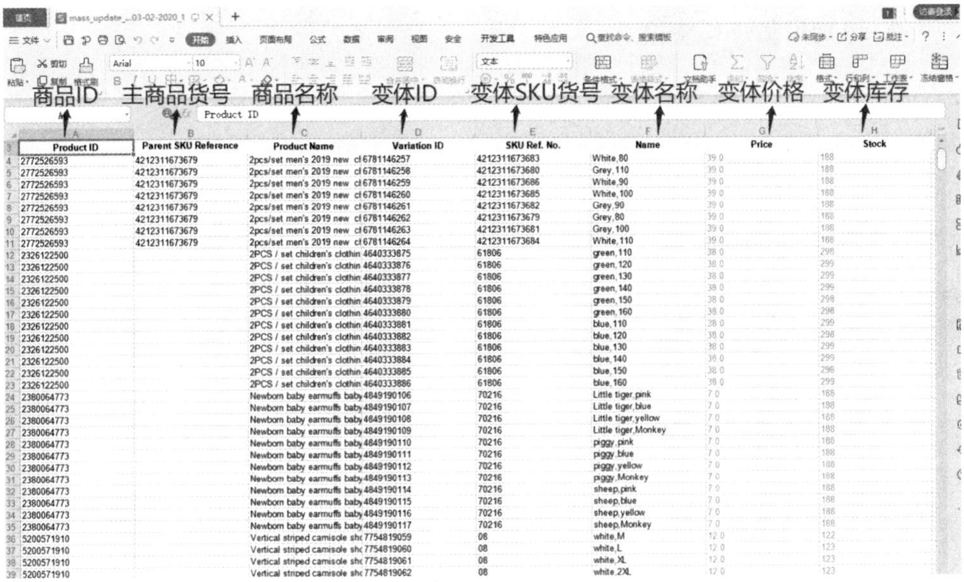

图 4-39

3. 运送资料模板

根据商品 ID、主商品货号、商品名称等信息，我们可以修改商品重量、长、宽、高、运送方式开关和运费，如图 4-40 所示。

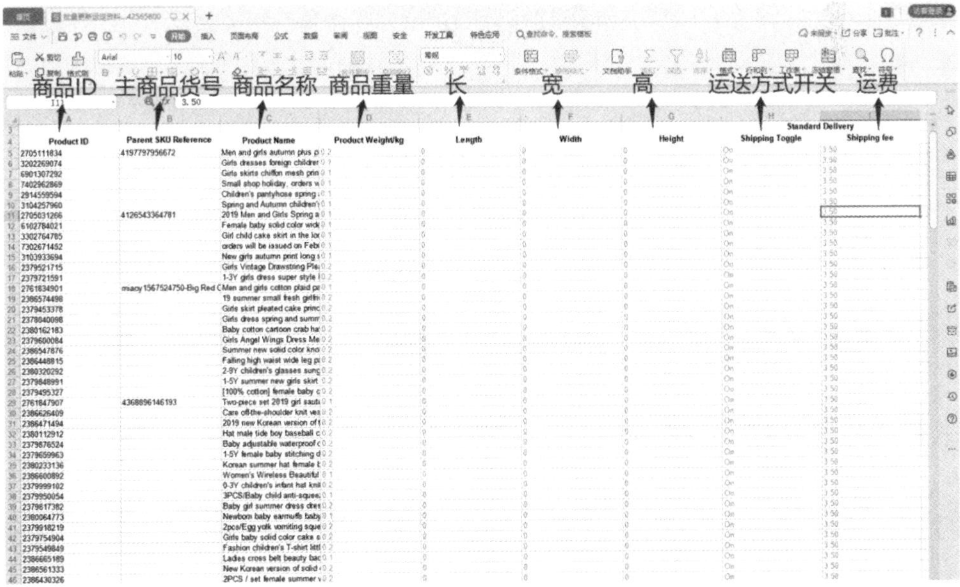

图 4-40

4. 出货天数资料模板

根据商品 ID、主商品货号、商品名称、商品分类等信息，我们可以修改非预售商品的备货天数、预售商品的准备时间、备货天数，其中备货天数的可修改值为预售商品时间范围内，即 5～15 天，或者默认为 2 天，非预售商品默认的备货天数都是 2 天，如图 4-41 所示。

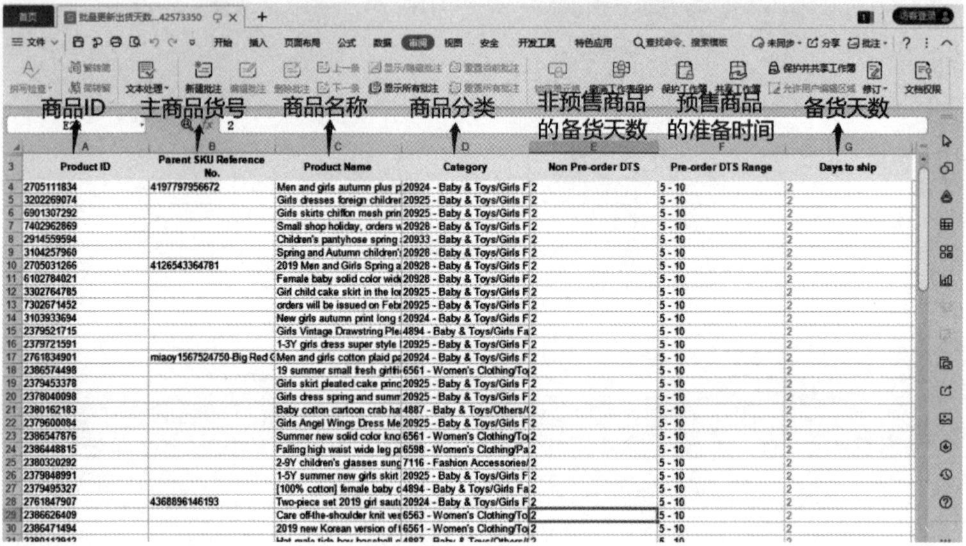

图 4-41

需要注意的是，为了避免误操作，这些文档在下载后默认为工作表保护状态，需要在 Excel 的审阅中撤销保护后才能被编辑。

在完成了以上表格的批量编辑后，单击"批量更新"页面的"上传"选项，选择编辑后的文件上传，如果上传失败，那么可以单击"下载"按钮查看上传失败的原因，如果上传成功，那么会显示完成，此时就完成了批量更新的过程，上传的文件会被保留 30 天。注意：一次最多可以上传 1000 条商品资讯。

4.5.3　更新商品属性

在批量工具里还有商品属性工具，可用于批量更新商品属性，如图 4-42 所示。

打开商品属性工具后，我们可以根据商品名称、主商品货号、商品规格货号、规格、商品编号以及类别等信息搜索需要更新的商品，也可以直接搜索来呈现所有商品。此时，我们可以在搜索结果呈现的商品中修改商品属性、是否预购以及预购商品的 DTS，如图 4-43 所示。

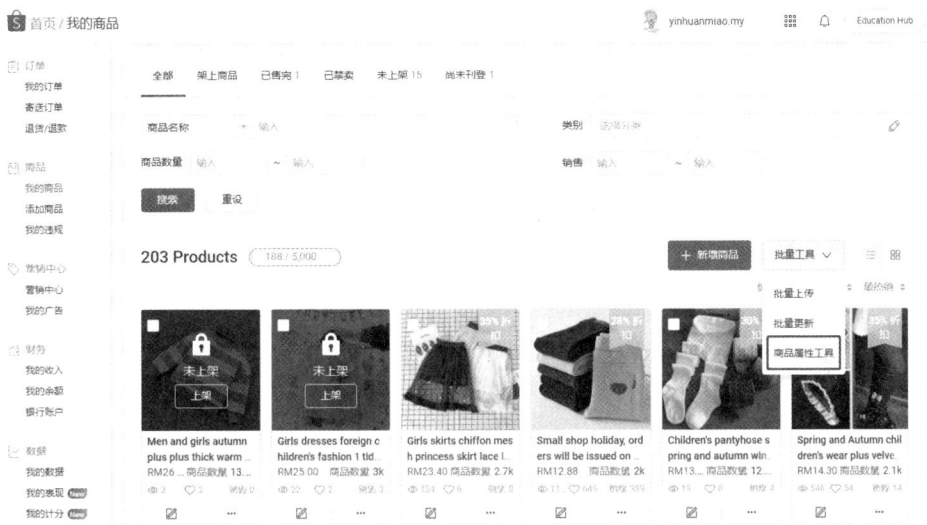

图 4-42

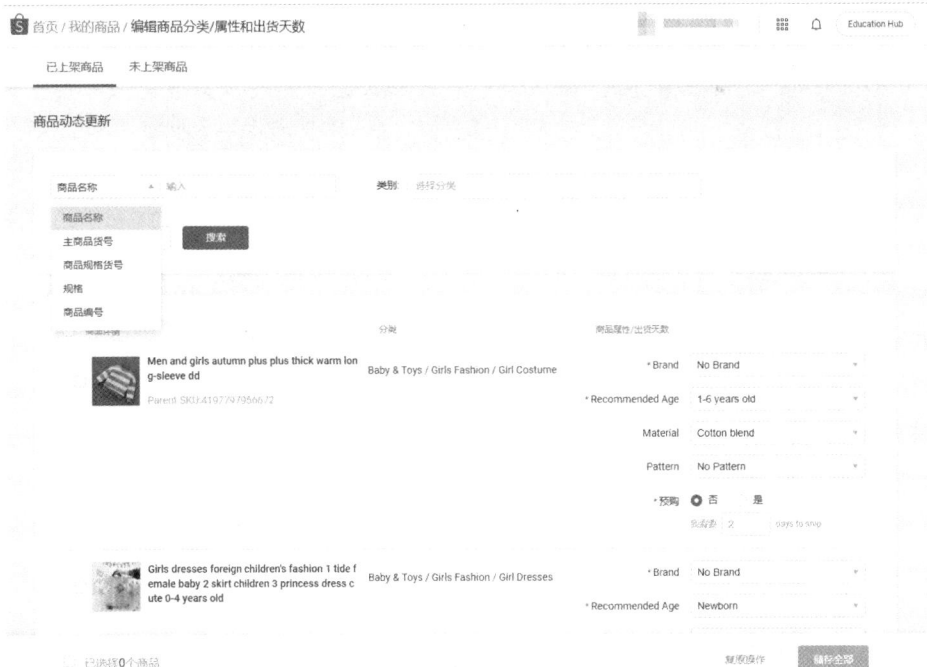

图 4-43

在修改完成后，单击右下角的"储存全部"按钮即可完成商品属性的批量更新。如果修改错误，那么可以单击右下角的"复原操作"按钮。

4.6 订单处理流程

在订单产生后，我们可以在 Shopee 卖家中心的"我的订单"页面中看到订单状态，如果买家完成付款，那么订单状态为待出货状态，此时我们需要处理订单，本节主要讲解产生订单后的处理过程。

4.6.1 备货

如果我们自己有货，那么可以直接进入订单处理阶段，但是如果我们不生产、不存货，就需要根据订单采购货物。最方便的方法是在国内各大电商平台中寻找货源。常用的寻找货源的网站有淘宝、1688 等。

我们可以在 1688 或淘宝中使用商品图片搜索功能，上传商品图片寻找同款货源，具体步骤如图 4-44 和图 4-45 所示。

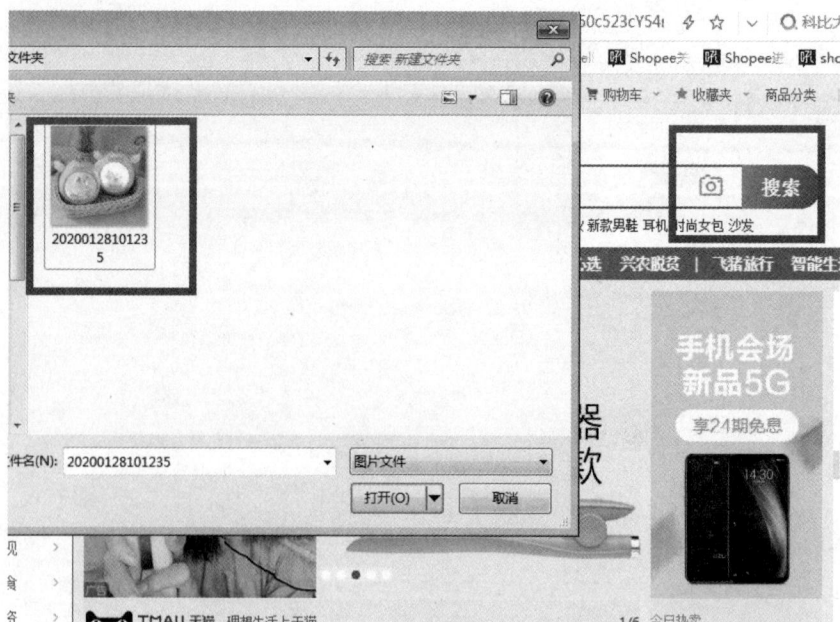

图 4-44

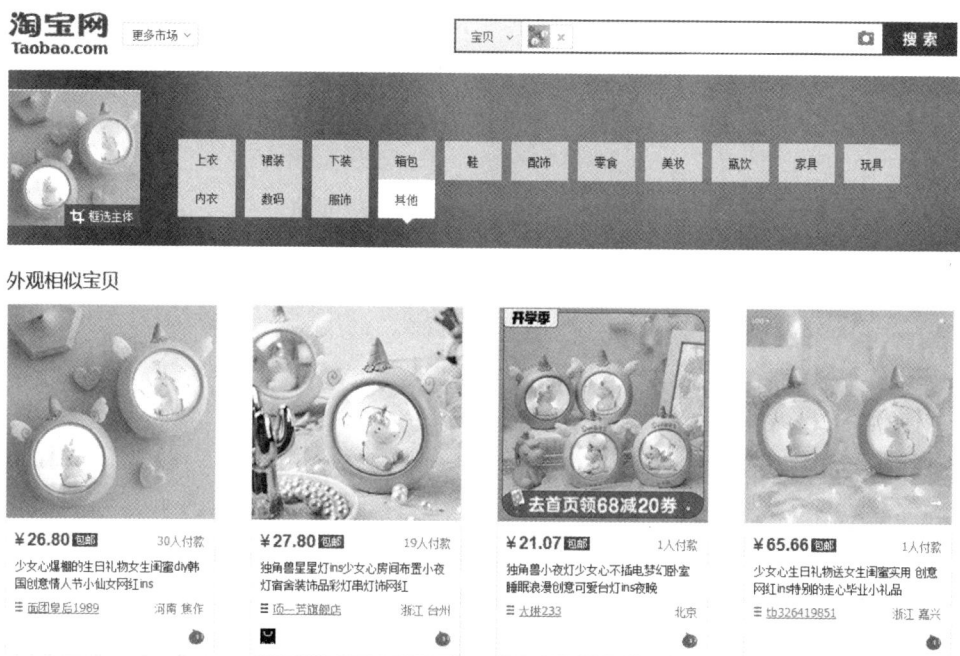

图 4-45

在选择供应商的时候，我们需要综合考虑商品成本、物流成本、运输时间、已购买客户的评价等，有些商品在淘宝上的售价比在 1688 上更便宜。对于同样价格的商品，建议在淘宝上购买，因为在发货及时性、商品包装、商品发货前的检查等方面，淘宝卖家可能会更好一些。

Shopee 平台对非预售货源要求备货时长为 2 天，因此我们要注意发货速度和货源的稳定性。采购的商品并不是价格越低越好，我们应该优先选择发货速度快、好评数量多的供应商，特别是在价格差距不大的情况下。

在实际采购中，我们还可以借助电商平台的营销活动节省成本，如淘宝 App 有"红包省钱卡"这个功能，用于达到一定消费金额后进行抵扣，如图 4-46 所示。

如果淘宝卖家开通了淘宝联盟等推广服务，那么 Shopee 平台卖家还可以通过"阿里妈妈"等推广平台，在采购商品的同时赚取佣金，节省成本，如图 4-47 所示。

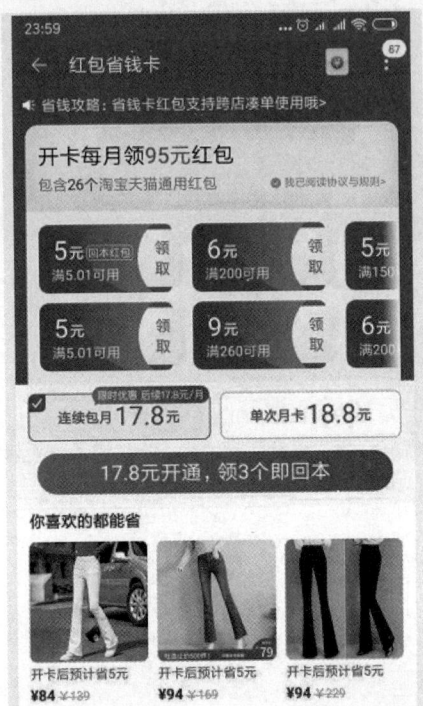

图 4-46

图 4-47

4.6.2 后台处理订单

当订单为待出货状态时，我们首先要完成备货，然后在后台单击订单，申请出货编码。Shopee 平台提供了运送标签、发货挑拣表和装箱单的下载。如果出货量大，那么使用发货挑拣表和装箱单便于货物清点。在正常处理少量订单时，我们只需要下载运送标签，如图 4-48 所示。

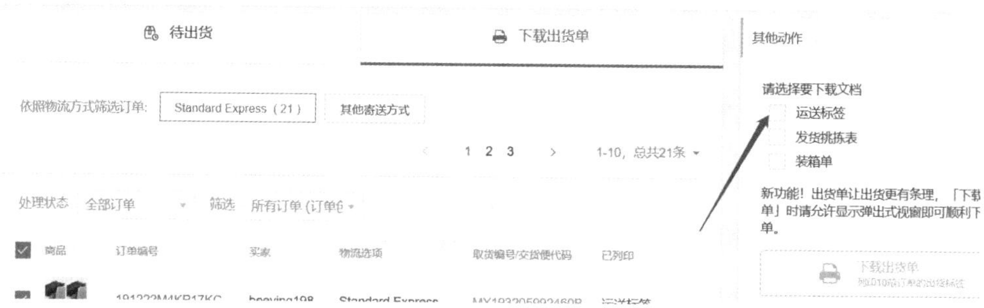

图 4-48

运送标签是一个大小为 10cm×10cm 的面单，如图 4-49 所示，包含订单编号（Order ID）、跟踪号码（Tracking NO）、收件人地址（Ship To）和联系方式（Tel）等内容。面单需要用标签打印机和热敏打印纸打印，在打印后贴到包裹上。我们要注意面单的条码要保持清晰，不能被胶带遮盖，也不能被折叠。

图 4-49

同一个订单的商品只能打包为一个包裹，一张面单只能贴到一个包裹上。如果一个订单有两件商品，就需要把这两件商品装到一个包裹里贴一张面单。

在贴好面单后，我们要将包裹再打包一层，寄往 Shopee 平台的对应仓库。此时国内快递一般会贴上国内快递面单，Shopee 平台仓库在收到包裹后将拆开外层包裹，将内层贴有 Shopee 平台面单的包裹派送给买家。

如果我们在同一个国家有多个订单需要同时发到仓库，那么可以将多个包裹装进一个包裹，并添加标识卡发往 Shopee 平台的仓库。标识卡的尺寸同样为 10cm×10cm，标识卡上需写明卖家的公司名、对应国家代码、包裹内的小包裹数量。仓库人员在拆开大包裹后，会将小包裹派送给买家。

国家代码分别为 MY（马来西亚）、ID（印度尼西亚）、PH（菲律宾）、TH（泰国）、VN（越南）、SG（新加坡）。

我们要在商品发出前拍照保留证据，在丢件时，可以依据照片、物流单号向 Shopee 物流客服索赔。

4.6.3　包装要求

发往 Shopee 平台仓库的包裹需要有外层国内快递面单和内层 Shopee 平台面单。存在没有贴 Shopee 平台面单、一个面单多次粘贴、包装破损等问题的包裹统称为异常件，Shopee 平台对异常件的处理方法如表 4-3 所示。

表 4-3

常见的异常件	处理方法
内层包裹没有贴 Shopee 平台面单（无头件）	仓库销毁
包装破损、条码不清晰、面单贴了多次	定期返回卖家，邮费到付
物流渠道错误（发错仓库，如把华南仓货物发到华东仓）	仓库销毁
不同站点的货物混装，没有标识卡	首次警告，后续退回，邮费到付
超重、超长等超材问题	定期返回卖家，邮费到付

如果有异常，那么我们需要联系 Shopee 平台的仓库，可以参照表 4-4 中的仓库寄送地址和联系方式。寄送地址和联系方式如有更新以 Shopee 平台最新的《物流指导手册》为准。

表 4-4

物流方式	仓库位置	寄送地址	联系方式
SLS	深圳	深圳市宝安区石岩街道塘头第三工业区 8 栋 1 楼	4001268888-1-3/021-60562952
	上海	上海市宝山区共悦路 419 号	4008206207/021-65933631-8048/8070/万色速递
	义乌	义乌市北苑街道秋实路 189 号侧门	0579-85699306
	泉州	福建省泉州市晋江市磁灶镇锦城路 224 号	4008206207

4.6.4　订单发货时效与订单状态

我们需要在设定的备货时间（DTS）内发货，默认的备货时间为 2 天，如果我们设置了预售商品，那么预售商品的备货时间以设置的时间为准。

对于圆通和 SLS 物流方式来说，只有在货物被寄送到 Shopee 平台的各地仓库并被扫描后，货物状态才会由"待出货"变成"运送中"。如果超过 DTS+3 天包裹还没有被仓库扫描入库，订单仍为待出货状态，那么系统会判定为迟发货，但是我们依然能够有效地处理订单。

对于 LWE 物流方式来说，我们需要在后台手动输入快递单号，这时订单的状态才会变成"运送中"。在 Shopee 平台系统中，快递单号只能被输入一次并且无法修改，因此我们需要确保输入的快递单号正确，不能填写假单号。如果超出 DTS 设定的天数，订单仍未被输入快递单号，那么也会被系统算为迟发货。

当商品运送到买家手中，买家签收订单后，订单状态即为"已完成"。

如果我们在 DTS+7 天仍未发货，那么 Shopee 平台会自动取消该订单，这会造成我们的订单完成率下降。被取消的订单显示在"取消"选项中，取消原因也会显示。目前，订单卖家、买家、Shopee 平台均可以取消订单。

以上内容的具体显示位置在"我的订单"页面中，如图 4-50 所示。

订单状态还有"退款/退货"状态，买家申请退款/退货的订单会在"退款/退货"页面中出现，单击订单的任意处即可查看买家的退款、退货原因。

图 4-50

4.6.5　代打包服务模式

代打包服务模式是指卖家在产生订单后，从供应商处采购订单商品，发送至货代，货代将订单商品进行打包、贴面单并送至 Shopee 平台的仓库。

对于自己没有商品，采用从其他平台采购以赚取差价这种形式的卖家来说，代打包服务可以节约打包、发货的时间和工作量。当订单产生后，此类卖家有 3 种处理方式：

第一种处理方式是咨询供应商能否代贴面单。如果供应商可以代贴面单，那么需要对包裹使用两层包装，在内层包装上贴 Shopee 平台面单，在外层包装上贴国内快递面单，把货物直接寄送到 Shopee 平台的仓库。但是这种方式只适用于订单商品都可以由同一个供应商提供。

第二种处理方式是卖家自己采购商品，在收货后进行包裹处理，重新包装、贴面单和发货。由于这种方式存在国内二次快递中转，会严重影响发货时效，如果没有自有货源或库存，那么不建议这样操作。

第三种处理方式是寻找可以提供代处理打包、贴面单和送货服务的货代进行合作。货代的仓库地址通常位于 Shopee 平台的仓库附近，卖家将采购好的商品发送给合作货代，并与货代对接国内快递单号、商品名称、数量、Shopee 平台面单的 PDF 文件等。货代在收到商品包裹后，将国内快递面单拆掉，贴上 Shopee 平台面单，并直接送到 Shopee 平台的仓库。

这三种处理方式所需的时间如图 4-51 所示。如果供应商不能提供按照 Shopee 平台的要求进行打包并发往 Shopee 平台仓库的服务，或者卖家需要的商品来自不同的供应商，那么寻找一个 Shopee 平台仓库附近可以提供这些服务的货代就是十分有必要的。

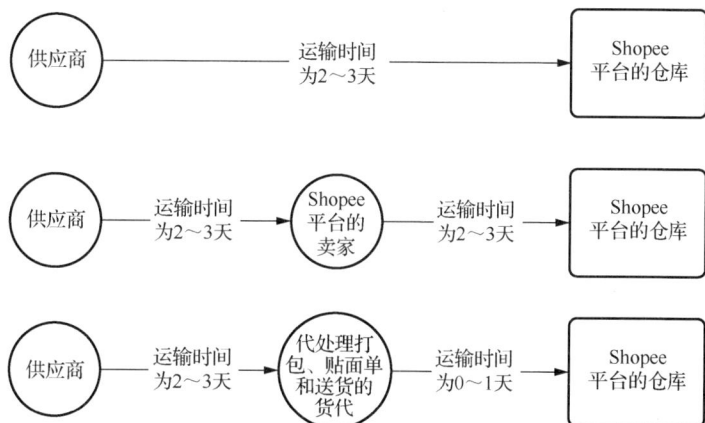

图 4-51

这样，商品只需要一次国内快递，货代往往当天或者次日就能把货物送到仓库，大大地缩减了商品运输时间，并且卖家几乎没有库存积压的风险。

一般来说，卖家与货代对接需要使用 ERP 系统，也有些货代有自己的货物代处理系统。大多数 ERP 系统和 Shopee 平台系统相对接可以实现订单信息的同步处理。在 Shopee 平台的订单信息及面单 PDF 文件同步至 ERP 系统后，卖家采购货物并在 ERP 系统中录入国内快递单号，货代在从 ERP 系统中收到与卖家所录入的快递单号相对应的包裹后，下载对应订单的面单贴标后送到 Shopee 平台的仓库即可。某货代的 ERP 系统如图 4-52 所示。

有些货代还可以提供一定的仓储空间。对于爆款商品，Shopee 平台的卖家可以批量采购，储存至货代的仓库，以提高发货效率。

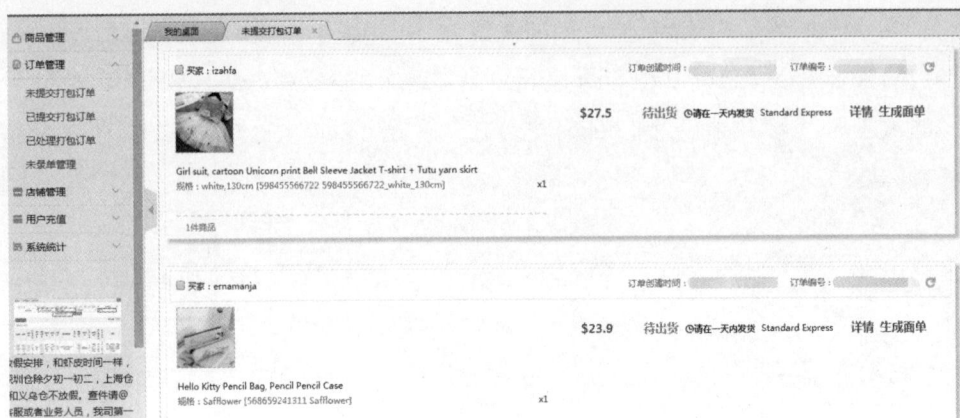

图 4-52

4.7 退货/退款处理

4.7.1 退货/退款流程

买家在单击"确认收货"按钮前可以根据"Shopee 履约保证"提出退货/退款申请，提出该申请的条件如下：

（1）买家未收到商品。

（2）商品有瑕疵及/或在运送过程中受损。

（3）卖家寄送未符合约定规格的商品（如错误的尺寸、颜色等）给买家。

（4）买家收到的商品实质上与卖家所刊登的商品描述不符。

买家在发起申请后，该订单会进入退货/退款状态。同时，卖家会收到邮件提醒，可以单击申请退货/退款订单的"回复"按钮，进入订单详情页面查看申请理由。

卖家可以单击"退款"按钮给买家退款，也可以选择"将争议提交给 Shopee 平台"向 Shopee 平台提出争议，由 Shopee 平台介入处理。

卖家在收到退货/退款申请后，可以按图 4-53 所示的退货/退款流程处理。

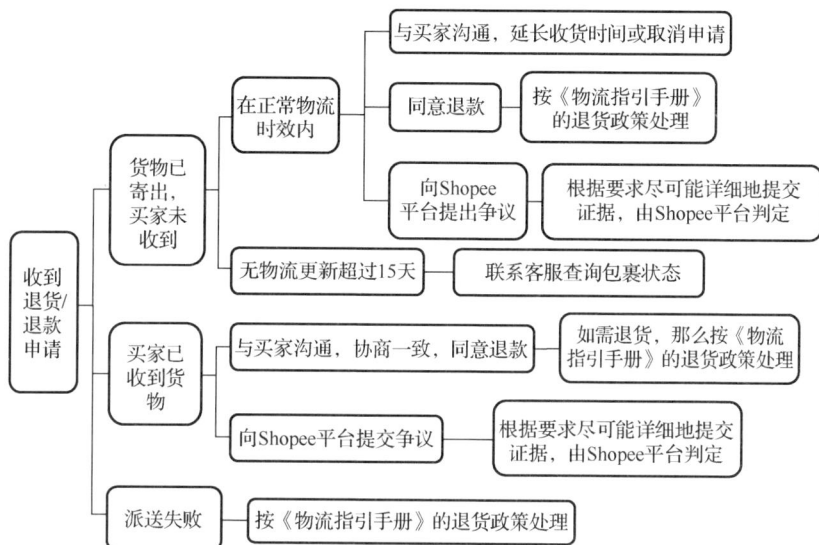

图 4-53

4.7.2 退货/退款的其他问题

除了泰国站无法部分退款，在 Shopee 平台的其他所有站点中，卖家可以在买家申请退款后选择拒绝退款，当地客服将介入操作部分退款。

马来西亚站的包裹目前无法通过 SLS 物流方式退回中国，如果出现退换货情况，那么卖家需要与买家协商退货方式以及费用分担情况。

对于 20 美元及以上非货到付款的订单，如果卖家同意退货并且支付 8 美元的退货运费，那么买家可以退货；对 20 美元及以上货到付款的订单，Shopee 平台免收卖家的退货费用，免费退回至卖家。

对于 20 美元以下的订单，无论是否货到付款，Shopee 平台都不支持买家退货。如果买家坚持退款，那么在系统显示"未见到商品，自动退款"后，买家无须退货也可以收到退款。

卖家要尽量避免让买家选择"卖家要求取消"的原因来取消订单，否则会被扣分。

4.8 使用ERP系统进行Shopee平台操作

在前面的章节中，我们多次提到 ERP 系统，使用 ERP 系统可以高效地管理多个店铺、采集上架商品、处理订单、发货等，本节以两款 ERP 系统为例，详细地介绍使用 ERP 系统进行 Shopee 平台操作。

4.8.1 使用跨境时代·店管易 ERP 系统操作 Shopee 平台

跨境时代·店管易 ERP 系统是一款专用的 ERP 系统，可以方便地进行多店铺管理，与通用 ERP 系统最大的区别是对接中转仓服务商，即卖家和中转仓服务商可以使用该系统实现业务对接，卖家在线下单，中转仓服务商可以在线接收和处理包裹。

在使用 ERP 系统之前，卖家需要首先进行店铺授权，即授权 ERP 系统对店铺进行商品上传和订单同步等操作。我们打开 ERP 系统的店铺管理功能，单击"创建店铺"按钮，如图 4-54 所示。

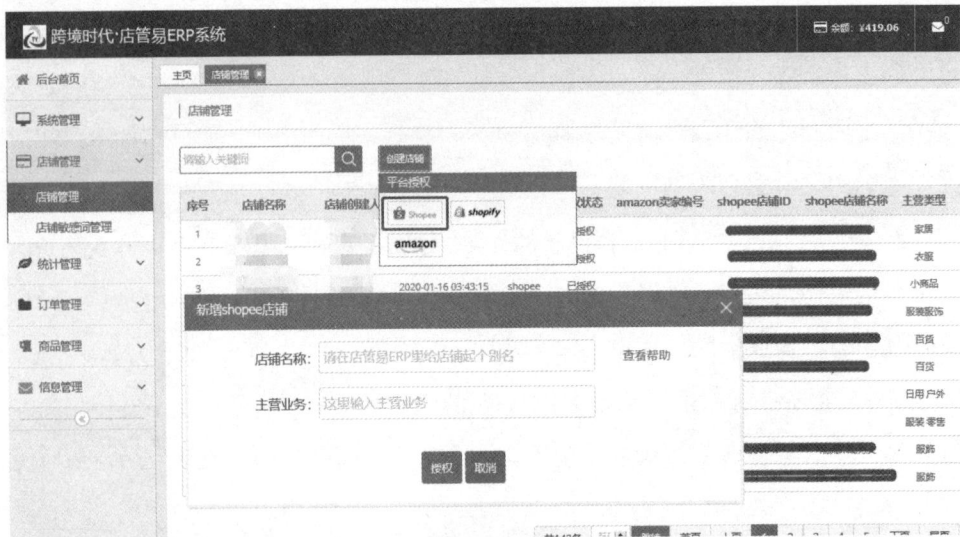

图 4-54

　　然后，输入店铺名称和主营业务，此处的店铺名称仅限于在 ERP 系统中识别自己的店铺，可以与店铺名称一致，也可以不同。单击"授权"按钮后，就会弹出 Shopee 平台的店铺授权页面，如图 4-55 所示。

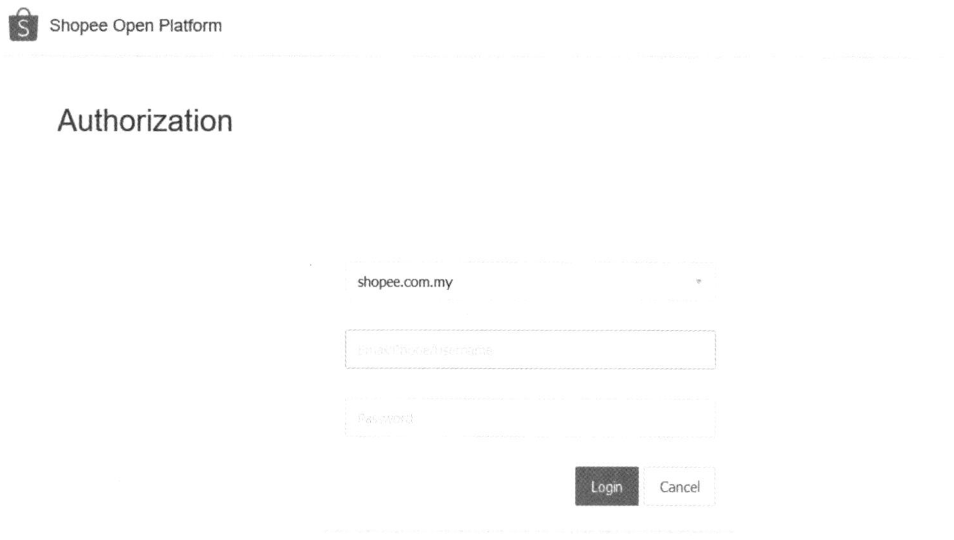

Authorization

图 4-55

　　选择店铺所在的站点，输入店铺的账号和密码登录，Shopee 平台会提示授权 ERP 系统进行的操作，在确认后回到店铺授权页面，单击"Login"（登录）按钮，授权就完成了。此时刷新 ERP 系统页面，店铺将会显示已授权。

　　如果需要新增店铺，那么可以重复进行如上操作，输入新店铺的账号和密码，ERP 系统可以管理的店铺数量与用户的权限有关。

　　另外，在店铺的敏感词管理中，我们可以添加店铺的敏感词，一般用于过滤侵权或者禁售的商品。

　　在完成店铺授权后，单击"商品管理"选项，可以看到 ERP 系统支持 Shopee、Shopify 和 Amazon 三个平台。商品管理分为源商品库和各平台商品库，其中源商品库分为个人库和公共库。个人库是卖家自行采集和创建的商品，公共库是系统内置的一部分排名和销量比较好的商品，如图 4-56 所示。

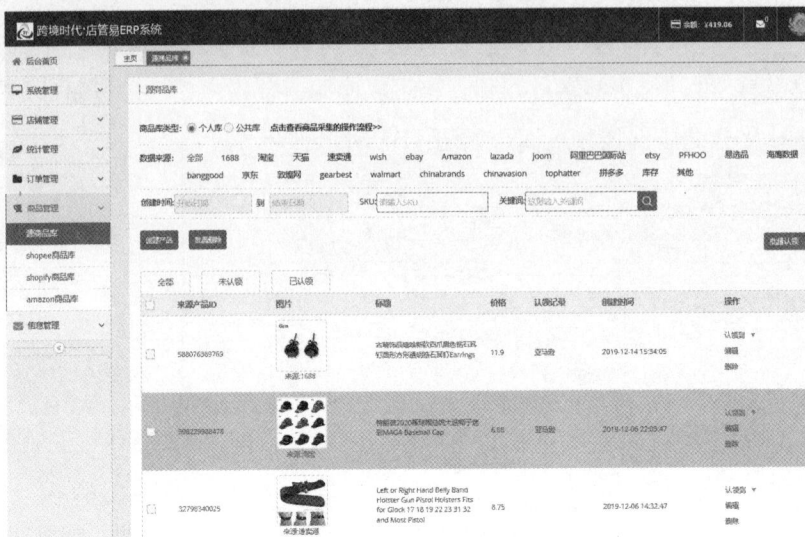

图 4-56

在"源商品库"页面的上方有商品采集的操作流程，即首先下载并安装浏览器采集插件，然后在所支持的平台（如 1688、淘宝、天猫、京东、速卖通等平台）中打开需要采集的商品和分类列表，在 ERP 系统的登录状态下单击商品左上角的"采集"按钮或者商品列表右下方的"开始采集"按钮即可实现单个商品和整个分类的采集，如图 4-57 所示。

图 4-57

在采集完成后回到源商品库，如果计划多平台发布商品，那么可以在源商品库中进行商品的二次编辑，如果只计划单个平台发布商品，那么可以先认领再编辑。以只在 Shopee 平台上发布商品为例，勾选所需认领的商品，单击"批量认领"下拉菜单的"Shopee 意向销售商品库"选项，如图 4-58 所示。

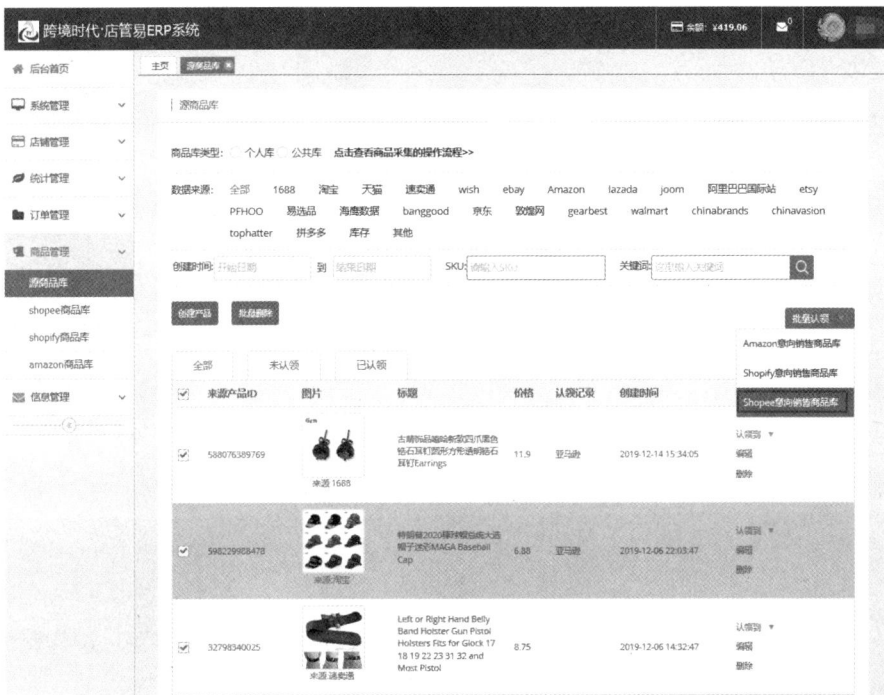

图 4-58

此时会弹窗让我们选择所需认领到的店铺，在选择店铺后，即可认领到 Shopee 商品库，然后打开 Shopee 商品库，对商品进行二次编辑，单击所需修改的商品右侧的"编辑"链接，进入商品编辑页面，如图 4-59 所示。

商品编辑页面分为以下板块：

（1）基本信息。用于选择店铺，进行产品分类和填写产品属性。

（2）产品信息。用于编辑产品类型、产品标题和产品描述。

（3）来源信息。用于显示产品的采集源链接。

（4）专利查询。用于查询欧美商标和专利，以便规避侵权。

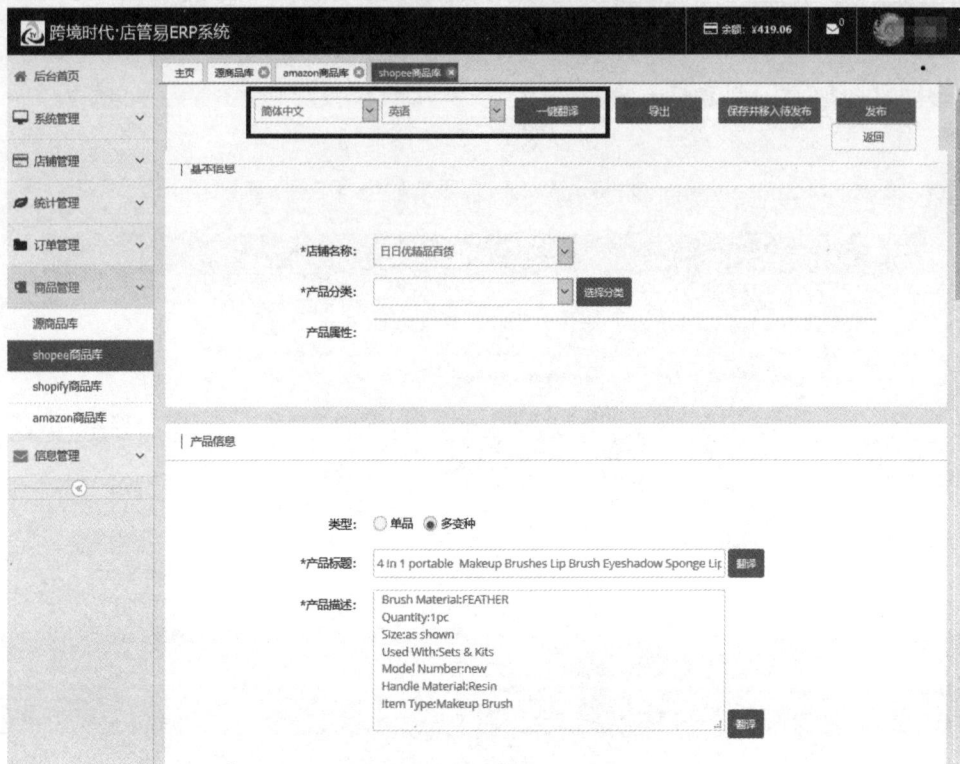

图 4-59

（5）图片信息。用于选择要显示的产品图片，最多为 9 张，并可以进行美化和扩图。

（6）包装和运输信息。用于填写产品包装重量、尺寸、预售信息以及设置物流方式。

（7）变体信息。如果产品有多个变体，那么可以定义变体的属性、价格、库存和图片。

（8）多件优惠。用于添加区间价。

商品编辑页面基本对应了 Shopee 平台添加商品的所有操作，在编辑完成后，单击"一键翻译"按钮，该页面的所有中文将会被翻译为英文。在翻译完成后，右侧有"导出""保存并移入待发布""发布"3 个按钮，其中：

（1）单击"导出"按钮，该商品信息将被导出为 Shopee 平台批量发布表格。此表格可用于在 Shopee 后台通过批量上传的方式发布商品信息。

（2）单击"保存并移入待发布"按钮，该商品信息将被保存供之后再发布，被保存后也可以在 Shopee 平台的商品库列表中进行批量发布或批量导出。

（3）单击"发布"按钮，该商品信息将被发布。如果在发布中遇到商品信息未填写或者填写错误等情况，系统将会弹窗提示错误原因，如果没有错误，商品信息就会被发布到店铺并在 Shopee 平台上展示。

在 Shopee 平台的商品库列表中，我们还可以对已发布的商品信息进行克隆操作，把已发布到某店铺的商品信息同步到另外一个店铺，实现商品信息的搬家功能。

除了商品编辑，我们的日常运营工作还有订单管理。订单管理分为销售管理、采购、自行录单、代打包费用记录。单击"销售管理"选项，即可看到当前自动同步到系统的 Shopee 订单。如果在 Shopee 平台中有订单而在"销售管理"页面中没有看到这个订单，那么我们可以单击"同步订单"按钮，如图 4-60 所示。

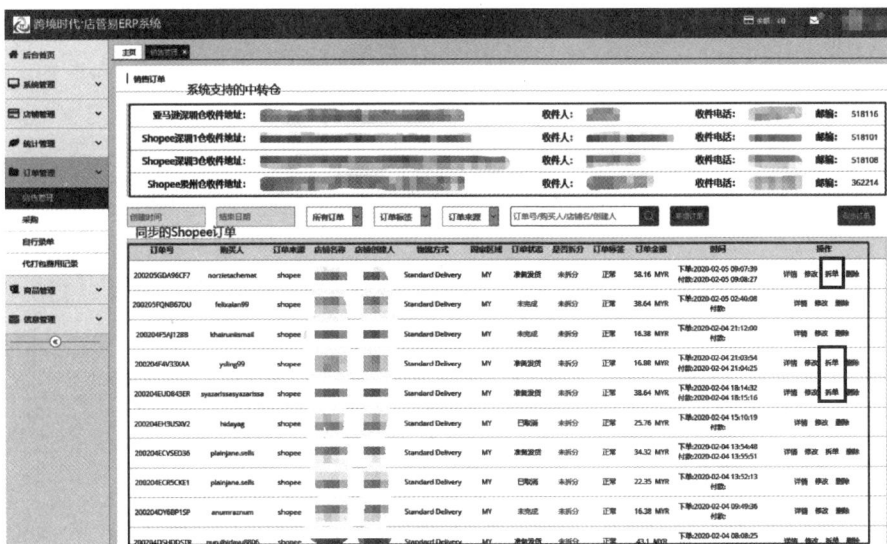

图 4-60

在产生订单后，我们如果没有库存，就需要先从供应商处采购商品，然后再在系统中处理订单。对于订单列表中待处理的订单，我们可以单击"拆单"链接，进行拆单和采购操作。拆单便于处理包含多个国内包裹的订单，如果是单一商品那么可以单击"确定"按钮，并在拆单后单击订单右侧的"采购"链接，进行采购操作，如图 4-61 所示。

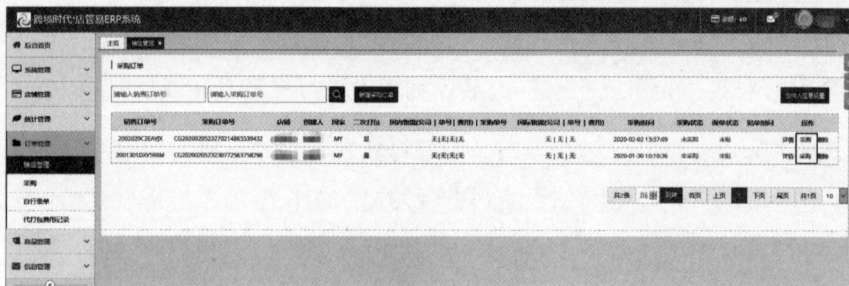

图 4-61

采购页面会显示采购订单的信息，包括客户信息、商品信息以及国内物流信息。我们在确认客户信息和商品信息后，主要需要填写国内物流信息，即采购来源、国内采购订单号、国内物流单号、国内物流公司、国内物流费用以及备注，如果该采购订单是多件包裹，那么还可以再添加新的采购包裹，如图 4-62 所示。

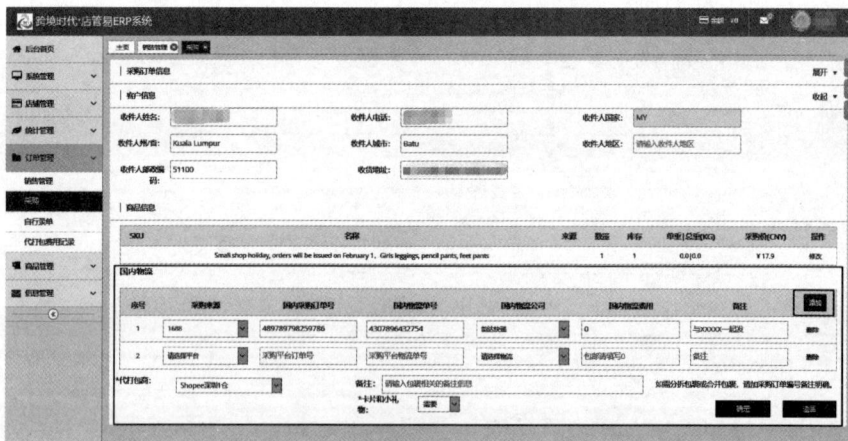

图 4-62

在填完国内物流信息后，选择代打包的中转仓服务商（在图 4-6 中，代打包商即为中转仓服务商），并选择是否需要卡片和小礼物（部分中转仓服务商提供），单击"确定"按钮后即可。

中转仓服务商与卖家的用户页面略有不同，中转仓服务商在收到对应的包裹后，从系统的"订单管理"选项中单击"面单管理"选项，下载 Shopee 平台的面单，二次处理包裹并将面单贴到包裹上送至 Shopee 平台的 SLS 仓库。中转仓服务商的"面单管理"页面如图 4-63 所示。

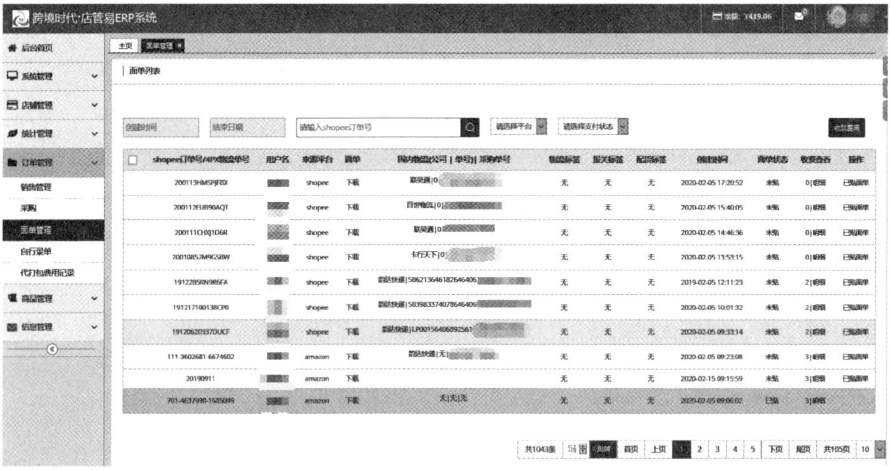

图 4-63

对于使用 LWE 物流方式的 Shopee、亚马逊、独立站等平台的自发货订单，我们可以在"自行录单"页面中手动填写订单信息、收货地址、商品信息，并选择中转仓服务商，从而处理其他平台的二次打包订单，如图 4-64 所示。

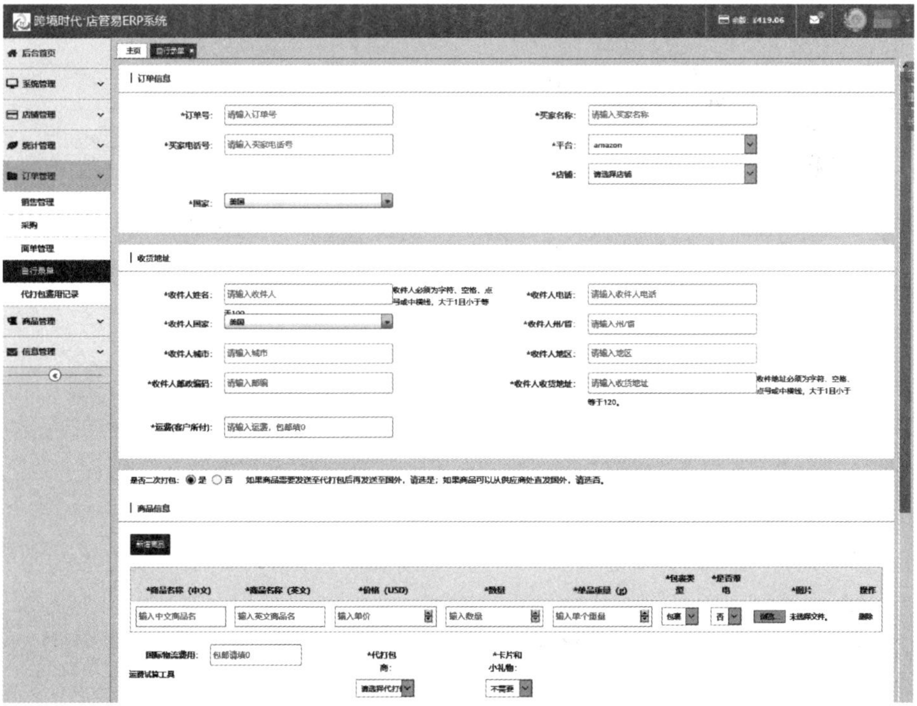

图 4-64

我们还可以在"统计管理"选项中查看店铺业绩，进行销售统计和订单统计等，如图 4-65 所示。

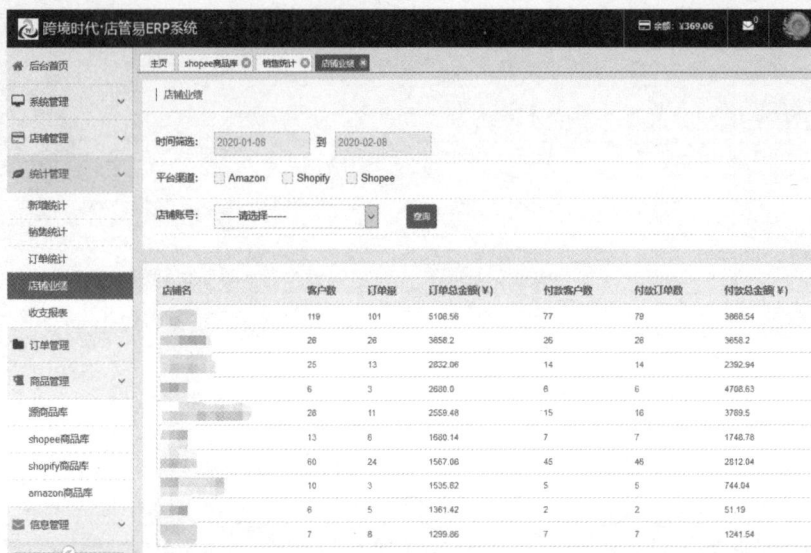

图 4-65

4.8.2 使用芒果店长操作 Shopee 平台

芒果店长是一款功能较完善的通用 ERP 系统，不仅可以管理多店铺商品和订单，还具备在线管理客服、库存管理等功能，并且也支持 1688 在线采购和同步物流信息。使用芒果店长管理 Shopee 和 1688 同步采购，需要分别授权 Shopee 店铺和 1688 店铺，如图 4-66 所示。

图 4-66

Shopee 平台的店铺对芒果店长的授权过程和跨境时代·店管易 ERP 系统基本一样，也是添加授权店铺，选择店铺所在站点并填写店铺账号和密码，而对 1688 店铺的授权则跳转到 1688 网站使用 1688 账号和密码授权。

在授权完成后，单击"产品"→"采集箱"，可以进入产品采集页面，如图 4-67 所示。

图 4-67

此时，同样需要安装浏览器采集插件。按照芒果店长的操作步骤安装好浏览器采集插件后回到采集箱即可填写单品网址或者分类网址进行采集，我们还可以直接进入产品页面单击鼠标右键，在弹出的菜单中进行采集，如图 4-68 所示。

在采集完成后，在采集箱中认领产品到 Shopee 平台，然后单击"产品"选项，在"产品刊登"选项中选择 Shopee 平台即可进入 Shopee 平台产品库的产品列表，如图 4-69 所示。

芒果店长支持产品批量编辑和定时发布，对产品处理和发布更高效、更灵活。在产品编辑页面，芒果店长和跨境时代·店管易 ERP 系统的不同点在于，芒果店长的免费版本没有图片容量，不过额外支持了产品的促销价和折扣价，其他编辑项目基本一致，不再额外介绍。

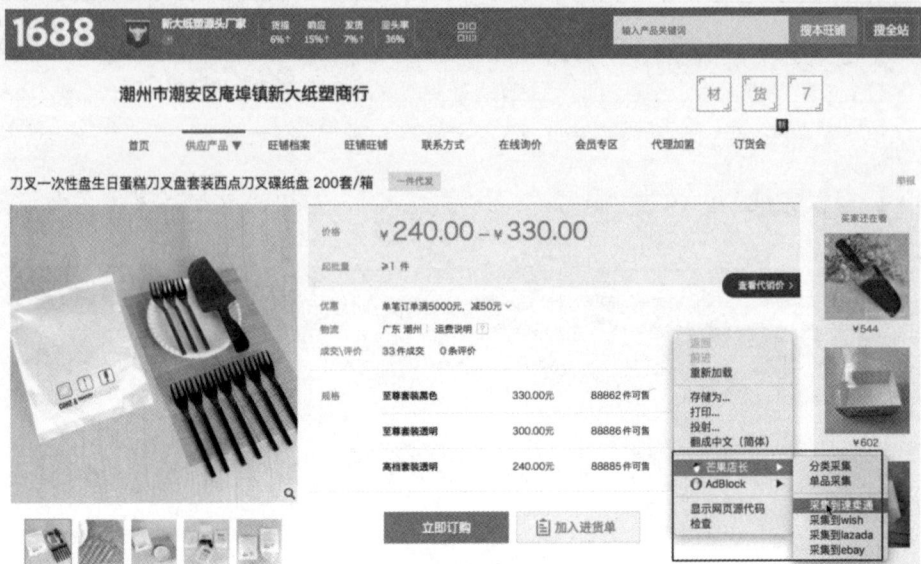

图 4-68

图 4-69

在订单产生后，单击"订单"选项的"全部订单"选项，可以看到同步的订单，如图 4-70 所示，但是在系统中处理 Shopee 平台的订单前需要首先设置物流渠道。

图 4-70

单击"物流"→"物流设置"→"系统对接货代"→"Shopee 线上物流"，打开如图 4-71 所示的页面。

图 4-71

单击发货渠道（发货渠道即物流渠道）后的"编辑"按钮，可以设置打印模板和发件人地址，在设置后单击"确定"按钮保存，如果需要重复使用这个物流渠道，那么可以把它保存为模板，如图 4-72 所示。

[Shopee线上物流] Shopee SLS ✕

基本信息

* 状态	○ 启用 ● 停用
打印模板	➔选择打印模板
打印芒果拣货单	□ 是 ⚠ 目前只支持货代10x10面单加打芒果捡货单。

发件人　　　　　　　　　　　　　　　　　　　　　管理寄件人模板　寄件人模板 ▾　保存为模板

协议客户	
寄件人名称	
退件单位	
公司名称	
省/城区	省份　　　　　　　城市　　　　　　区
街道地址	
邮政编码	
电话	
客户号	广州小包和荷兰小包使用
签名	

确定　关闭

图 4-72

在物流设置完成后，单击"订单"→"打包发货"选项，此时有"同步"—
"订单"—"打包"—"发货"四个步骤。单击"同步"按钮，选择 Shopee，可
以选择同步单个店铺或者全部店铺的订单，如图 4-73 所示。

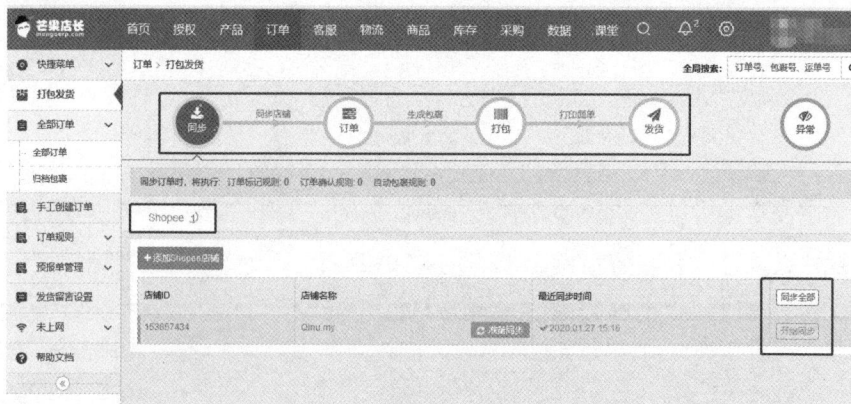

图 4-73

在同步完成后，单击第二步的"订单"按钮，选中所需打包发货的订单，单击"生成包裹"按钮，然后选择刚才设置的物流渠道，单击"确定"按钮。在生成包裹后，单击第三步的"打包"按钮，选中包裹，单击"申请运单号"按钮，如图 4-74 所示。

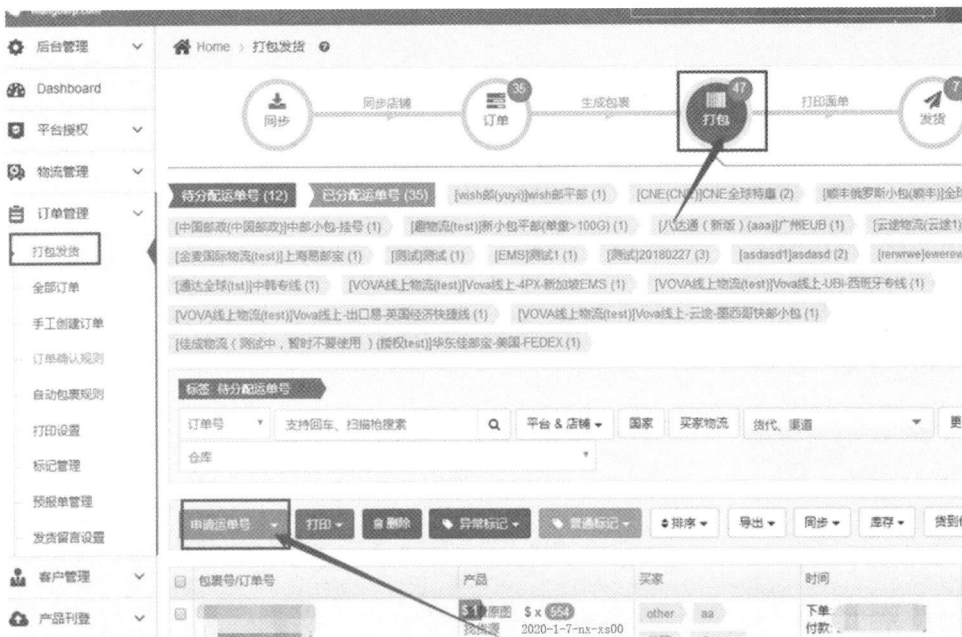

图 4-74

然后，在"已分配运单号"选项中单击"打印"按钮，选中 Shopee 平台的官方模板打印面单，在打印后可以标记为已打印，之后在第四步"发货"页面中选中订单，单击"提交"按钮即可完成发货流程。

需要注意的是，由于本流程没有涉及与中转仓服务商的对接，因此更适合自有货源和有库存的卖家使用。

4.8.3　ERP 授权管理

Shopee 平台支持多平台授权，因此可以同时授权多个 ERP 系统进行操作，如果要取消店铺授权，那么只需要在跨境时代·店管易 ERP 和芒果店长的店铺管理中取消授权或删除店铺即可。

如果忘记了在哪些平台授权过，那么可以在 Shopee 的卖家中心单击"我的商店"→"我的账户"选项，在"我的账户"页面中可以看到合作伙伴平台，展开右侧的下拉菜单，就可以看到当前授权过的合作伙伴平台。对于不需要使用的平台，单击平台后的"取消连接"链接即可，如图 4-75 所示。

图 4-75

4.9 常用的话术模板

客服工作是影响转化率的重要因素。我们可以根据买家的不同情况采取以下不同的方法提高转化率。

（1）买家已下订单却未付款。在这种情况下，我们可以主动与买家沟通，了解其未付款的原因，督促买家付款。我们可以使用以下语句：

① Hello, do you have any question about the product?

② Hello, I noticed that you haven't paid yet. Do you have any question to ask me?

③ If you can pay today, the product will be able to ship immediately, and you can also get a discount.

（2）由于采购问题，迟迟未发货。买家在付款后，肯定希望尽快收到商品。如果因为我们采购不到订单中的商品或者物流发货出现问题，包裹迟迟不能到达 Shopee 平台的仓库，那么买家肯定会着急。这时，我们要及时告知买家具体的情况、积极解决问题所采取的措施以及积极的态度。我们可以使用以下语句：

I am very sorry, now our warehouse keeper told us that the bag is out of stock, and other sellers don't have this product either.We need at least 15 days to get it produced.I am very sorry, if you can wait, we will give you some compensation to express our apology . If you can't wait, you can cancel the order.

（3）当商品即将到达买家手中或者买家刚收到商品但还未评价时，我们可以与买家沟通，鼓励买家带图评论商品，当然，能让买家给予五星好评最好。我们可以使用以下语句：

Hello，have you received the product? Can you take a photo and rate it? Thank you ! If you have any dissatisfaction, please contact customer service first, we will give the best solution.

（4）买家对商品不满意，要退货。在这种情况下，我们要仔细了解买家对商品不满意的原因。如果原因在于商品本身，那么我们可以给买家部分退款，提出在买家下次购买时给以折扣与赠品等，争取说服买家接受商品。我们可以使用以下语句：

Sorry for your bad shopping experience. May I know why you want to return it? I am really sorry, there are some scratches on the storage box, I will refund you 2RM to be some compensation, can you accept this solution?

（5）在买家留下好评后，我们可以邀请买家关注我们的店铺，并让买家帮忙分享给他周边的人。我们可以使用以下语句：

Thank you for shopping in our store, you can follow us and get the newest update infomation. We'll be very glad if you can recommend our shop to your friend, have a nice day!

（6）买家留下差评。我们要及时与买家沟通，协商修改评价。如果我们认为买家恶意留差评，那么可以向客户经理申诉。我们可以使用以下语句：

I noticed that you gave a bad review to the product. Sorry to give you a bad shopping experience. We will improve our product immediately based on your reviews.And I can give you a partial refund. Can you modify your review? Thank you very much!

第5章

5

Shopee 平台进阶运营

5.1　Shopee平台的付费广告

5.1.1　Shopee 平台的付费广告简介

付费点击是一种最常见的互联网广告类型，如淘宝直通车。这是一种直接购买流量的方式，我们只需要为通过点击广告进入店铺的买家流量付费，而不依据展现次数付费。当买家进行商品搜索时，付费广告可以让商品出现在显眼的位置，以优先的排序获得买家的关注。与淘宝一样，Shopee 平台也有自己的付费广告，可以让商品在搜索结果中突出显示。右下角带有"Ad"或"广告"标识的商品就是投放了付费广告的商品。

1. 付费广告的优势

使用付费广告具有 3 个方面的优势：①增加曝光量。广告显示在搜索结果顶部等买家最有可能看到的位置，能够显著地增加曝光量，如图 5-1 所示。②获得精准流量。当买家搜索的关键字和卖家设置的关键字相匹配的时候，卖家的商品展现在有需求的买家面前，获得精准流量。③增加销量。广告可以增加精准买家的数量，有助于提升销量。

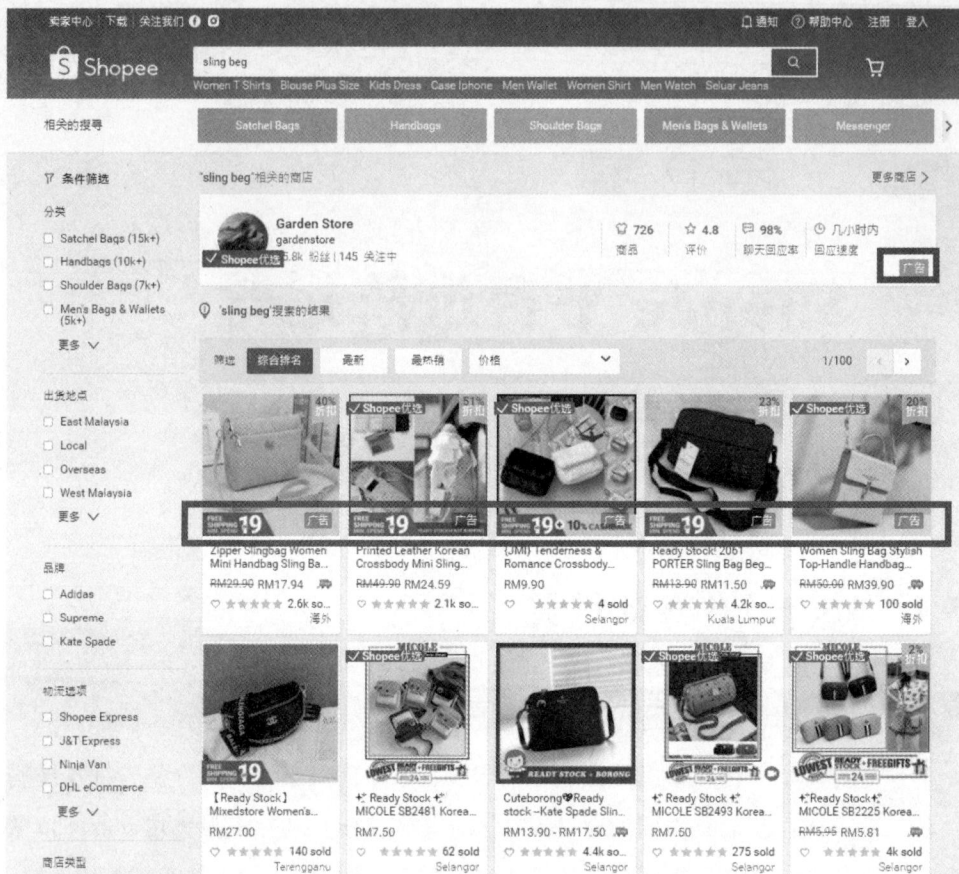

图 5-1

2. 收费原理

在广告开始投放后，仅当买家点击卖家的广告后，卖家才需要付费。首先，当卖家开始付费推广某个商品时，会设置该商品或者商品关键字的单次点击出价。广告每次被点击的消费金额与商品在前端的实际排名、商品的关键字质量评分、排名后一位商品的关键字质量评分、关键字单次点击出价等相关。但是每次点击的实际收费不会高于该商品所设置的单次点击出价。

3. 排名原理

广告在 Shopee 平台搜索结果中的排名取决于广告排名分数，排名分数越高则广告排名越高，广告排名分数受两个因素影响：①单次点击出价。单次点击出价即在买家点击广告时，卖家愿意支付的最高价格，Shopee 平台实际收取的价格通常低于此出价。②质量得分。质量得分取决于商品与关键字的相关性和广告的点击率。相关性和点击率越高，质量得分越高。

广告排名分数=单次点击出价×质量得分。

4. Shopee平台的付费广告种类

Shopee 平台的付费广告主要有 3 种：关键字广告、关联广告、商店广告。

关键字广告即当买家利用某个关键字进行检索时，如果这个关键字与卖家广告中设定的关键字相匹配，那么在检索结果页面中会出现该商品的广告内容。

关联广告会出现在 3 个位置：商品详情页面-相似商品栏目、Shopee 首页-每日新发现栏目、商品详情页面-您可能喜欢页面。关联广告出现的位置与买家搜索什么关键字没有关系。

商店广告显示在搜索结果页的最上方，且只显示一个商店。商店广告显示哪个商家的商店取决于商店质量、商店与所选关键字的相关度、设定的单次点击出价。

图 5-2 中 1 所示的是商店广告。图 5-2 中 2 所示的是关键字广告。

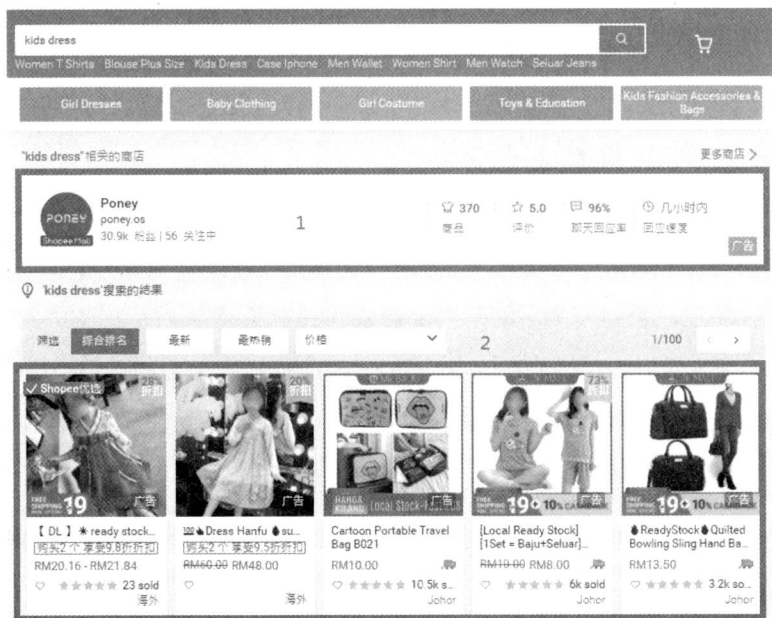

图 5-2

5.1.2　关键字广告

1. 如何设置关键字广告

在卖家中心的"营销中心"板块中，单击"我的广告"→"关键字广告"选项，如图 5-3 所示，选择商店中的一个商品，单击"确认"按钮，就为一个商品设置了关键字广告。关键字广告不能批量设置，我们一次只能为一个商品设置关键字广告。

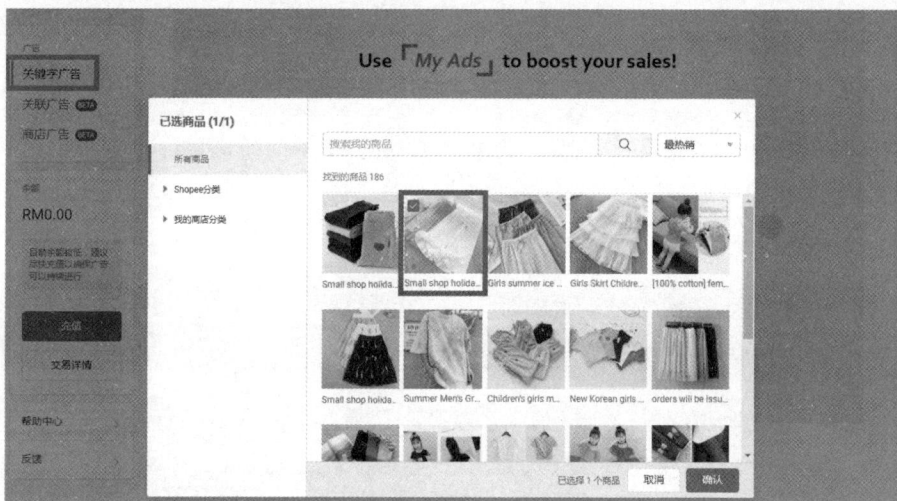

图 5-3

我们还需要设定预算和时间长度。

预算为卖家设定的最大广告金额，有两种选择：每日预算和总预算。每日预算是指每天消费的最大广告金额，如果当天消费的广告金额达到预算设定，那么广告就停止显示，若当天消费的广告金额未达到预算设定，那么消费的广告金额不累计，即第二天从 0 点开始重新计算消费的广告金额。总预算是指总共消费的最大广告金额，如果超过这个金额，广告就停止显示。

时间长度即设定推广广告的时间段，可以选择不限时。

总之，广告将在设定的预算和时间长度内持续投放，直到预算用完或时间截止。我们也可以选择不设定预算或者设定每日预算。设定预算和时间长度的页面如图 5-4 所示。

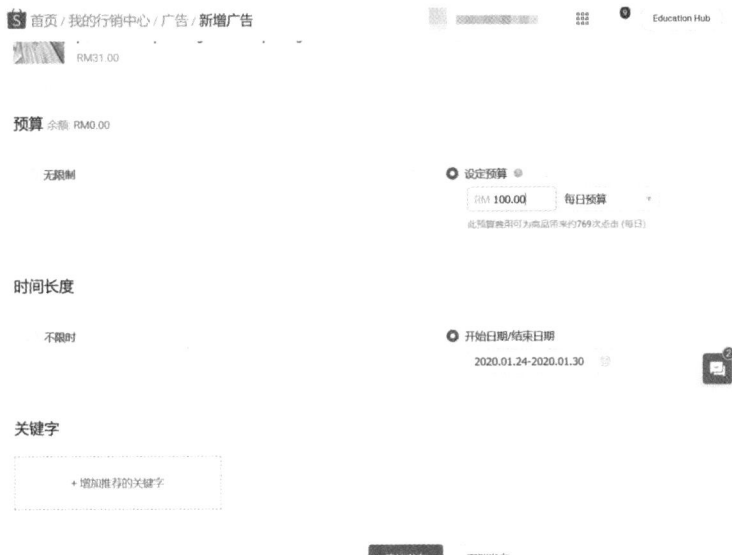

图 5-4

接着，我们需要新增关键字。Shopee 平台会推荐与商品相关的关键字，并显示商品的品质分数、搜索量、匹配类型及在此匹配类型下的推荐出价，如图 5-5 所示。我们也可以自行新增关键字，如图 5-6 所示。

图 5-5

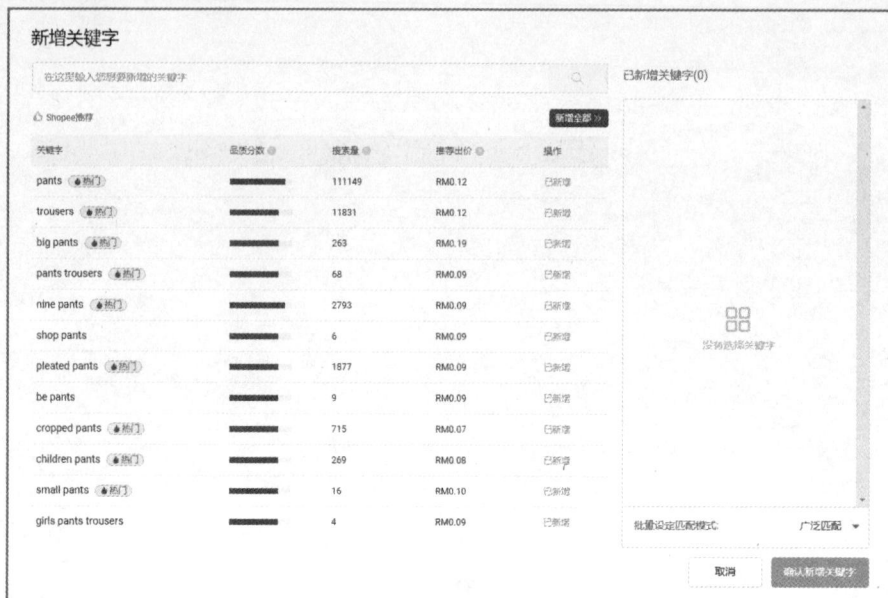

图 5-6

最后，我们要为关键字设置匹配类型和出价。匹配类型决定了商品的推广流量和精准度，所设置的出价是每次点击广告支付的最高金额。

2. 关键字广告的显示位置

单个关键字的搜索结果最多显示 60 个关键字广告，显示的设备包括移动设备和计算机。

在移动设备上，关键字广告显示在前 2 个位置，此后每隔 3 个列表显示 1 个广告，如图 5-7 所示。

在计算机上，关键字广告显示在每页搜索结果的首行与末行，每行显示 5 个商品的广告，如图 5-8 所示。

3. 哪些商品适合投放关键字广告

大多数卖家在投放关键字广告之前并不知道哪些商品适合投放关键字广告，因此可以先进行测品，即为多个商品进行广告测试，最终选定投资回报率（Return on Investment，ROI）比较高的商品进行持续的广告投放，从而获得持续高额的回报。

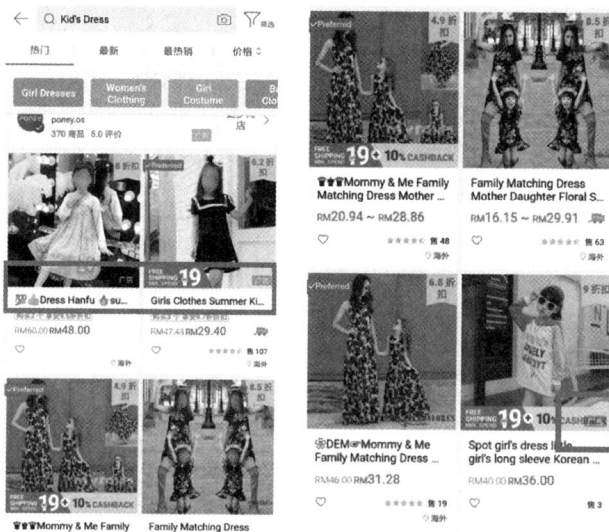

图 5-7

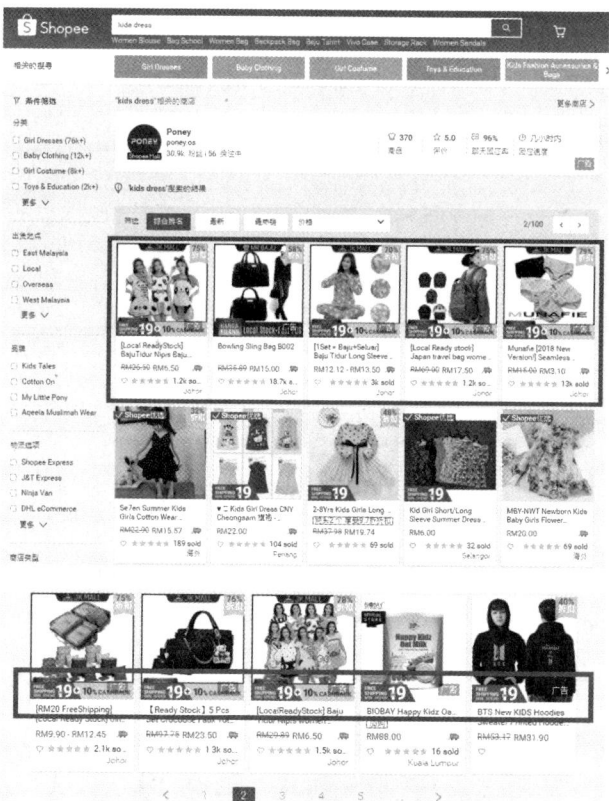

图 5-8

如果我们暂时不重视利润回报，那么可以优选有竞争力的商品投放关键字广告，从而让更多的流量导入店铺，提高店铺和品牌的知名度。如果我们有多个引流商品和主推商品，那么可以通过投放多个广告进行测试来挑选适合推广的商品。

Shopee 平台提供了一些关键字的平均表现报告，表 5-1 展示了马来西亚站部分关键字平均表现较好的类目。需要注意的是，关键字表现是动态变化的，因此该报告仅用于在选品或者投放广告时参考，实际投放仍以 Shopee 平台的实时表现为准。

表 5-1

关键字平均表现较好的类目	单次点击出价（美元）	点击率	转化率	投入产出比
DSLR Cameras	0.018	2.54%	3.85%	1042.48
Milk & Chocolate Drink	0.017	1.43%	4.17%	40.16
Skates, Skateboards & Scooters	0.018	2.42%	0.83%	26.24
Luggage	0.012	2.42%	0.75%	23.11
Supplements	0.038	2.50%	2.88%	20.61
Point & Shoot Cameras	0.018	4.35%	4.19%	20.54
Sewing Machines	0.018	2.59%	2.38%	17.83
Maternity Care	0.026	3.21%	2.75%	16.73
Laptop Bags	0.027	3.85%	2.73%	15.73
Controllers	0.022	3.47%	2.49%	15.44
Lenses	0.021	3.05%	0.87%	12.48
Martial Arts	0.025	2.35%	4.96%	12.41
Outerwear	0.022	2.56%	1.23%	11.81
Drones & Action Cameras	0.027	4.72%	0.70%	11.54
Stick & Ball Games	0.025	1.71%	2.18%	11.44
Bath & Toiletries	0.020	1.91%	1.53%	11.06
Vacuum	0.030	2.61%	2.23%	10.50
Running	0.026	2.16%	3.30%	10.47
Tablets	0.032	4.04%	0.56%	10.25

4. 关键字用词建议

在选词方面，我们可以根据商品特性，选择最贴近商品的 3~5 个关键字，并根据商品特点、卖点来组合修饰词。

Shopee 平台提供了关键字建议工具，通过添加系统推荐的关键字，Shopee 平台能够根据商品标题直接批量增加大量有搜索量的关键字，并将关键字匹配类型设置为广泛匹配，同时为关键字推荐出价。

关键字匹配类型会影响广告商品被搜索的次数，关键字匹配类型包括广泛匹配和精确匹配。广泛匹配通常能够带来较多的浏览量，而精确匹配则会将广告精准地投放给特定的用户。

我们还可以根据关键字的品质分数和自身需求对关键字出价、匹配类型进行修改，如图 5-9 所示。对于自身商品与关键字匹配，并且品质分数高的关键字，我们可以根据转化率来进行调整。对于品质分数低的关键字，我们可以适当优化，如果关键字的品质分数长期较低，那么建议删除这个关键字。

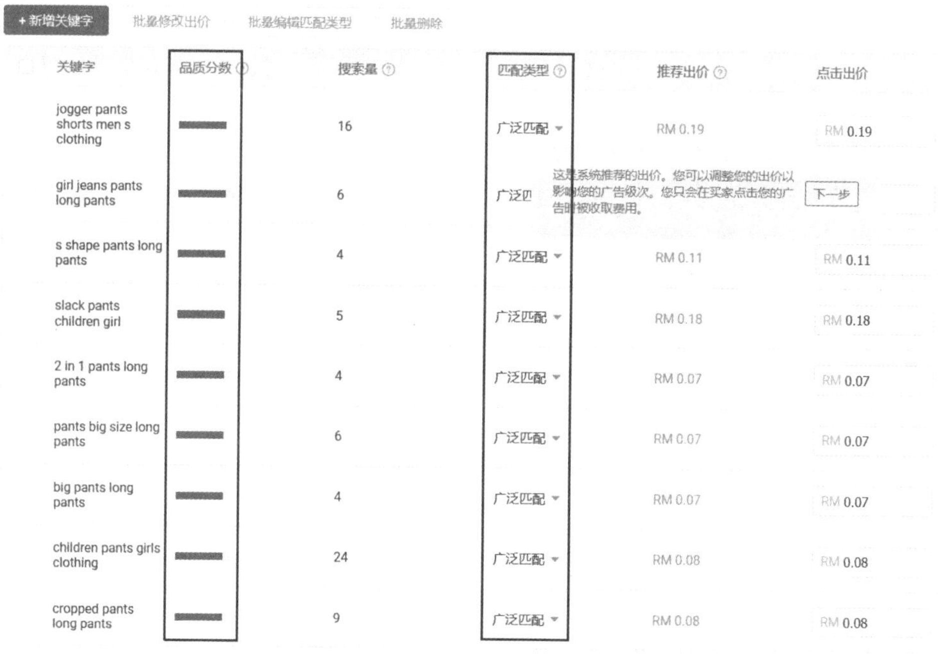

图 5-9

在选品阶段，使用 Google 关键字规划师工具同样可以查看搜索量，从而选择合适的关键字。

一条广告的关键字最多可以添加 200 个字符，基本可以覆盖大部分推广需求。

通过点击广告商品，可以查看该商品的关键字表现，以调整关键字。

5. 如何优化关键字广告提高转化率

优化关键字广告需要一定的数据基础，我们可以通过一段时间的广告投放数据来优化关键字广告。不过在数据积累之前，我们可以做以下优化：

（1）对于没有搜索量的关键字，如果没有强大的站外引流方法，那么建议删除。虽然没有搜索量的关键字的竞争一般比较小，比较容易上排名，但是排名再高，如果没有人搜索，就没有展现。不过我们如果有能力从站外推广关键字，那么没有搜索量的关键字也可能被推广成有搜索量，从而获得先发优势。

（2）避开过于热门的关键字，热门关键字一般属于大类宽泛词。首先，这类关键字不够精准，其次这类关键字的出价很高，除非预算足够，需要更多的曝光量，否则尽量避免使用。另外，这类关键字的竞争很大，如果商品的竞争力不够大，那么获得的流量转化率会被拉低。

（3）优先选择相关性高、定位精准的关键字。精准的关键字更有利于广告效益，而相关性低的关键字不利于广告显示。

5.1.3　关联广告

关联广告的设定如图 5-10 所示。关联广告无须买家搜索关键字，而由 Shopee 平台根据买家浏览在不同的广告位显示广告，如 Shopee 平台的每日新发现以及商品详情页下方。

关联广告的设置过程和关键字广告类似，不过无须新增关键字，可以批量设置，一次可以勾选 10 个商品。我们可以设置点击出价、预算、时间长度，如图 5-10 所示，可以设置显示位置，如图 5-11 所示。我们可以通过设置溢价使商品排在更靠前的位置，设置溢价后的最终出价=单次点击出价×（100%+溢价）。我们可以通过切换"状态"按钮调整广告显示位置，绿色状态表示该显示位置的广告正在投放中，灰色状态则表示该位置的广告暂停投放显示。

我的行销中心 / 广告 / 创建广告

创建广告

1 设定关联广告

已选择2个商品。一次最多可以勾选10个商品。添加更多商品到列表中。

批量修改出价　　批量编辑预算　　批量编辑时间长度

选择全部		点击出价		预算		时间长度
	Small shop holiday, orders will be issued on February 1Girls' pleated pants, big c... RM15.95	RM 0.03 推荐 RM 0.03	单次点击出价	无限制 ▾		不限时
	Girls summer ice silk wide leg pants nine points knitted pants high waist drop str... RM31.00	RM 0.03 未使用推荐价格，您的广告排序可能会排在较后面 推荐 RM 0.03	单次点击出价	无限制 ▾		不限时

图 5-10

2 显示位置设置

· 设置溢价率可使您的每个广告显示位置的出价更具竞争力
· 打开所有广告显示位置的状态，以获得更好的广告流量

显示位置	样本	溢价		最终出价	状态
商品详情页面 - 相似商品		增加出价 0	%	RM0.03 - RM0.03 单次点击出价 更多详情	⬤
主页 - 每日新发现		增加出价 0	%	RM0.03 - RM0.03 单次点击出价 更多详情	⬤
商品详情页面 - 您可能喜欢		增加出价 0	%	RM0.03 - RM0.03 单次点击出价 更多详情	⬤

确认发布　　　取消发布

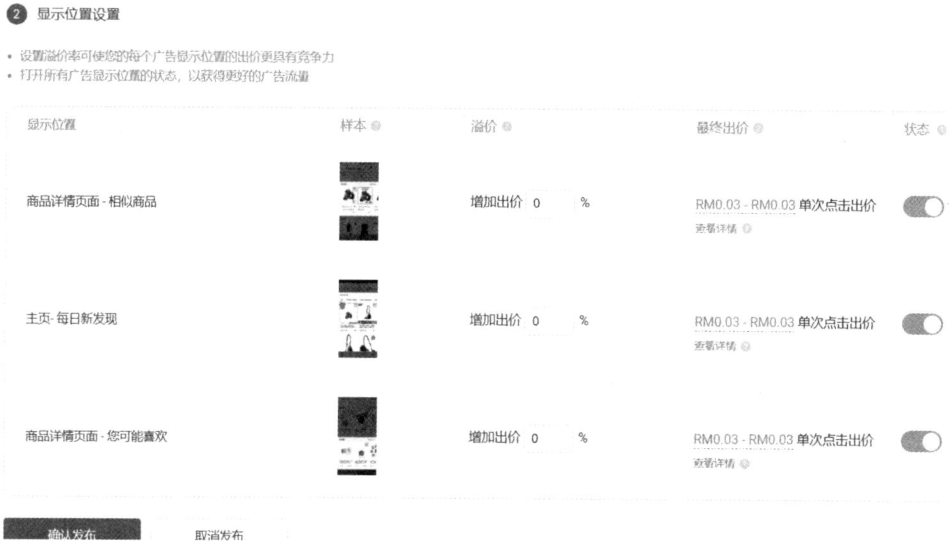

图 5-11

　　关联广告的显示位置包括商品详情页的相似商品推荐、主页的每日新发现以及商品详情页的您可能喜欢。我们可以自主选择显示在哪个位置。

5.1.4　商店广告

商店广告是卖家商店信息展现在搜索结果最上方的广告形式。如果买家点击商店广告，就会进入卖家的商店页面。目前，商店广告仅向商城卖家和优选卖家开放，且只有一个位置，如图 5-12 所示。

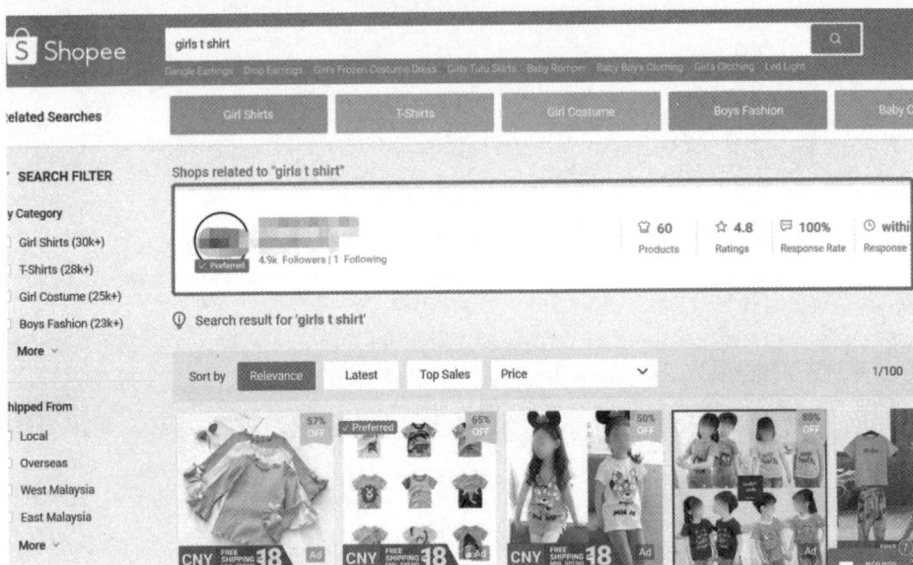

图 5-12

如果卖家是商城卖家或者优选卖家，那么在卖家中心的"我的广告"页面中可以单击"商店广告"选项，并单击"立即创建商店广告"选项，然后设定预算、时间长度、关键字、关键字出价等信息。关键字既可以由系统推荐，也可以自行新增，并且匹配方式和关键字广告一致，如图 5-13 所示。

Shopee 平台会有一些保留关键字。当买家搜索保留关键字的时候，Shopee 平台将显示原始商店，即官方商店，而不会显示设置对应关键字的广告商店。

一个关键字仅对应一个商店广告，因此，商店广告竞争激烈。商店广告的曝光由两个因素决定：一是单次点击出价，出价越高，广告被展现的机会越大；二是商店相关度，取决于商店质量以及商店与所选关键字的相关度。商店相关度越高，广告展现的可能性就越大。

创建商店广告

预算　余额: RM0.00

○ 无限制

设定预算

若不设定预算限制，约可为商品带来0 次点击（点击数是根据目前账户余额计算而出）

时间长度

○ 不限时

开始日期/结束日期

关键字

+ 增加推荐的关键字

图 5-13

5.1.5　广告充值

在关键字广告开始投放之前，我们需要为广告账户充值。Shopee 平台目前提供了多种充值方式，包括使用站外的 Paypal、连连支付，以及站内的信用卡、Shopee 币等，充值到账时间一般不超过 3 个工作日。

站外充值页面如图 5-14 所示，我们可以选择充值支付方式。在页面中还提供了充值优惠活动链接，我们可以了解 Shopee 平台最新的广告及大型促销信息。

Shopee

虾皮付费广告充值

最新充值优惠请看 这里

请选择您的广告充值支付方式

Paypal　　　　　　　LianLian Pay

返回购买首页

图 5-14

如果单击"Paypal"按钮，那么会跳转到 Paypal 的充值页面。这种方式支持给最多 10 个店铺同时充值，如图 5-15 所示。

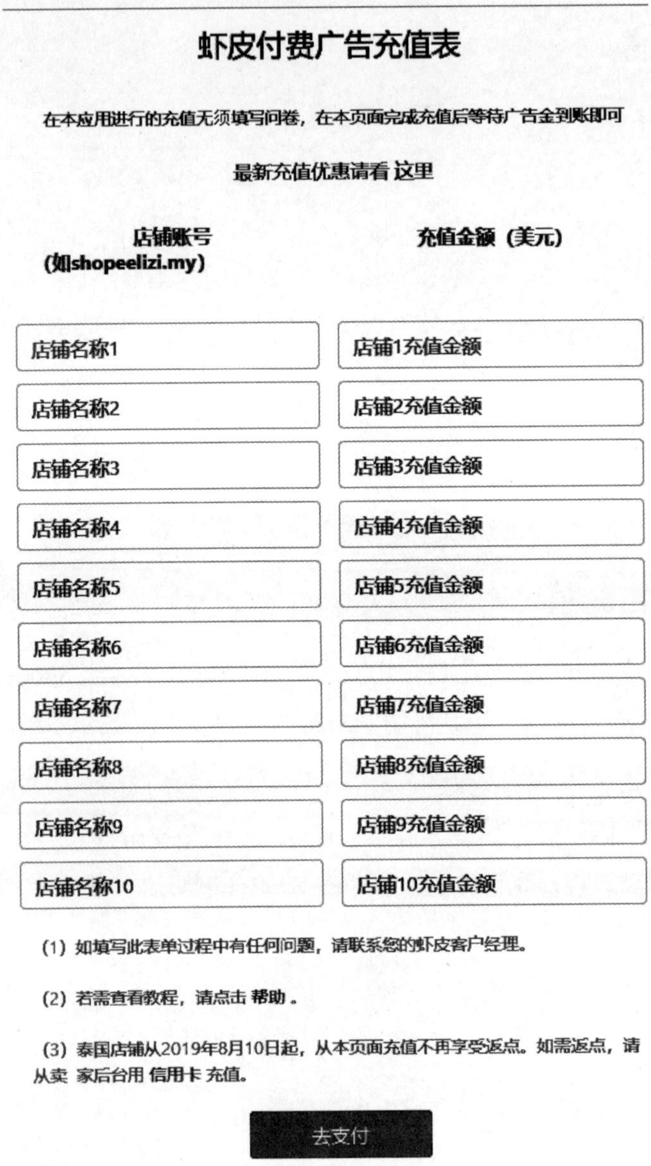

虾皮付费广告充值表

在本应用进行的充值无须填写问卷，在本页面完成充值后等待广告金到账即可

最新充值优惠请看 这里

店铺账号 (如shopeelizi.my)	充值金额（美元）
店铺名称1	店铺1充值金额
店铺名称2	店铺2充值金额
店铺名称3	店铺3充值金额
店铺名称4	店铺4充值金额
店铺名称5	店铺5充值金额
店铺名称6	店铺6充值金额
店铺名称7	店铺7充值金额
店铺名称8	店铺8充值金额
店铺名称9	店铺9充值金额
店铺名称10	店铺10充值金额

(1) 如填写此表单过程中有任何问题，请联系您的虾皮客户经理。

(2) 若需查看教程，请点击 帮助 。

(3) 泰国店铺从2019年8月10日起，从本页面充值不再享受返点。如需返点，请从卖 家后台用 信用卡 充值。

去支付

图 5-15

如果单击"LianLian Pay"按钮，那么会跳转到连连支付的充值页面，如图 5-16 所示。

图 5-16

如果在 Shopee 平台站内充值，那么我们可以直接在 Shopee 后台单击"充值"按钮，选择固定的充值金额，如图 5-17 所示。

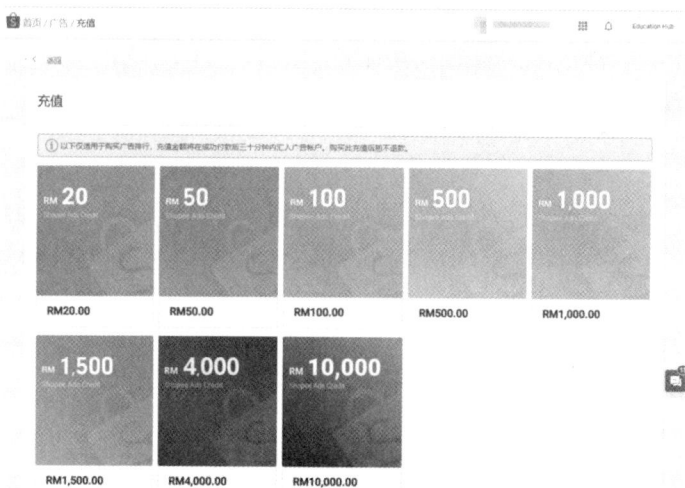

图 5-17

在选择固定的充值金额后，会弹出付款页面，我们可以选择线上银行、ShopeePay、在 7-11 的现金支付、ATM/现金汇款、信用卡/VISA 金融卡等支付方式，如图 5-18 所示。不过需要注意的是，这里的线上银行和信用卡等方式都需要使用国外银行卡，因此比较适合本地店铺的卖家或者有国外银行卡的卖家。

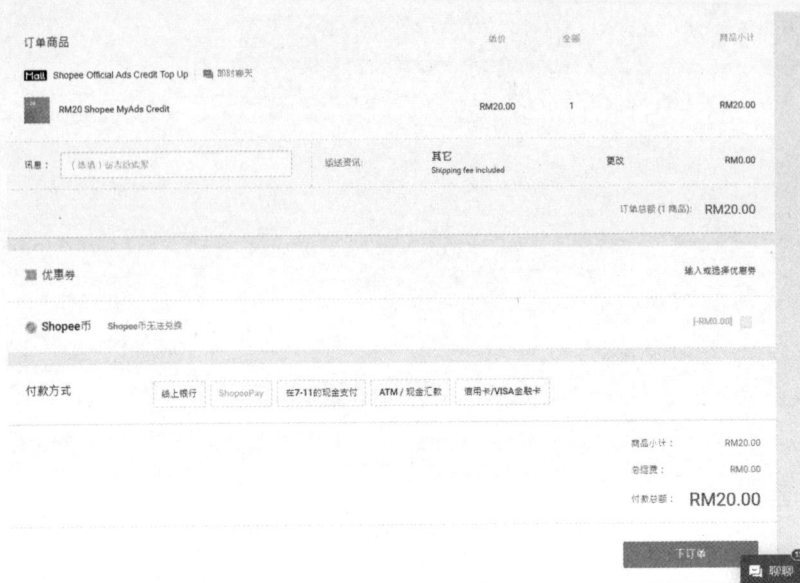

图 5-18

以信用卡为例，单击"信用卡/VISA 金融卡"按钮，将会弹出信用卡信息填写窗口。我们将国外信用卡的持卡者名字、信用卡号码、信用卡的有效期和 CVV 码等信息填入即可，如图 5-19 所示。

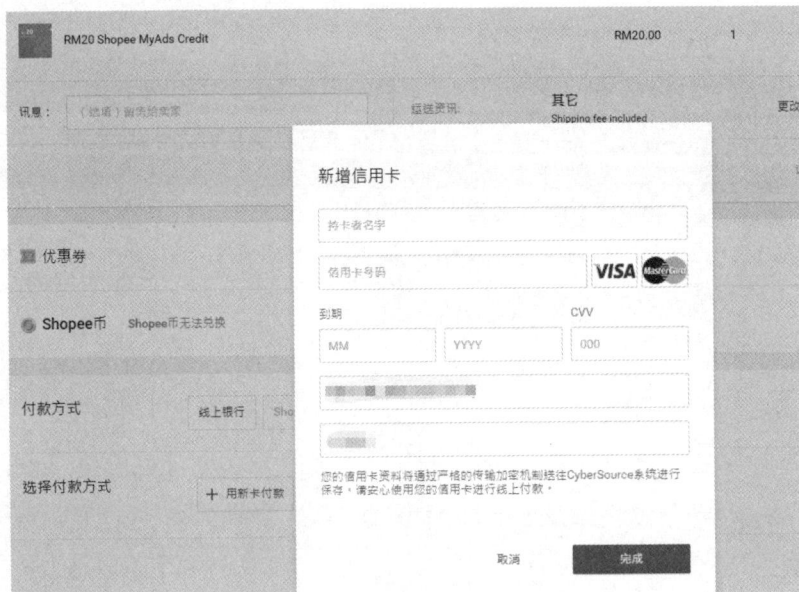

图 5-19

5.2　折扣和优惠活动设置

Shopee 平台在"营销中心"提供了"我的折扣活动"和"优惠券",允许卖家在任何时间段内设定店内商品的折扣活动,并且商品折扣在商品主图和详情页中都有明显标识,优惠券也可以展示在商店首页,这些设置可以吸引买家购买商品。

5.2.1　我的折扣活动

在卖家中心的"营销中心"页面中,单击"我的折扣活动"选项,如图 5-20 所示。

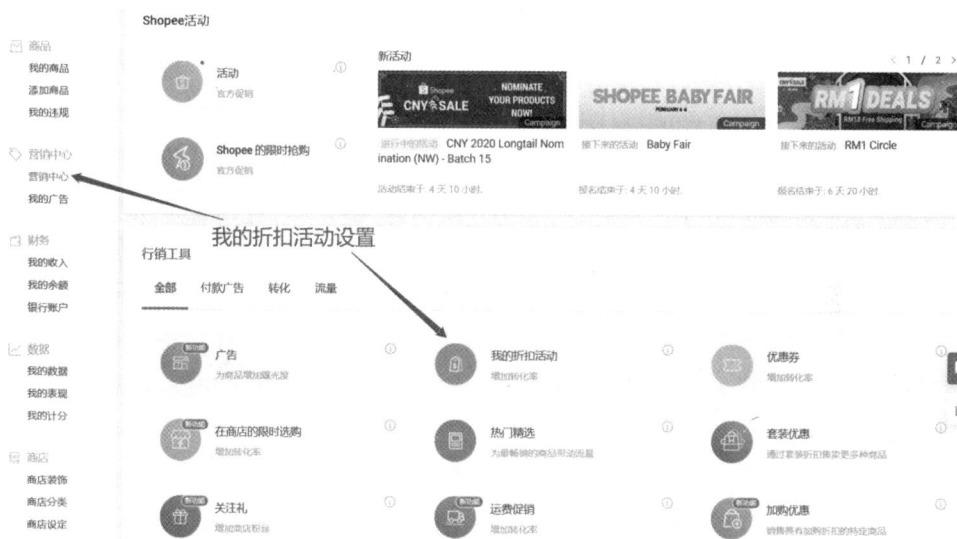

图 5-20

单击"+新的折扣活动"按钮,设置折扣活动细节,如图 5-21 和图 5-22 所示。活动时间在设定后不可以延长,但可以缩短。

在设置完折扣活动细节后,单击"储存并继续"按钮,就可以添加参与折扣活动的商品,如图 5-23 所示。添加商品支持选择店内已有商品,也支持上传商品列表。

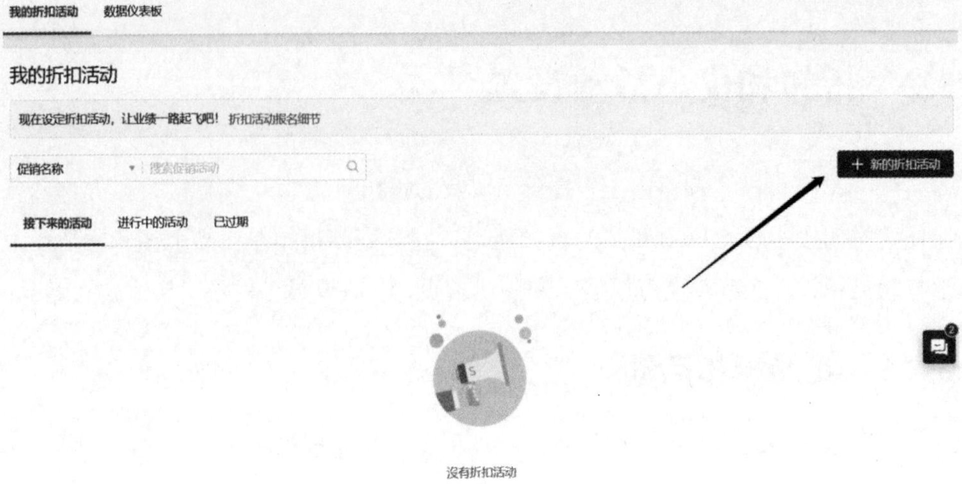

我的折扣活动　数据仪表板

我的折扣活动

现在设定折扣活动，让业绩一路起飞吧！折扣活动报名细节

促销名称　　　▼　搜索促销活动　　　🔍　　　　　　　　　　　　　　　＋ 新的折扣活动

接下来的活动　进行中的活动　已过期

没有折扣活动

图 5-21

🛍 首页 / 我的行销中心 / 我的折扣活动 / 建立新的折扣活动

← 建立新的折扣活动
为新建立的折扣活动输入活动细节及设定价格

折扣活动细节

折扣活动名称　　　春节大促

折扣活动期间　　　2020-01-24 14:00　🗓　—　2020-01-24 15:00　🗓

* 结束时间必须比开始时间大于至少一个小时。

* 折扣活动储存成功后，才能缩短活动时间。

储存并继续

图 5-22

← 春节大促　　　　　　　　　　　　　　　　　　　　　　　　　🗑 删除折扣活动

接下来的活动　● 活动开始倒时 in 22 minutes 29 seconds

类型　　　　折扣

折扣活动期间　24-01-2020 14:00 - 31-01-2020 15:00　　✎ 编辑折扣活动

报名商品

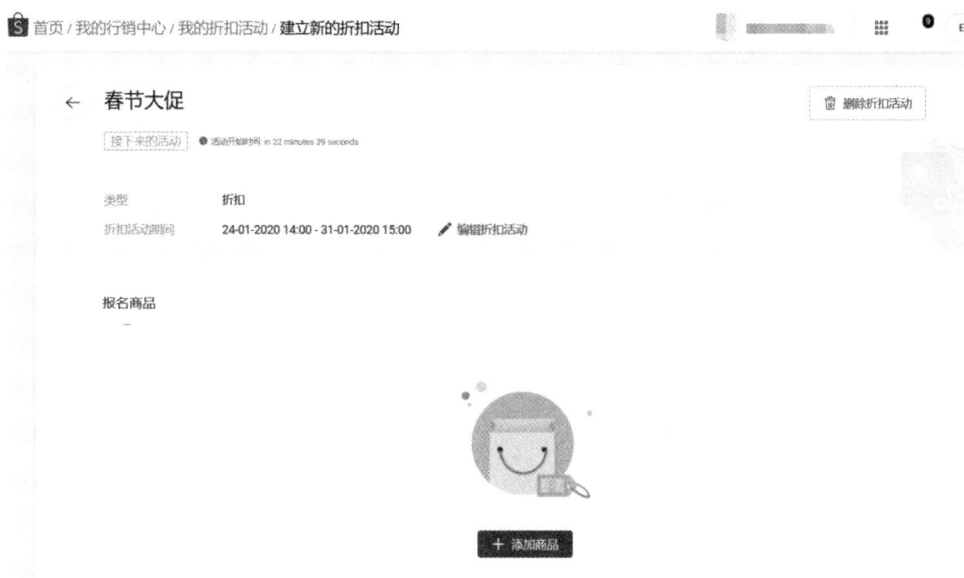

＋ 添加商品

图 5-23

我们可以根据分类选择适用的商品，如图 5-24 所示。

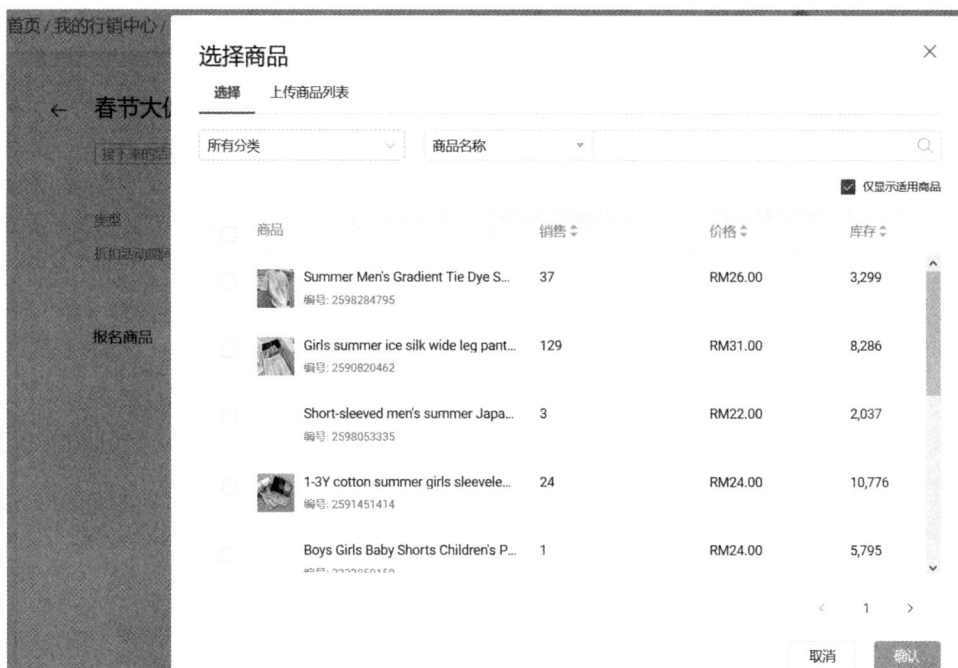

图 5-24

我们还可以选择上传商品列表，通过下载模板来制作商品列表并上传，如图 5-25 所示。

图 5-25

在完成商品列表上传后，在店铺的商品列表中就可以看到商品的折扣标识，如图 5-26 所示。

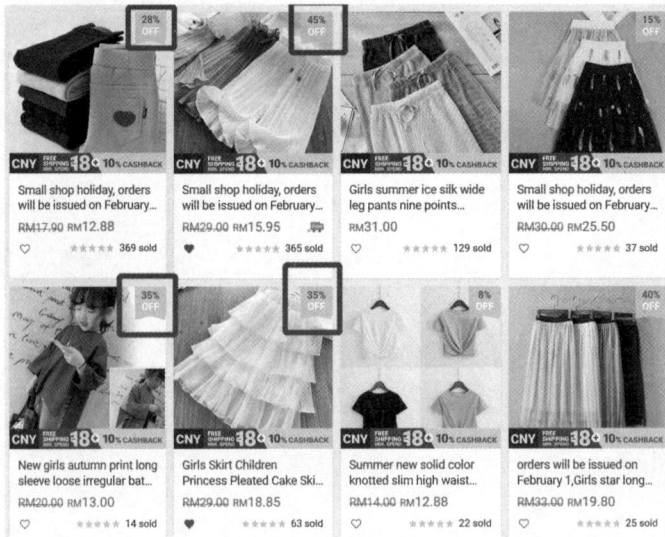

图 5-26

由于参加折扣活动的商品在商品主图和详情页中显示了明显的折扣标识，对买家的识别性很强，能够有效地提高商品的点击率，并且折扣也有助于提高商品排名，所以建议卖家为商品都设置折扣活动。

另外，需要注意的是，商品在提价后再参加折扣活动会被降低权重，所以我们需要在商品定价时就预留折扣活动空间。

5.2.2　优惠券

在卖家中心的"营销中心"页面中，单击"优惠券"选项，即可打开优惠券页面。优惠券页面显示了当前已有的优惠券名称、优惠券类型、折扣金额、数量等，如图 5-27 所示。

图 5-27

我们可以看出，优惠券和折扣活动有所不同，我们可以对优惠券设定数量限制，并且买家需要领取优惠券或者通过促销代码来获得优惠。单击"+新增促销代码"按钮，会弹出"新增促销代码"对话框。在该对话框中，我们可以选择新增店铺优惠券和商品优惠券，如图 5-28 所示，其中店铺优惠券适用于商店内的所有商品，商品优惠券适用于选定的商品。

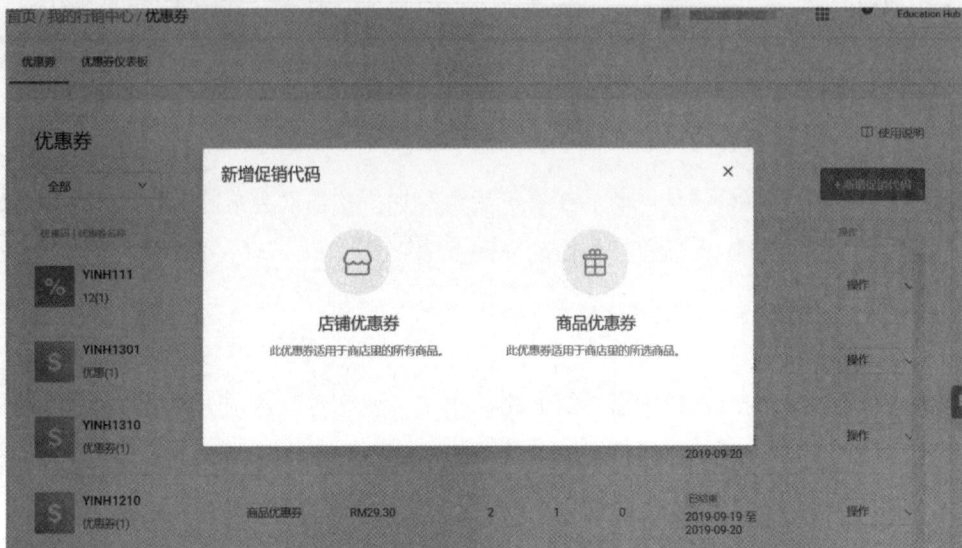

图 5-28

以店铺优惠券为例，单击"店铺优惠券"按钮后，可以打开"创建商店优惠券"页面，然后可以设定优惠券名称、优惠码、奖励类型、折扣类型|优惠限额、最低消费金额、优惠时限和优惠券数量，如图 5-29 所示。

我们可以自行命名优惠券名称。优惠码是一组字母和数字组成的五位编码，我们可以通过"聊聊"或者站外工具发送给买家，也可以让买家在站内领取。

对于奖励类型，我们可以选择折扣或 Shopee 币回扣。折扣类型|优惠限额可以设定为折扣比例和折扣金额。我们还可以设置使用优惠券的最低消费金额。我们可以通过优惠时限和优惠券数量控制优惠活动时间，在活动时间内提高优惠活动的转化率。

另外，我们还可以设置店铺优惠券是否在商店主页、商品详情页面和购物车页面等基本页面中显示。

如果我们设置了优惠券在基本页面中显示，那么买家在对应的页面中可以看到领取优惠券的链接，此时单击"Claim"（领取）按钮即可获得优惠券，如图 5-30 所示。

创建商店优惠券

图 5-29

在设置优惠券时，我们可以根据客单价至少设置 3 种优惠券：

（1）低于平均客单价，如满 110 元减 11 元，覆盖所有买家，吸引买家下单。

（2）接近平均客单价，促进买家按照平均客单价下单以及吸引买家凑单。

（3）高于平均客单价，促进买家购买多件商品和凑更多订单。

图 5-30

5.3 促销活动

Shopee 平台在一些节假日会开展一些节日促销活动或限时选购活动，我们可以在指定的时间报名。促销活动能有效地提高商店和商品的转化率。不过需要注意的是，有些活动是有门槛的，比如要求卖家为优选卖家、要求商品有一定数量的好评等。

在"营销中心"页面中，单击"活动"选项，可以看到 Shopee 平台接下来的活动、进行中的活动和已过期的活动，如图 5-31 所示。

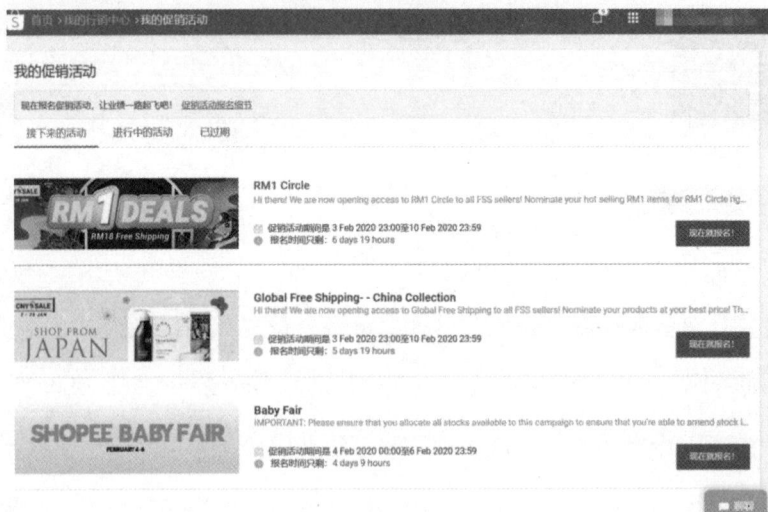

图 5-31

5.3.1　限时选购活动设置

除了官方的促销活动，Shopee 平台已经开放了商店内的限时选购活动，这类似于国内电商平台的秒杀活动。我们可以在商店内设置限时选购活动，以提高商品的转化率。

参加限时选购活动的商品条件如下：促销商品的库存为 3～1000 个；折扣设置为 10%～99%；促销价格低于最近 7 天的最低价格（不包括限时选购活动的价格）；商品评价分数≥4 分；可以是预售商品；备货时长≤3 天；参加此次限时选购活动前 24 小时未参加限时选购活动。

在"营销中心"页面中，单击"在商店的限时选购"选项，会显示正在进行的限时选购活动和该活动的点击数/浏览数。单击"创建新的限时选购"选项，可以选择参加限时选购活动的日期和时段，如图 5-32 所示。

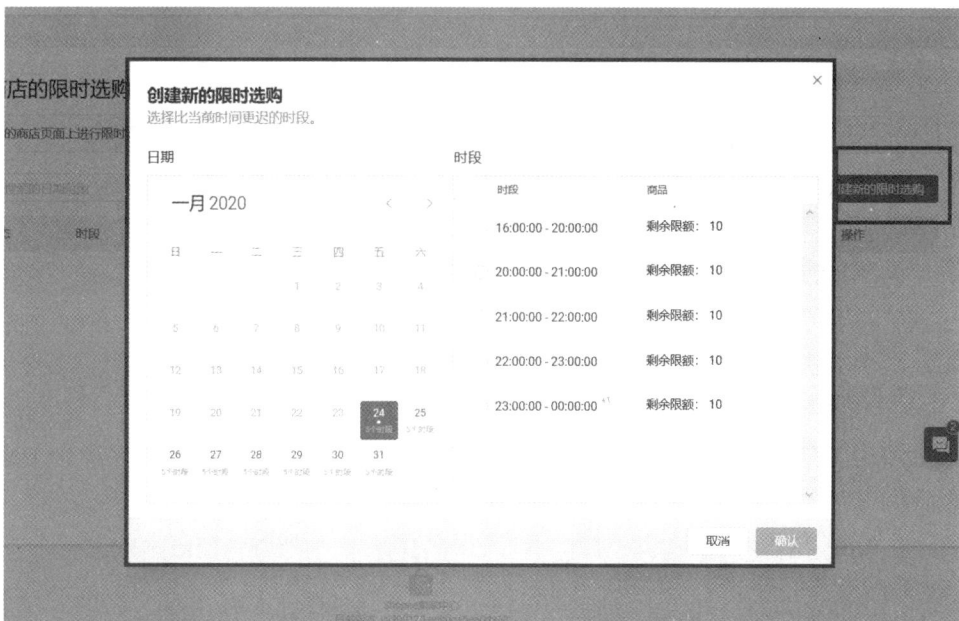

图 5-32

接下来，选择参加限时选购活动的商品，然后设置商品的折扣金额或折扣、活动库存和购买限制，如图 5-33 所示。

图 5-33

我们可以在 Shopee 平台的卖场大型促销活动期间设置限时选购活动，以提高转化率，还可以在店内设置优惠促销活动时配合使用限时选购活动。

5.3.2 套装优惠

我们可以在商店中创建套装优惠活动，并为这些套装提供折扣，从而提高客单价，提升销售额。我们可以在商店内混合匹配商品创建套装优惠，设置捆绑折扣类型，并设置套装名称、套装周期、套装类型和购买限制，如图 5-34 所示。

在套装类型中，我们可以设置折扣比率、折扣金额或套装特价，分别举例如下：

（1）折扣比率。如购买 3 件可享受 10% 的折扣，适合低价商品。

（2）折扣金额。如购买 3 件减 10 元，适合高价商品。

（3）套装特价。如购买 3 件共 30 元，适合可同时使用的商品。

S 首页 / 我的行销中心 / 套装优惠 / 创建套装优惠　　　　　Education Hub

创建套装优惠

套装名称　　　卖3件打9折

套装周期　　　2020-01-25 14:30　　　　　　2020-01-31 15:30

*请输入晚于开始时间1小时的结束时间。

套装类型　　　● 折扣比率　　○ 折扣金额　　○ 套装特价

购买　3　个商品享受　10　%　折扣

*折扣比率 = 总结算价 - 10 %

购买限制　　　买家最多可以购买此套装优惠　1　次

图 5-34

在设置完套装优惠后，我们需要选择参加套装优惠的商品。套装优惠同样支持通过上传商品列表来选择商品。没有库存的商品和在其他活动中的商品可能无法添加到套装优惠中。

另外，需要注意的是，在开启套装优惠后，不要为套装内的商品更换物流方式，否则买家无法购买参加套装优惠活动的商品。

5.3.3　运费促销

我们使用运费促销功能可以创建运费促销活动，在达到促销条件时，减免买家所需承担的运费，从而促进买家购买商品。

单击"新增运费促销"按钮，可以设置促销名称、促销开始/结束时间、运送渠道和运费，如图 5-35 所示。目前，我们最多可以设置 3 个运费规则。

我们无须选择商品，在新增后运费促销活动就开始进行了。不过和折扣活动一样，一旦确认运费促销后，就不能延长时间，除非重新创建运费促销活动。

图 5-35

5.3.4 加购优惠

加购优惠是一项新功能，我们可以通过组合主要商品和加购商品，使买家在主要商品页面及购物车页面看到加购商品，从而带来更多销售机会。这个功能并不会出现在所有卖家的店铺中。

在创建加购优惠活动时，我们首先需要设置加购优惠名称、开始/结束日期和加购商品的购买限制。在同一个加购优惠活动中，买家购买一个主要商品最多能加购的商品数量不超过 100 个，如图 5-36 所示。

在单击"储存并继续"按钮后，我们需要分别添加主要商品（如图 5-37 所示）和设置加购商品的折扣（如图 5-38 所示），可以添加多个主要商品和加购商品，可以批量设定加购商品的折扣，不过在同一个加购优惠活动中，加购商品只能被购买一次。

创建新的加购优惠

| 基本资料

加购优惠名称

开始/结束日期　2020-03-15 19:30　　—　　2020-03-15 20:30

*结束时间必须比开始时间晚至少一小时。

*一旦加购优惠储存成功，只能缩短活动时间，无法延长。

加购商品的购买限制　　A quantity less than 100

*此加购优惠中，买家购买每个主要商品最多可加购的商品数量。

储存并继续　　取消

图 5-36

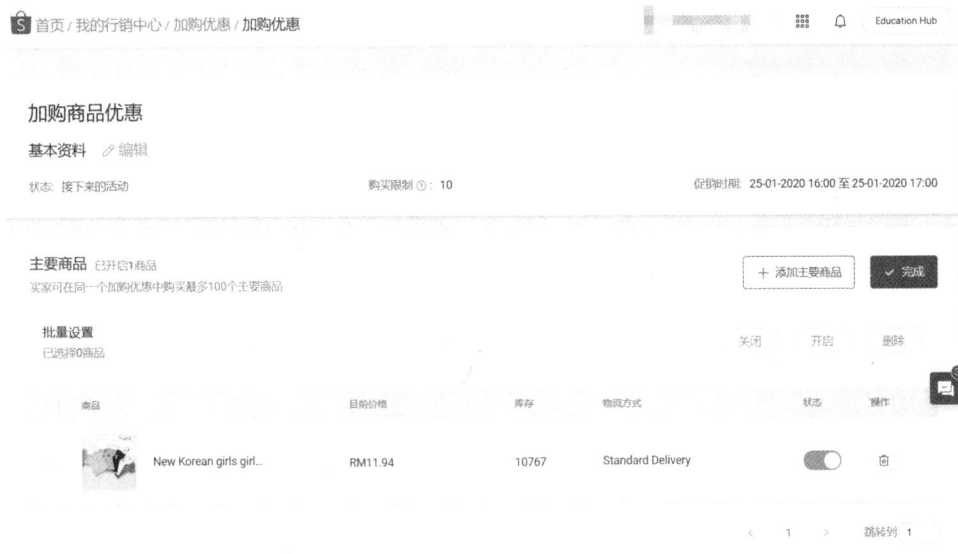

图 5-37

　　我们还可以为加购商品设定显示顺序。Shopee 平台允许卖家选择 2 个加购商品显示在主要商品页面中，如图 5-39 所示。我们建议选择销量高、评价好的商品，以便提高加购率。

图 5-38

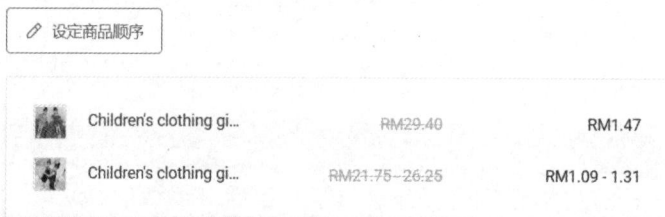

图 5-39

在添加主要商品、设定加购折扣和显示顺序后，加购优惠活动便自动开始运行，买家将会在主要商品页面和购物车页面中看到我们设定的加购商品。

5.4 热门精选与关注礼

热门精选和关注礼是 Shopee 平台的新功能，能够实现关联营销和粉丝营销，可以扩大引流范围。通过热门精选，我们可以使商店的商品获得更多的曝光量，而通过关注礼，我们可以提高商品的转化率，增加商店粉丝的忠诚度。

5.4.1　热门精选

通过热门精选，在商品详情页中可以显示 4～8 个我们添加的相关商品。我们最多可以创建 10 个商品集合，但是一次只能激活一个商品集合，被激活的商品集合将在所有商品详情页中显示，从而增加商品的交叉曝光量和销售量。

在卖家中心的"营销中心"页面中，单击"热门精选"选项，可以添加热门精选，然后设定"精选名称"，并选择 4～8 个在售商品，如图 5-40 所示。

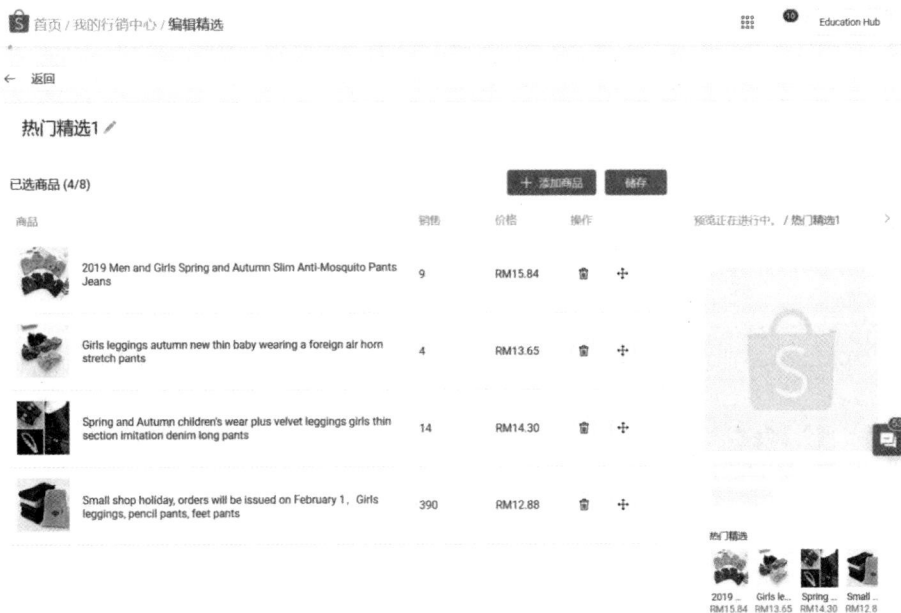

图 5-40

在启用热门精选后，选定的商品将在 PC 端的商品详情页右侧和移动端的商品底部显示。

5.4.2　关注礼

通过关注礼，我们能够使用一定的优惠和折扣激励买家关注店铺。买家在关注店铺后，将更容易从店铺内购买商品并获取最新优惠。

创建关注礼需要设定关注礼名称、关注礼开始/结束日期、关注礼类型等，其中关注礼类型可以是折扣或 Shopee 币回扣。我们还可以设定折扣金额、最低消费金额和关注礼数量。如果买家通过关注获得了优惠券，那么需要在 7 天内使用。关注礼的创建如图 5-41 所示。

图 5-41

5.5　其他营销活动

除了营销中心的活动，我们还可以进行以下营销活动，以增加商品的曝光量和买家黏性。

5.5.1　包裹宣传信息

我们可以在包裹中附带印有宣传信息、优惠信息的宣传资料或小礼品，激励买家关注店铺和给予好评，部分第三方货代可以提供此类附送宣传资料和小礼品的服务。

需要注意的是，小礼品可能增加包裹重量，因此建议选一些重量较轻的且有特色或者与买家所购买的商品有关联的小礼品。例如，在买家购买衬衣时，我们可以赠送一个领结。当然，在赠送小礼品时一定要考虑小礼品的成本与利润。另外，有些平台（比如亚马逊）是严格禁止卖家在包裹中添加宣传资料的，因此同样的宣传方式不可滥用，要注意平台规则。

5.5.2 "上新"与置顶

我们可以关注当地买家的活跃时间，在活跃时间"上新"（即上架新商品）容易获得更多曝光机会。一般来说，在每天的活跃时间"上新"20 个商品即可。如果没有新商品，那么可以通过更新库存、价格等方式增加商品的曝光量。

在"我的商品"页面中，我们可以手动置顶商品，使商品置顶在对应分类页面靠前的位置，从而使商品获得更多的曝光量。置顶功能不限制使用次数，非常适合新商品的曝光。对于已有一定自然流量的热卖品，我们不要使用置顶功能，以免影响搜索排名。另外，置顶功能只能每 4 小时设置一次且一次只能置顶 5 个商品。在 PC 端可以通过"我的商品"页面设置商品置顶（如图 5-42 所示），在移动端通过"我的店铺"页面设置商品置顶（如图 5-43 所示），单击每个商品下方的"点我置顶推广"选项即可。

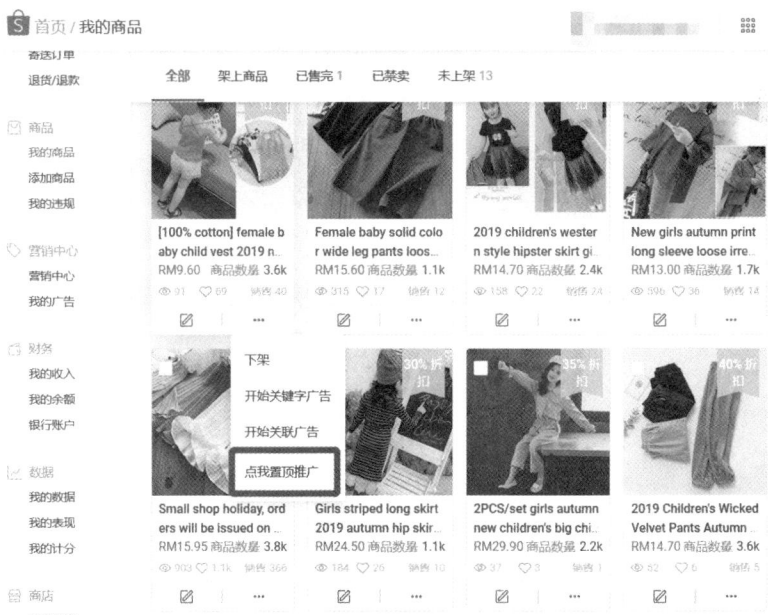

图 5-42

图 5-43

5.5.3 添加粉丝

我们在 Shopee 平台的移动端中可以查看同类店铺的粉丝页，然后通过关注粉丝来获得粉丝关注，如图 5-44 所示。

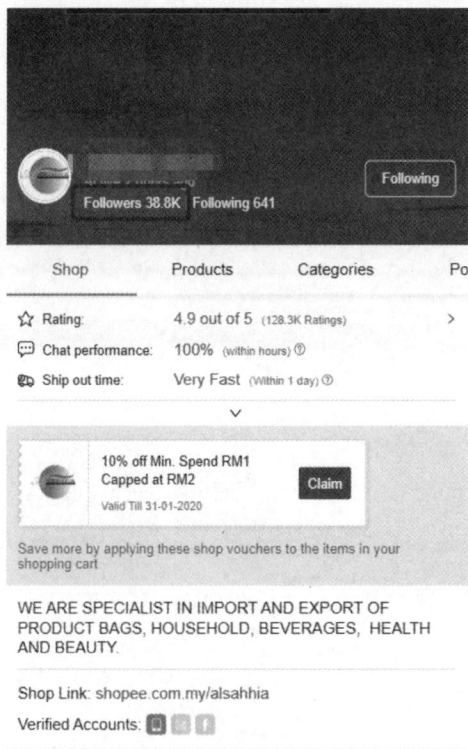

图 5-44

Shopee 平台对关注粉丝的总量限制为 5000 个，因此我们最好挑选同类商品销售靠前的店铺，并查看其粉丝页面，挑选有过评论的真实买家，分时段关注他们。我们在店铺首页装修中可以增加关注礼、粉丝福利等相关图文，以吸引买家关注。

另外，如果使用 Chrome 或者 Firefox 等浏览器浏览 Shopee 页面，那么在页面中单击鼠标右键→"检查元素"→浏览模式切换，可以模拟移动端查看同类店铺的粉丝页，从而在电脑浏览器中进行操作，如图 5-45 所示。

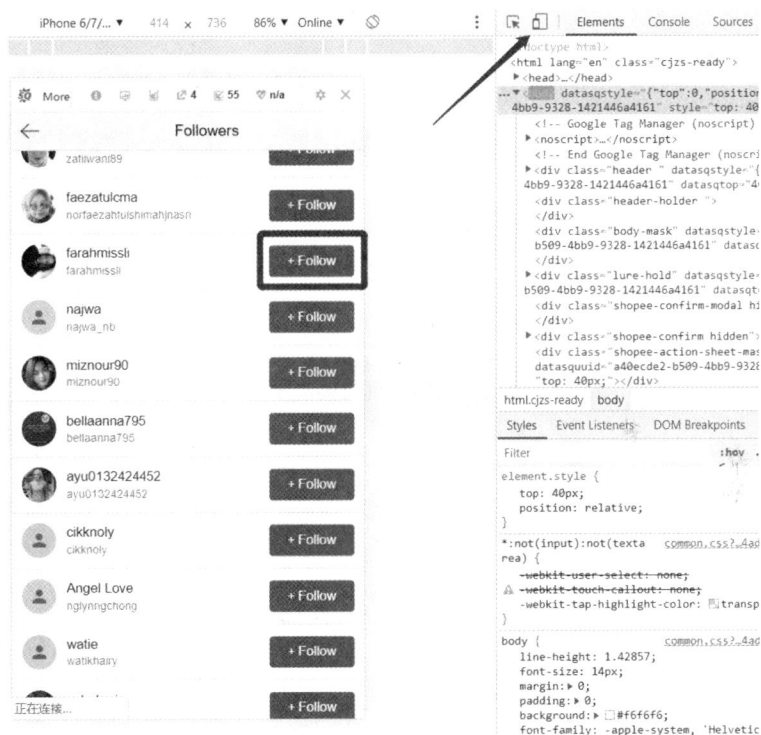

图 5-45

5.6　站外引流活动

除了站内活动，我们还可以通过站外活动（如 Facebook 帖文互动、TikTok 视频直播等）来分发商品和优惠信息。东南亚用户对 Facebook 等社交平台的使用率很高，因此利用社交平台为店铺进行站外引流非常有效。

在 Facebook 中发帖与在微博中发帖类似，用户可以在时间线上添加图文或视频，也可以直播，在发布信息的时候还可以标记好友，如图 5-46 所示。

图 5-46

我们还可以把已经在时间线上发布的帖子或商品链接分享到快拍、小组、主页和好友的时间线上，如图 5-47 所示。

图 5-47

如果我们有足够的时间或者有专门的社交媒体运营人员，那么可以建立自己的公共主页，以便及时分享新商品和促销活动。一个运营良好、粉丝众多的

Facebook 主页相当于一个非常好的免费广告渠道，如图 5-48 所示。

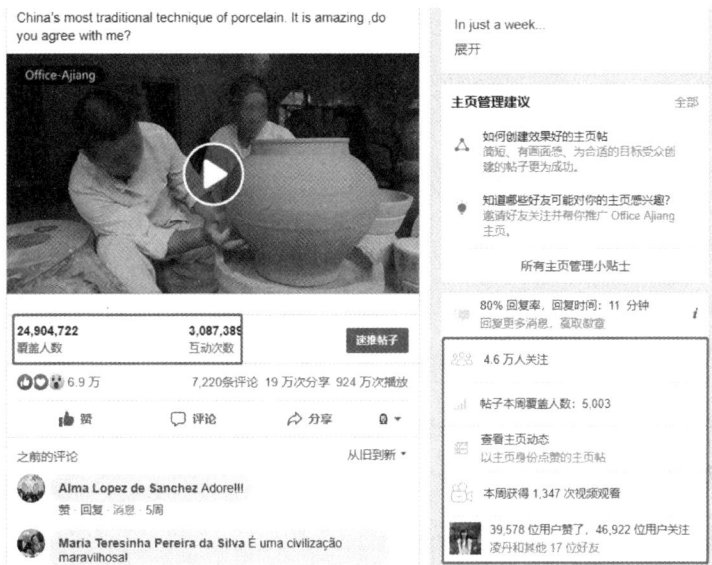

图 5-48

我们可以在 Facebook 主页的"成效分析"页面中查看主页浏览量、帖子覆盖人数、帖文互动次数等数据，进而优化主页，提高内容质量，增强与粉丝的互动，如图 5-49 所示。

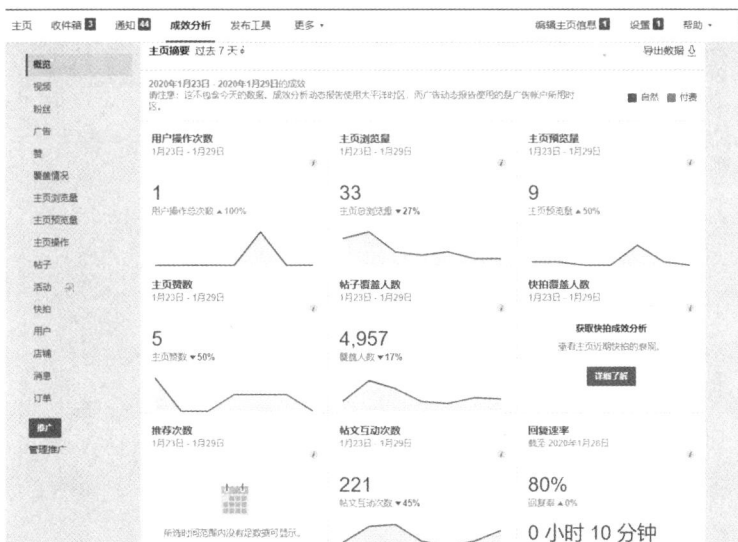

图 5-49

我们可以多关注东南亚当地的用户，在 Facebook 顶部的搜索框中搜索当地关键字，可以找到当地用户和当地小组，如图 5-50 所示，可以看到有些当地小组的人数高达数万人。在有新的商品和促销活动时，在相应的小组中分享，可能覆盖更多的潜在买家，为店铺带来更多的流量和转化。

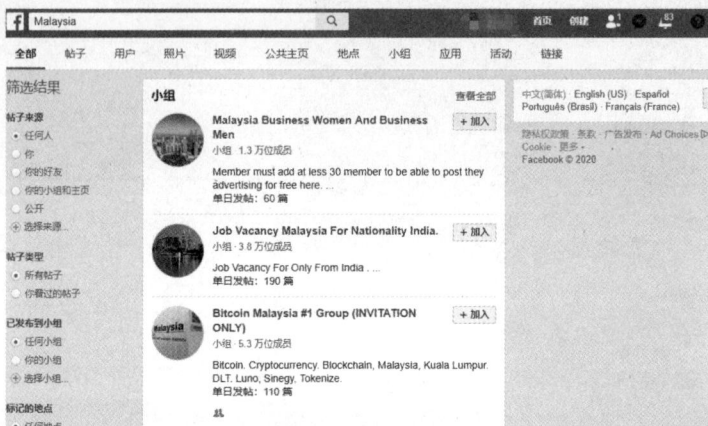

图 5-50

在添加 Facebook 小组后，进行帖文分享，在分享的时候选择"分享到小组"，如图 5-51 所示，就可以查找对应的小组，并填写分享信息，把帖文分享到小组后，小组成员在小组时间线上都可以看到该帖文。

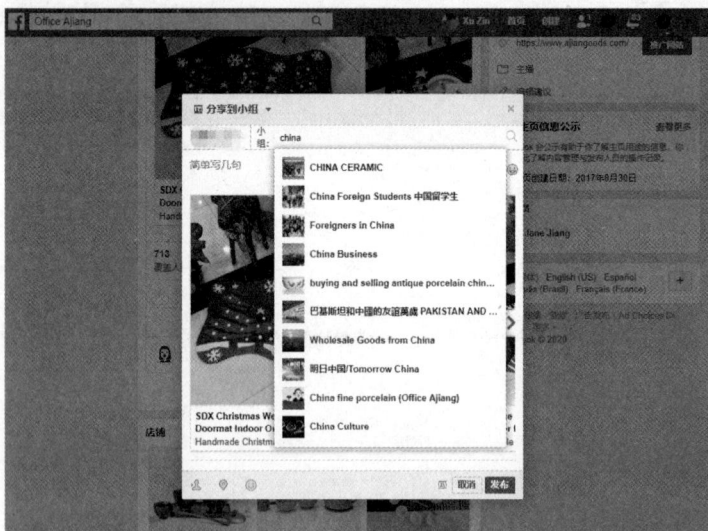

图 5-51

抖音国际版 TikTok 也覆盖了大量的东南亚人群，TikTok 的运营方式与抖音类似，不过 TikTok 目前无法在国外实现直播带货的功能，因此只适合进行宣传引流，商品成交仍然需要通过 Shopee 平台。

5.7　Shopee平台直播

直播是近几年比较火的互动形式，可以在短时间内聚集大量人群。通过一对多的直播互动场景，我们可以实现在线实时讲解商品、示范和答疑，不仅能够直接增加销量，还能够了解市场潜在需求，提高粉丝黏性，获得更多粉丝。

Shopee 平台已经支持了直播，在首页多处明显位置加上了直播板块，如图 5-52 所示，并且目前免收任何直播费用。

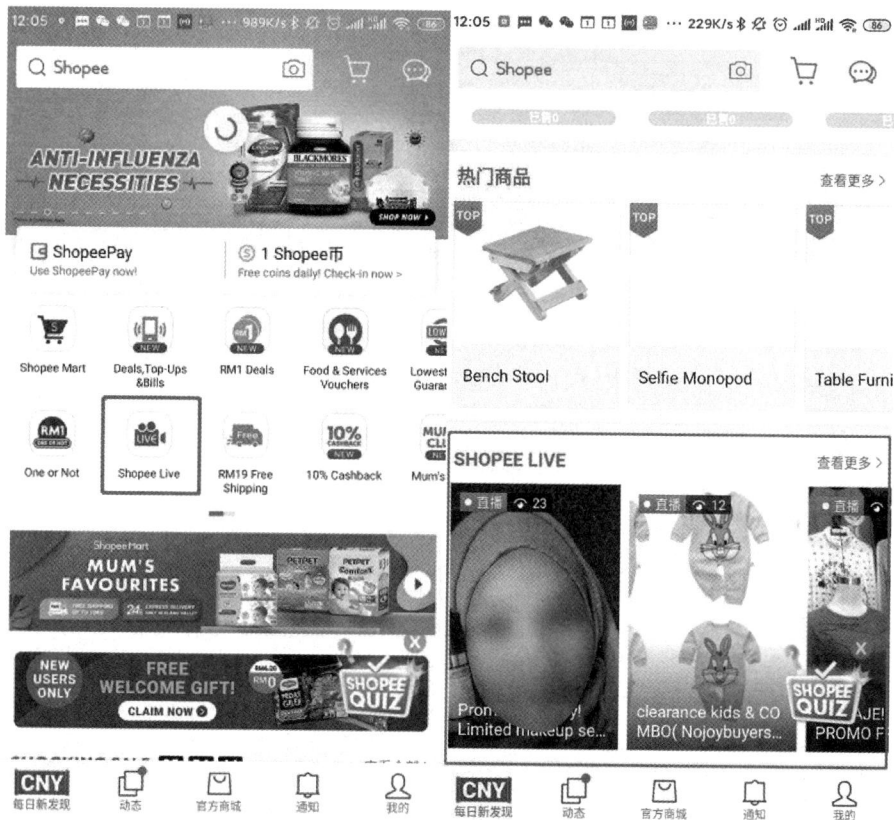

图 5-52

5.7.1　创建直播

在 Shopee App 中，单击"我的"→"直播视频"选项可以创建直播，接着需要进一步添加封面、标题、描述和相关商品，如图 5-53 所示。

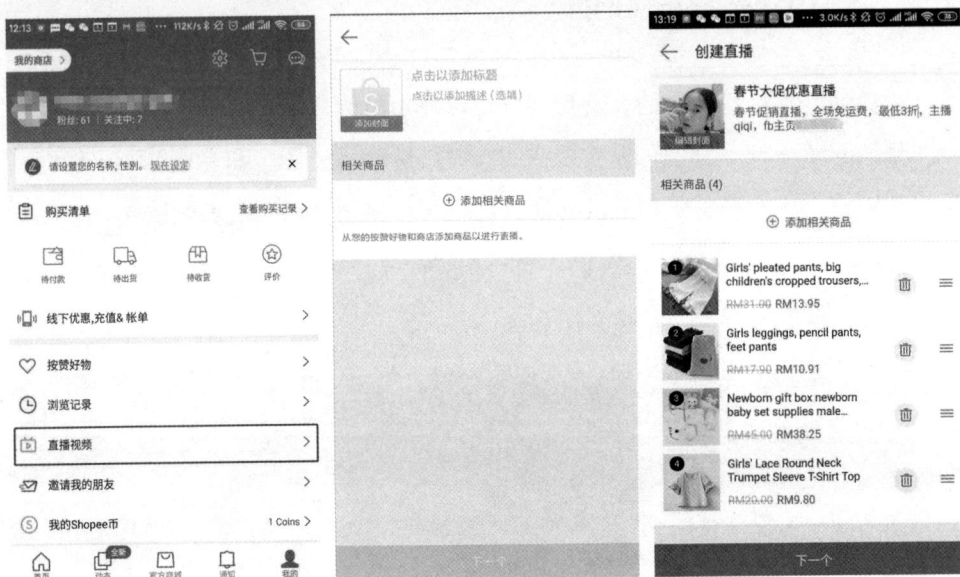

图 5-53

封面将在商店页面中显示，因此建议上传与直播主题、商店或商品有关的，有吸引力的图片，比如以人物、活动海报或商品图等为封面。

标题要与封面相呼应，我们也可以加上活动的直播主题，如女神节优惠直播等。标题最多为 200 个字符，并且支持表情符号。

在描述中，我们可以填写商店和商品介绍、活动介绍、主播介绍、Facebook 主页、Instagram 主页等，以便吸引买家或粉丝参与。

我们最多可以添加 200 件直播商品，直播商品支持商品排序。我们可以删除添加错误的商品。

单击"下一个"按钮，Shopee App 会提示直播需要开启拍摄照片和录制视频权限，如图 5-54（1）所示，在开启权限后将会显示直播画面，这时我们可以检查标题和描述。

在直播画面中，单击左下角的购物袋图标之后，可以选择要在直播画面中显示的商品，也可以在直播中选择商品切换显示，如图 5-54（2）所示。

最后，单击"直播"按钮，就进入正式直播。系统默认通知粉丝直播，我们也可以取消勾选通知粉丝的选项。

（1）　（2）

图 5-54

5.7.2　直播中的操作

在 Shopee 直播中，主播的画面底部显示了 6 个图标，如图 5-55 所示，分别对应如下操作：

1. 购物袋图标

单击购物袋图标可以切换显示商品，还可以添加新的商品。

2. 优惠券图标

单击优惠券图标可以选择发放优惠券，并且也可以将优惠券显示在直播画面中，在直播中还可以设定限时领取优惠券，优惠券被领取后在直播画面中自动消失。

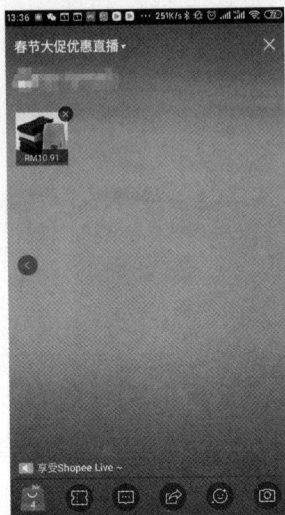

图 5-55

3. 留言图标

单击留言图标可以在直播中输入信息与观众进行互动，单条留言最多可以输入 200 个字符。

4. 分享图标

单击分享图标，不仅可以通过 WhatsApp、Messenger、Twitter、LINE、Facebook 等社交平台分享，还可以通过简讯、电邮等方式分享，如图 5-56 所示。我们在直播中可以激励观众分享，从而吸引更多观众。

5. 美颜图标

美颜图标可用于调整美颜程度。

6. 相机图标

相机图标可用于翻转前后摄像头。

单击直播画面右上角的关闭键或者手机的返回键，系统会提示是否退出直播。在直播结束后，将显示观众人数、点赞数量和直播时长，如图 5-57 所示。

图 5-56

图 5-57

5.7.3　直播中遇到的问题处理

由于使用 Shopee App 直播可能受网络、观众等影响，在直播中可能遇到一些问题。以下是一些常见问题的处理方式：

1. 网络卡顿或掉线

此时 Shopee App 会弹窗提示，主播可以选择重新连线或关闭。如果主播选择关闭，那么可以在 Shopee App 中单击"直播视频"→"创建直播"再次进入直播，并选择继续上一次直播或重新创建直播。

2. 手机误操作或有来电

如果主播在直播中因误操作或者接电话而离开直播画面，那么直播将会暂停，直到回到直播画面。

3. 观众发布不当信息

此时主播可以长按留言者昵称，单击"禁止评论"按钮，该观众在本场直播中就不能再留言了。

5.7.4 直播中的观众画面和观众操作

在直播中，观众看到的画面与主播的画面类似，底部分别显示了购物袋、留言框、"："、分享和点赞图标，如图 5-58 所示，分别对应如下操作：

1. 购物袋图标

单击购物袋图标会显示可以购买的商品，并能够把商品添加到购物车。

2. 留言框图标

单击留言框图标可以输入信息直接发送留言。

3. "："图标

单击"："图标会显示视频质量、干净模式和举报。视频质量可选 360P、540P 或 720P。360P、540P 和 720P 的分辨率分别为 640 像素×360 像素、960 像素×540 像素和 1280 像素×720 像素，分辨率越高越清楚。在选择干净模式后，页面将不显示其他图标和评论，只保留直播画面。在选择举报后，观众可以选择举报理由，对主播进行举报。

4. 分享图标

单击分享图标，可以将直播分享给他人。

5. 点赞图标

点赞图标用于对直播进行点赞操作。

如果主播在直播中发放了优惠券，那么观众可以在直播中看到领取优惠券的倒计时，在倒计时结束之前可以领取优惠券。

单击直播画面右上角的关闭键或者手机的返回键，将会直接退出直播，没有提示。

图 5-58

5.7.5　直播的准备事项

如果粉丝量很少或者没有充分准备，观众就可能会很少，因此一场放映良好的直播需要充分准备和预热宣传。

我们可以提前通过商店介绍、"聊聊"以及社交媒体告诉粉丝和潜在买家商店将有什么活动、定位为什么人群、在什么时候直播、主播是谁等。

我们还需要对直播间进行适当布置，尽量选择背景干净、空间感好的直播间，直播间还需要切合直播主题和商品进行合理装饰。

我们需要使用拍照效果较好的直播手机并进行调试，如果有条件，那么可以准备备用机。另外，我们也需要提前调试网络，优先选择网速快、延迟时间短的网络。

我们需要选择能够代表商店和商品风格的主播，主播的颜值、应变能力和个性都非常重要。一个好的主播在直播中可以把握直播节奏，把控直播销售能力，为商店带来更大的流量和更高的转化率。

5.7.6　直播规范

1. 保证直播质量

我们要提前调试，杜绝离线、画面卡顿、声音不清楚、没有互动等情况。

2. 直播内容规范

Shopee 平台严禁发布违法、赌博、色情、暴力、武器、政治讨论等直播信息，也不允许使用歧视性、攻击性以及伤害他人的言语等内容，主播的衣着不可过度暴露，否则均有可能被封店处罚。

3. 直播商品规范

Shopee 平台禁止对商品进行不实宣传，包括夸大商品功效、商品与实际不符、冒充官方活动、引导线下交易、销售侵权商品等。

我们可以在直播中通过商品讲解、优惠活动、主播互动等环节，介绍商店的品牌故事、商品卖点、专属优惠、互动游戏、购买演示、主播答疑等内容，还可以对下一次直播进行预热。

5.8　促销活动的其他准备

促销活动一般对销量都有促进作用。在大型促销活动之前，我们需要明确促销活动的目的，预估促销活动所能带来的流量和销量，并相应地做一些准备工作。

5.8.1　优化商品页面

我们要优化参加促销活动的商品详情页，规范标题、图片，添加商品视频，完善详情内容。在商品详情页的设计上，我们可以遵循 AIDMA 法则，即引起注意—激发兴趣—引起欲望—强化记忆—引起行动。页面内容可以按照图 5-59 所示的思维导图来优化。

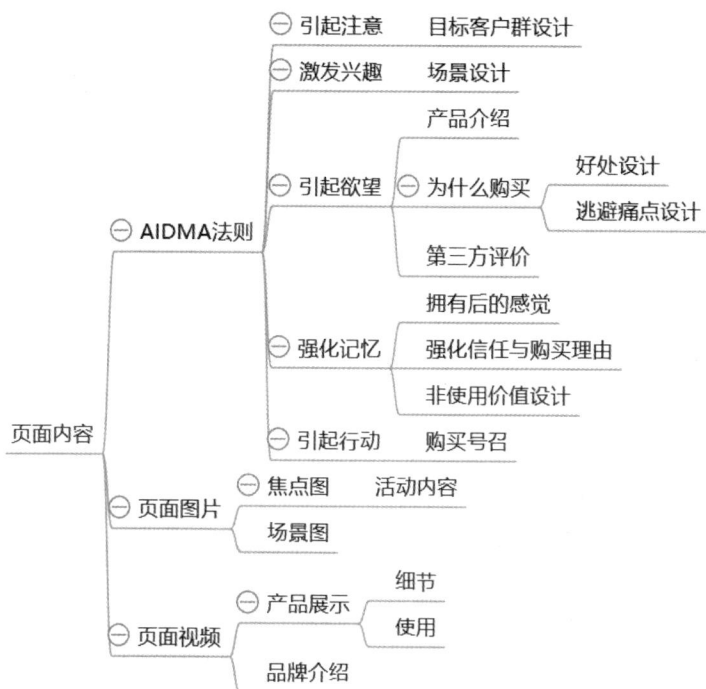

图 5-59

5.8.2　优化促销流程

（1）对店铺的客服进行培训，使客服充分了解商品、物流等环节，可以应对大型促销活动可能带来的店铺咨询、异常件处理等。

（2）与供应商联系准备足够的库存。如果促销活动的效果很好但备货不足，那么很容易导致店铺无法正常按时发货，这会严重影响按时发货率，导致店铺被扣分降权，甚至被封店。

（3）配套进行其他店内活动和站外引流活动，如发放优惠券、参考折扣活动、设定关注礼、参加限时选购活动等，以便吸引买家凑单，提高转化率，留存老买家等。

5.8.3　数据分析与总结

（1）记录买家咨询的问题，记录活动流量、客单价、转化率等数据，特别是Shopee 平台对几乎每种促销活动都有对应的数据仪表盘。通过对数据的分析，我们可以实时优化活动方案，提高活动吸引力。数据仪表盘如图 5-60 所示。

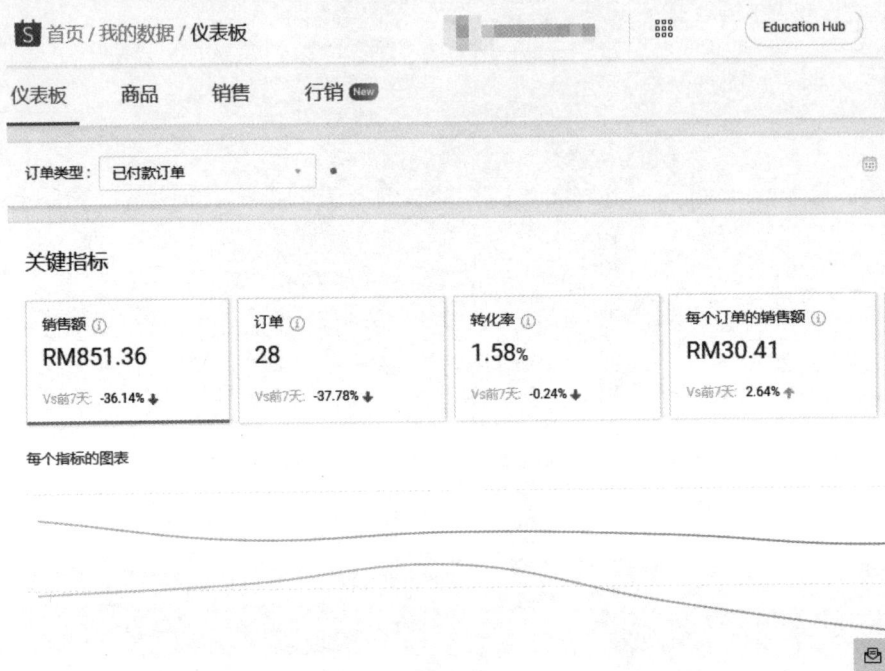

图 5-60

（2）对促销活动进行总结，对出现的问题实时记录并找到最佳解决方案，对成功的经验进行记录，为之后的活动积累经验。

第 6 章

Shopee 全球销售计划：
SIP 项目

6.1 SIP项目简介

SIP（Shopee International Platform，虾皮国际平台）项目是 Shopee 于 2019 年开始实施的项目，目的是帮助首开站点是中国台湾站的卖家把商品销往马来西亚站、菲律宾站、越南站等其他东南亚站点。开通 SIP 项目的店铺，可以通过中国台湾站的店铺查看其他站点的订单、账款信息，如图 6-1 所示[①]。

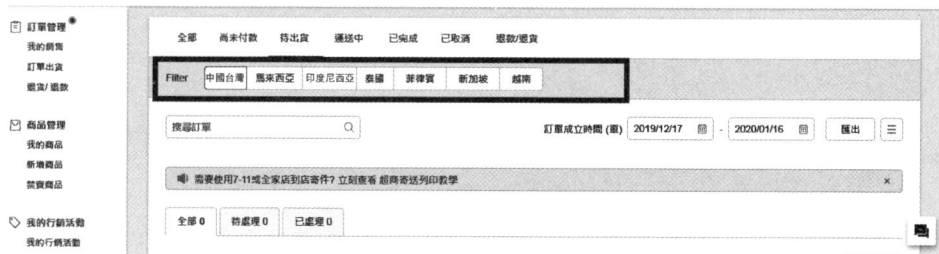

图 6-1

---

① Shopee 平台的中国台湾站使用的是繁体字。

目前，开通 SIP 项目的店铺采用邀请制，只针对首开站点是中国台湾站的卖家。我们的店铺要想开通 SIP 项目的店铺需要满足以下 4 个条件：中国内贸卖家、首开站点为中国台湾站、历史订单数≥3 笔、订单取消率≤10%。之后，我们很可能会收到客户经理的邀请消息，在了解并接受服务条款后，便可开通 SIP 项目的店铺。SIP 项目默认开通其他 6 个站点，如果想要仅开通部分站点，那么可以向客户经理申请。

因为 SIP 项目处于初期阶段，所以现在功能并不十分完善。Shopee 平台必然会慢慢改进，相信这个项目的各项操作以后会越来越便捷。

6.2 开通SIP项目的店铺与普通店铺的区别

开通 SIP 项目的店铺与普通店铺有以下几个方面不同。

6.2.1 登录方式

对于开通 SIP 项目的店铺来说，我们通过中国台湾站登录，便可以查看其他站点的订单情况，如图 6-1 所示。

对于普通店铺来说，我们查看其他站点的订单情况较为麻烦。Shopee 平台有 7 个站点，每个站点的登录网址都是不一样的。如果我们想查看 7 个站点的订单情况就需要分别登录 7 个站点。当然，我们也可以通过一些 ERP 系统集中管理 7 个站点的订单。

6.2.2 商品的上传方式

开通 SIP 项目的店铺无须往其他站点上传商品。系统会自动同步中国台湾站的信息至其他站点，实时、自动翻译商品信息，把商品信息翻译成对应站点的语言。对于在其他站点中禁卖或者禁运的商品，系统会自动禁止其上架。相应地，中国台湾站也会禁卖其他站点可以销售的商品，这些商品的信息也不会被系统同步。我们不能自主选择同步哪些商品的信息。如果我们不想同步某些商品的信息，就需要联系客户经理进行调整。另外，为了保证卖家的利益，在中国台湾站中实际售价小于 20 新台币（1 新台币≈0.2293 元人民币）的商品信息不会被同步至其他站点。

普通店铺上传商品有两种方式（见第 4 章）：一种是由客户经理协助进行各个站点商品信息的复制，另一种是通过 ERP 系统进行商品信息的复制。我们可以根据所开设站点的市场情况，进行差异化的商品销售。

6.2.3　店铺管理

对于开通 SIP 项目的店铺，目前，我们可以对中国台湾站进行所有操作，对其他站点可以操作的功能有限，仅能自主设定调价比例，选择绑定的支付平台、处理发货，而无法自主进行其余操作，例如装修店铺、设置关键字广告、设置折扣券和店铺促销活动等。调价比例是指相对于商品的中国台湾站点售价，我们对非中国台湾站售价做出的价格调整比例。调价比例默认为 80%，最高为 90%。

对于普通店铺，我们可以对店铺的所有功能自主操作，针对不同的站点、不同的商品设定不同的营销方式和价格策略。

6.2.4　与买家沟通的方式

对于开通 SIP 项目的店铺，除了中国台湾站，其他站点的与买家沟通工作由 Shopee 平台工作人员进行回复管理。针对这项服务，Shopee 平台目前不收取费用。当在其他站点中有问题需要与我们沟通时，Shopee 平台与买家沟通的工作人员会通过中国台湾站的"聊聊"与我们沟通。

对于普通店铺，我们可以安排相关人员与买家沟通，也可以使用 Shopee 平台提供的收费的客服功能。

6.3　开通SIP项目的店铺的准备工作

通过比较开通 SIP 项目的店铺与普通店铺的区别，我们可以发现，开通 SIP 项目的店铺虽然省时、省力，可以拓宽买家的范围，但是可以操作的空间有限。因此，我们在确定开通 SIP 项目的店铺之前，要做好各个方面的准备。

首先，我们需要对现有中国台湾站店铺中的商品信息进行详细的审核，如果数量较多，那么可以重点关注利润较高的商品。审核的重点内容包括含包装的商品重量、包装尺寸、商品尺寸。要重点关注这 3 个方面的原因有两个：一个原因是各个站点运费的计算方式不一样（各个站点运费的计算方式详见第 4 章），对含包装的商品重量精确填写，有利于避免因运费不准确带来的亏损。另一个原因是买家通常关注的重点为商品的尺寸，尤其是衣服类商品，开通 SIP 项目的店铺除了中国台湾站，其他站点的客服工作都由 Shopee 平台负责，商品数据越详细，细节描述越清楚，越有利于 Shopee 平台的工作人员与买家沟通，以便提高转化率。

其次，我们要根据商品参数设置合适的商品属性及名称。不同的站点对标题字符数有不同的限制，中国台湾站的商品标题不宜过长，我们要将重点词汇放在前边，以免翻译后的标题超过字符数限制导致商品信息显示不全，影响对买家的吸引力。如果商品参数过多，我们就要设置双重属性，这样可以使商品参数看起来更清晰、更直观，能够减少客服的沟通成本，提高商品的转化率，更有利于买家下单。

最后，我们要确定商品的库存数量，尤其是畅销商品的库存数量。如图 6-2 所示，店铺在开通 SIP 项目后，原来在中国台湾站设置的商品库存数量会变为中国台湾站+非中国台湾站的总库存数量，系统会在总库存数量的基础上对各个站点进行库存分配，卖家无法控制各个站点的商品分配数量。因此，为了保证各个站点的库存充足，我们需要确定商品的库存数量，及时调整总库存数量，以免因库存原因造成买家无法购买。

规格资讯	$ 價格		商品數量		商品選項貨號		全部套用

规格表	Variation		價格		總庫存	中國台灣庫存	商品選項貨號
	紅色	$	498		99674	31901	8106
	淺灰色	$	498		99948	31988	8107
	粉紅色	$	498		99992	31999	8108
	棕色	$	498		99984	31999	8109

图 6-2

6.4 店铺设置与管理

在准备工作做好之后，我们便可以接受邀请，加入 SIP 项目。在加入 SIP 项目后，原有的店铺后台会有一些变化。我们需要对这些变化的地方进行设置。

1. 调价比例

如图 6-3 所示，我们可以单击"卖场管理"→"卖场设定"→"卖场介绍"→"全球销售讯息"选项设置调价比例。

图 6-3

调价比例直接决定了卖家的收入。在输入调价比例后，当商品在非中国台湾站售出后，Shopee 平台会根据商品的净售价和调价比例，自动计算出商品对应的结算单价。结算单价就是 Shopee 平台在与卖家进行账款结算时的商品单价，扣除佣金和交易手续费，就是卖家最终收到的金额。

结算单价（TWD）=（商品在中国台湾站的售价−中国台湾站的藏价）×调价比例

卖家每笔订单可以收到的金额 = 结算单价×商品数量−交易服务费−佣金

买家会支付部分运费，为了保证利润，卖家需将实际运费减去买家支付的运费后剩余部分藏入商品价格，即"藏价"。藏价的概念在第 4 章中已经讲解过。对于开通 SIP 项目的店铺，系统会自动根据商品重量和站点计算藏价。

例如，A 商品在中国台湾站的售价为 300TWD，藏价为 25TWD，对中国台湾站到马来西亚站设置的调价比例是 80%，买家在购买一个商品后的结算单价=

（300-25）×80%=220TWD。

如果卖家认为部分订单的出单价格过低，那么可以向 Shopee 平台申请线下补贴调价。

2. 收款方式

在交易完成后，Shopee 平台打款之前，我们需要在中国台湾站后台为每个非中国台湾站分别设置收款方式。每个站点的收款方式可以与中国台湾站相同，也可以不同。绑定银行账号的步骤可以参照 3.6 节。目前，越南站只支持 Payoneer 收款，如图 6-4 所示。收款方式可以通过单击"财务管理"→"银行账号"进行设置。

图 6-4

3. 商品管理

在中国台湾站设置的商品库存数量是中国台湾站和非中国台湾站的总库存数量。系统会在总库存数量和保证中国台湾站商品库存数量的基础上，对其他各个站点进行库存分配。卖家可以在"我的商品"页面中查看总库存数量和中国台湾站的库存数量，如图 6-5 所示。卖家可以通过每一个商品详情页面的"规格表"修改总库存数量，如图 6-6 所示，也可以单击"我的商品"→"批次工具"→"更新商品属性"选项下载 Excel 表格批量修改总库存数量，如图 6-7 所示。

商品的结算单价在"调价比例"中已经介绍过。商品本身的折扣活动会影响商品的结算单价，而店铺优惠券则不会影响，也就是说，商品售价以中国台湾站实际售价为准，如果商品打折，那么商品售价为折后价。

图 6-5

規格資訊	$ 價格		商品數量		商品選項貨號		全部套用

規格表	Variation	價格	總庫存 ①	中國台灣 庫存 ①	商品選項貨號
	紅色	$ 610	9179	2939	8138
	藍色	$ 610	9186	2944	8139
	黑色	$ 610	9181	2940	8140
	褐色	$ 610	9236	2960	8141

多件優惠	⊕ 新增優惠區間

① 此商品正在活動促銷中，多件優惠在活動結束後才會生效

图 6-6

图 6-7

4. 订单管理：查看、出货

开通 SIP 项目的店铺的订单查看和出货与普通店铺一样，我们可以单击"我

的销售"选项查看所有站点不同状态的订单。对于自发货情况，需要注意的是，在发往仓库的时候我们需要将不同站点的包裹分开包装并标记清楚，以免仓库人员混淆。目前，我们不能直接在后台取消非中国台湾站的订单，如果不能按时发货，就需要及时联系客户经理沟通处理。

5. 退货/退款

对于由于卖家原因造成的退货，如产品的质量问题、产品漏发等，损失由卖家自行承担；对于由于 Shopee 平台原因造成的退货，卖家的损失由 Shopee 平台承担。

6. 账款查看

如果我们想要了解进账金额，那么可以在"我的进账"页面中查看，如图 6-8 所示。如果我们申请了线下补贴调价，那么实际进账金额和 Shopee 后台显示的进账金额可能不一样。因此，在目前阶段，我们如果想查看开通 SIP 项目的店铺的进账情况，那么可以联系客户经理获取打款报告，查看明细，进账金额以客户经理提供的打款报告为准。

图 6-8

6.5 如何退出SIP项目

若我们在综合考虑后想退出 SIP 项目，则可以向客户经理索要 SIP 卖家申请退出登记表链接，填写问卷，申请退出，如图 6-9 所示。在收到申请后，Shopee

平台会在两周内处理。但要注意，店铺在退出 SIP 项目之前一定要把订单处理完毕。

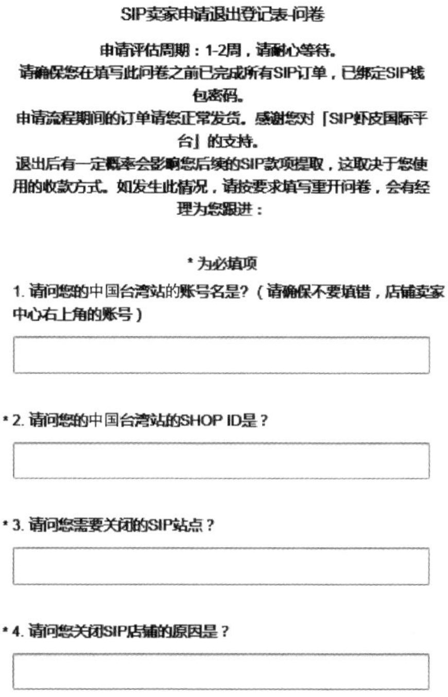

SIP卖家申请退出登记表-问卷

申请评估周期：1-2周，请耐心等待。
请确保您在填写此问卷之前已完成所有SIP订单，已绑定SIP钱包密码。
申请流程期间的订单请您正常发货。感谢您对「SIP虾皮国际平台」的支持。
退出后有一定概率会影响您后续的SIP款项提取，这取决于您使用的收款方式。如发生此情况，请按要求填写重开问卷，会有经理为您跟进：

*为必填项

1. 请问您的中国台湾站的账号名是？（请确保不要填错，店铺卖家中心右上角的账号）

*2. 请问您的中国台湾站的SHOP ID是？

*3. 请问您需要关闭的SIP站点？

*4. 请问您关闭SIP店铺的原因是？

图 6-9

第 7 章

品牌运营之路——Shopee 官方商城

7.1　官方商城简介

Shopee 官方商城即 Shopee Mall，是 Shopee 平台为各大品牌开设的专属商城。官方商城的曝光率、知名度都比较高，能有效地为卖家树立品牌形象，提高买家的信任度。官方商城显示在两个位置，分别如图 7-1 和图 7-2 所示，一个位置为首页的 Banner（专栏图），另一个位置为首页中间。

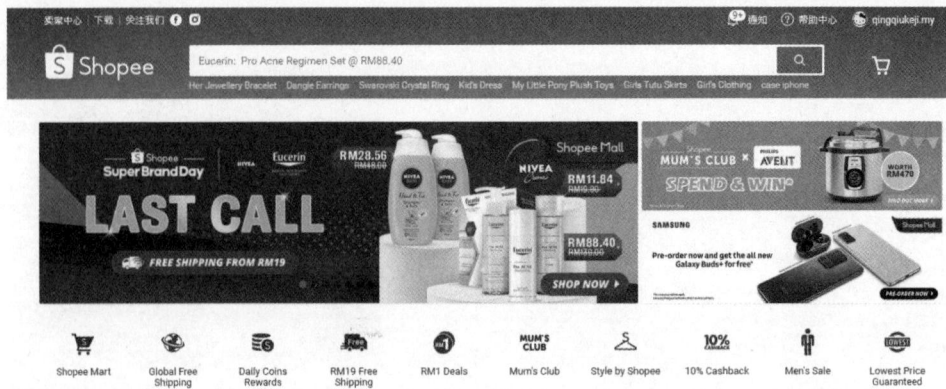

图 7-1

图 7-2

7.2　官方商城的卖家要求

本节的卖家只针对中国跨境电商卖家，Shopee 官方商城是为品牌卖家提供在线销售体验的门户站点，因此对入驻的卖家有一定的要求。

如果卖家在当地的品牌知名度高（或拥有当地市场的线下门店），那么可以直接申请入驻官方商城，否则需要在店铺表现和品牌形象两个方面至少符合其中一项要求。

7.2.1　店铺表现

如果卖家拥有 Lazada 平台的正品店铺 LazMall，那么官方商城要求卖家的价格比 LazMall 的价格更有竞争力，并且卖家的 LazMall 在最近 30 天的店铺表现要求如下：

（1）马来西亚站。日单量大于 25 笔或日均成交额大于 5000 马来西亚林吉特。

（2）新加坡站。日单量大于 10 笔。

（3）菲律宾站。日单量大于 10 笔。

（4）印度尼西亚站。日单量大于 150 笔（接受速卖通、天猫等订单量）。

（5）越南站。日单量大于 10 笔。

如果卖家没有 LazMall，那么 Shopee 平台的店铺最近 30 天的表现需要达到如下要求：

（1）马来西亚站。日单量大于 25 笔或日均成交金额大于 5000 马来西亚林吉特。

（2）新加坡站。日单量大于 5 笔。

（3）菲律宾站。日单量大于 1 笔。

（4）中国台湾站。日单量大于 1 笔。

（5）越南站。日单量大于 10 笔。

（6）印度尼西亚站。上一个自然月的净订单量大于等于 30 笔；不重复的买家数大于等于 20 个。

7.2.2 品牌形象

品牌形象有 3 个基本要求，分别是拥有天猫旗舰店、是速卖通金牌卖家和在中国有不低于 100 家线下实体店。

1. 卖家拥有天猫旗舰店

（1）在菲律宾站评分为 4.8 分以上可以入驻。

（2）在马来西亚站评分达到 4.8 分并且粉丝量大于 15 万个可以入驻。

（3）在印度尼西亚站时尚、家居和母婴品牌商品可以入驻，其他品牌商品若想入驻则需满足另外两个基本要求，即是速卖通金牌卖家和在中国有不低于 100 家线下实体店。

（4）在泰国站时尚、家居类品牌商品可以入驻，其他品牌商品若想入驻则需满足另外两个基本要求，即是速卖通金牌卖家和在中国有不低于 100 家线下实体店。

（5）其他市场暂无特殊要求。

2. 卖家是速卖通金牌卖家

（1）在马来西亚站的好评率大于 95%，并且粉丝量大于 15 万个可以入驻。

（2）其他市场暂无特殊要求。

7.2.3　其他要求

除了以上要求，卖家还需要满足以下运营要求：

（1）主要销售品牌商品（至少店铺 80%的 SKU 为指定品牌商品）。

（2）属于由品牌方运营或由品牌方指定的独家运营旗舰店。

（3）当地政策或法律规定的其他要求。

7.3　官方商城的入驻规则

7.3.1　基本资料

以马来西亚站为例，卖家要入驻官方商城需要提供如下资料：

（1）公司的营业执照。

（2）品牌商标的注册证书（必须在中国和东南亚地区同时注册，或者在中国和马来西亚同时注册）。

（3）如果卖家为授权分销商，那么需要品牌负责人的授权书。

7.3.2　店铺要求

卖家的 Shopee 平台的店铺需要满足以下所有要求：

（1）Shopee 平台的店铺已经结束了 3 周的孵化。

（2）近 4 周无任何罚分。

（3）店铺评分不低于 4.6 分。

（4）"聊聊"回复率不低于 70%。

（5）超过 95%的 SKU 设置为 2 天发货（即 DTS≤2）。

（6）100%正品（如果买家买到假冒商品，那么卖家将被收取买家购买价格的两倍作为惩罚）。

（7）遵守 15 天无理由退货政策 （除非另有说明，否则在包裹内要填上回程空运提单）。

（8）参加免运费活动。

7.3.3 商品展示的要求

Shopee 官方商城对商品展示有非强制性要求，但商品展示要遵循 Shopee 官方商城的要求，这有助于卖家展示专业的商品素材以吸引买家，在第 4 章和第 5 章中已经介绍了一些商品展示的要求，这里仅做少量补充。

1. 高质量的图像

（1）使用 3 张以上图片，主图只显示一个商品主体。

（2）所有图片的分辨率至少为 640 像素×640 像素。

（3）封面图片必须是纯白色背景的，且商品至少覆盖 70%的图像。

（4）封面图片的水印统一，不覆盖商品主体。

（5）封面图片要完整地显示商品，不包含模特、模型等信息。

（6）其他图片可以使用背景或模特、模型。

2. 结构化的商品名称

（1）建议使用品牌+商品名称+型号/尺寸+促销活动的形式。

（2）如果商店名称本身不是品牌名称，就不能在商品标题中包含商店名称。

（3）除了品牌名称全部用大写字母，其他每个单词的首字母大写。

（4）不可堆砌关键字，禁止使用表情符号、主题标签和符号。

3. 正确的分类

不可以将商品分类到不相关的分类中，Shopee 平台一旦发现店铺用商品分类来上架禁限售的商品，店铺就可能被惩罚。

4. 内容丰富的商品说明

可以参考 5.8.1 节优化商品页面的 AIDMA 法则。

5. 准确、全面的商品属性

准确、全面的商品属性有助于商品在搜索结果中获得更多展示，也能够准确地描述商品详情。

7.3.4　其他

卖家将入驻准备资料提交给客户经理，在客户经理上传资料后，相关团队会在 1～2 周通知卖家审核结果。如果审核没有问题，那么卖家可以入驻官方商城，不过在入驻后，依然需要遵守绩效和运营要求。Shopee 平台在每个季度都会对官方商城进行审核，如果不符合要求，卖家就会被移除官方商城入驻资格，当再次符合要求时，需要申请恢复入驻资格。

8 第 8 章

数据分析及优化

要想运营线上电商店铺，学会分析数据是十分必要的。平台每天都会有新的用户入驻，有新的商品上传，商品数据是动态变化的。如果我们要想让店铺获得很好的利润，那么需要对店铺的各项数据进行分析，发现问题，并根据数据解决问题。

利润=销售额-运营成本。因此，在经营店铺时要想达到利润目标，我们就需要估算达到目标需要的运营成本，结合自身的资金能力、时间进行调整。

8.1 运营成本分析

我们经营店铺最终关注的必然是利润，有利润才能有持续的生存空间。只有明确自身的经营成本，才能估算出合适的销售价格，进而达到利润目标。

店铺运营一般分为两种情况，对不同的情况要考虑不同的成本。

（1）自己兼职运营店铺。除了商品的购买成本，我们还需要考虑快递成本、包装成本、退货成本、推广成本、汇率损失、自己的时间成本。

（2）如果我们以公司的形式运营店铺，那么需要雇佣员工操作，还要考虑隐藏的成本，包括税务成本、人工成本、场地成本、水电成本、折旧费等。

关于税务成本，有些地区对跨境电商企业会有优惠补贴，我们可以咨询当地的具体负责部门了解相关政策，例如招商局、商务局。关于人工成本，对于非核心岗位，我们可以招聘兼职人员，与招聘正式员工相比可以省去五险一金、基本工资。关于场地成本、水电成本，入驻学校孵化基地或者当地的孵化产业园会节省一部分费用。某园区的优惠政策如图 8-1 所示。

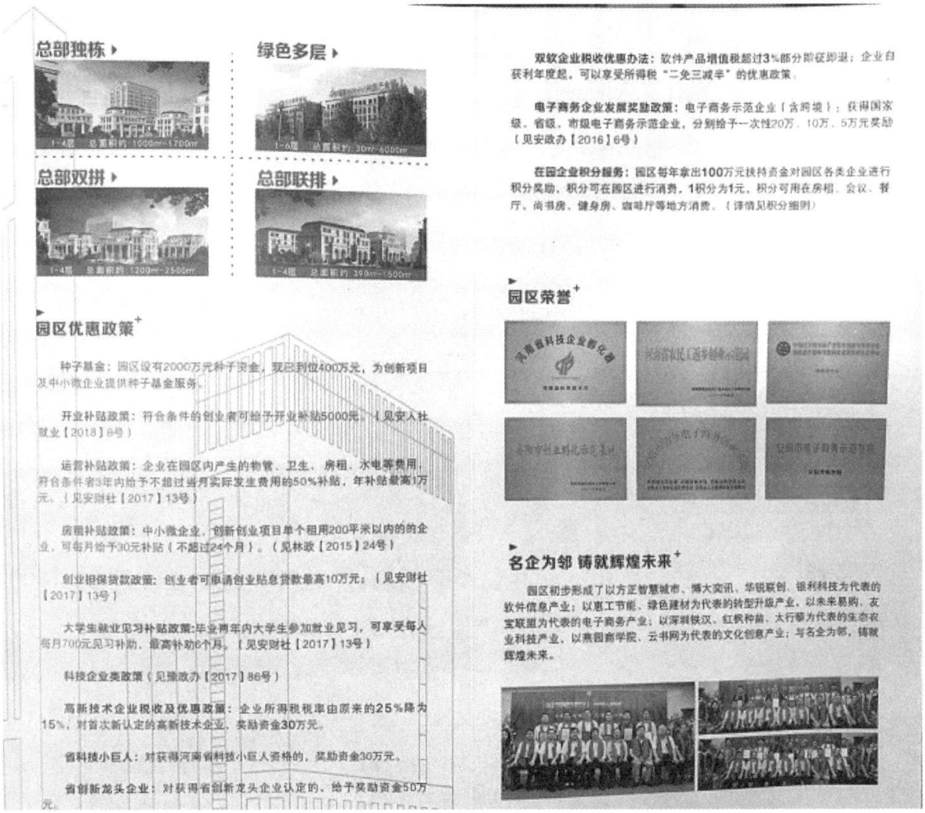

图 8-1

8.2 店铺数据分析

Shopee 平台各个站点的优选卖家评选标准见第 2 章的表 2-14。我们可以参考这个标准分析店铺数据。具体的店铺数据可以在卖家中心"商店"板块的"我的表现"页面中查看。我们可以对以下几个数据进行优化。

1. 订单量

如果订单量较少，就要考虑以下几个方面：

（1）选品。我们要考虑所选的商品是否适合这个市场，要看与我们的店铺销售的类似商品的整体销量。如果商品在平台上的整体销量较低，就要考虑转变选品方向。具体的选品方法可以参照 4.1 节。

（2）商品标题。如果标题中包含与所销售商品相关的热门关键字，那么买家更容易看到我们的商品，从而增加了进入店铺进行购买的机会，具体的标题优化方法可以参照 4.3.1 节。

（3）商品价格。我们要考虑价格是否有竞争力。对于相同类目的商品来说，如果我们的商品没有区别于其他卖家的商品的独特卖点，就只能在价格上做出让步，具体方法参照 4.3.5 节。

2. 贡献订单量的最少买家数

贡献订单量的最少买家数即达成订单量需要至少由多少个不同的买家进行购买。以泰国站为例，我们如果想成为优选卖家，那么达成 100 笔订单必须至少由 15 个不同的买家进行购买，设置这个标准的目的有两个，一是防止刷单，二是鼓励卖家开发新买家。一般来说，只要订单量足够多，"贡献订单量的最少买家数"这个目标就很容易达成。

3. 订单未完成率

造成订单未完成的因素主要有 3 个：一是库存不足，卖家无法发货；二是价格设置错误，卖家发货亏本太多，拒绝发货；三是因商品质量问题或者卖家错发、漏发、商品损坏等造成买家退款或退货。我们要分析造成订单未完成率高的原因，对症下药。例如，如果某个商品普遍因为商品质量问题被退货或退款，我们就需要下架该商品或者与供应商进行协商对商品进行改进，或者更换供应商。

4. 迟发货率

迟发货率涉及库存、物流问题。

5. "聊聊"回复率

"聊聊"回复率是指收到买家留言 12 小时内卖家回复买家的频率，等于收到留言 12 小时内卖家回复的次数与买家留言或者议价总次数的比率。系统每天中午 12 点和晚上 12 点更新"聊聊"回复率。

6. 店铺评分

店铺评分即在店铺购买过商品的买家对店铺商品的评价。店铺评分如果较低就会影响买家对店铺商品的信任度，会降低转化率。影响店铺评分的因素主要是商品的质量。

8.3　商品数据分析

我们可以单击"我的数据"→"仪表板"→"商品排名"→"更多"，选择相应选项，导出每个具体商品的数据进行分析，如图 8-2 所示。

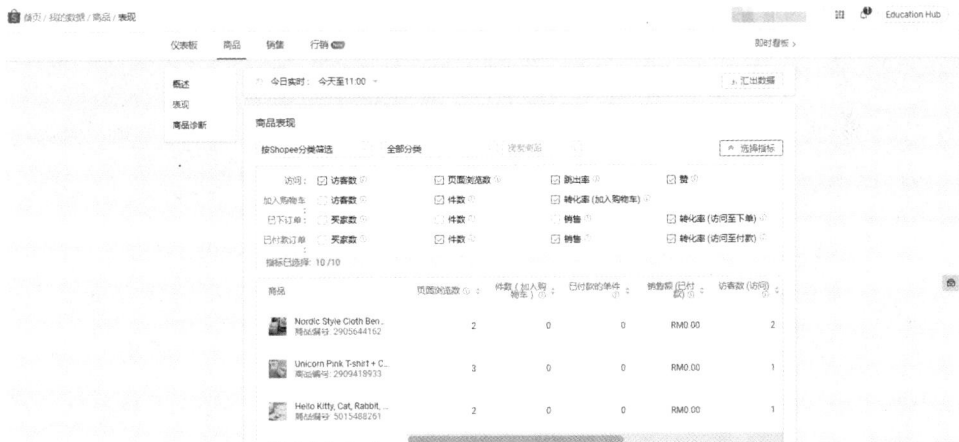

图 8-2

我们可以知道以下数据，如图 8-3 所示。

各个阶段的数据都是息息相关的，每个阶段的数据都会影响最终的赢利情况。

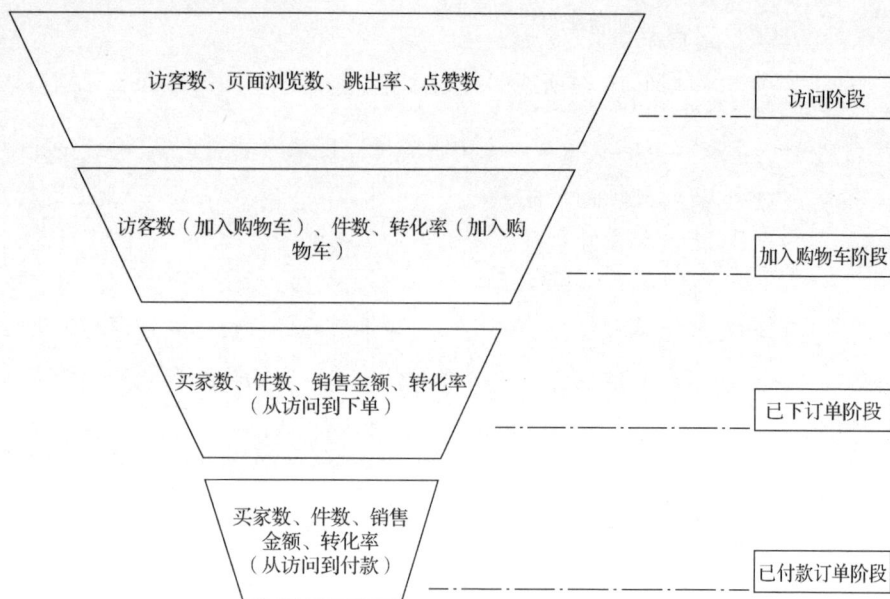

图 8-3

第一个阶段：访问阶段

访客数：在所选的时间段内，通过 PC 端和移动端浏览商品详情页的总访客数。同一个买家浏览多次被视为 1 位访客。访客越多，成交的可能性越大。一个商品吸引访客浏览的主要因素是标题与主图。除了日常优化，我们也可以投放关键字广告来增加访客数。

页面浏览数：在所选的时间段内，买家浏览此商品的总次数。例如，同一个买家 5 次浏览同一个商品，页面浏览数会增加 5 次。如果买家的浏览次数较多，就证明我们的商品比较吸引人，标题和主图在相同类目中比较有竞争力。

跳出率：访问店铺的买家仅查看了一个商品页面便离开店铺不再继续浏览或者点击任何内容的概率，等于访问页面后无任何点击行为立即离开店铺的访客数/总访客数。如果店铺的跳出率较高，我们就要考虑除了主图之外的其他图片是否需要完善、商品详情页是否需要优化、商品套餐优惠和优惠券的设置是否吸引人、关联营销策略是否需要改进。

点赞数：在所选的时间段内，商品被点赞的次数。点赞数越多，代表买家对这个商品越感兴趣。这样的商品有成为爆款的潜质，可着重关注、优化。

第二个阶段：加入购物车阶段

访客数（加入购物车）：在所选的时间段内，已添加至少一个商品到购物车的访客总数。

件数：在所选的时间段内，商品被加入购物车的总件数。件数越多，表示想要购买此商品的买家越多，我们就需要研究如何将购物车中的商品转化为订单。此时，影响买家购买的最主要因素是价格。因此，我们可以定期查看商品被加入购物车的总件数的排名，针对排名靠前的商品做一些价格优惠活动。我们可以在"我的折扣活动""套装优惠"页面中设置价格优惠活动，以便刺激买家购买。

转化率（加入购物车）：在所选的时间段内，把商品加入购物车的访客总数与商品浏览总数的比率。转化率越高，证明店铺的商品越符合买家的购买心理。

第三个阶段：已下订单阶段

在这个阶段，我们需要关注的是已下订单却取消或者未付款的买家。我们可以通过"聊聊"与买家沟通了解取消原因，争取让他们重新下订单。

第四个阶段：已付款订单阶段

在这个阶段，我们需要关注买家反馈，争取让买家带图评价。如果有三星及以下评价，那么我们可以通过承诺部分退款、下次购买优惠、赠送礼品等方式与买家沟通，让他们更改差评。

对于买家下订单较多的商品，我们要及时与供应商沟通商品的库存情况，考虑批量囤货，缩短备货时间，降低商品的购买成本。

我们只要关注了以上 4 个阶段，运营就有了目标，每个阶段数据的提升都能带来更多的销售额。

8.4　客户价值分析

除了做好店铺、商品的日常分析和调整，我们要吸引买家主动访问店铺。我们可以通过"聊聊"，与每一个在店铺咨询过或者下过订单的买家持续沟通，吸引他们再次下单。我们需要对买家进行分析、划分，对不同的买家采用有针对性的营销方式。

　　根据与买家的沟通情况，通过对买家行为进行分析，我们可以将买家划分为不同的客户群。例如，母婴用品店根据孩子的年龄及商品使用期限定期推荐商品。如果买家购买的是玻璃奶瓶，那么奶瓶只要没有裂缝就可以一直使用，我们可以定期回访买家，了解奶瓶的使用情况。如果奶瓶损坏了，我们就推荐买家重新购买。但是，如果买家购买的是硅胶奶瓶，那么一般 3～6 个月更换一次，奶瓶如果已经变色了那么也要及时更换。我们可以在买家购买 3 个月后，向买家推荐新的商品，顺便推荐奶嘴、围兜、衣服等关联商品。我们需要重点关注购买高利润商品的买家。